越中史の探求

城岡朋洋

桂書房

1　立山曼荼羅吉祥坊本（重要有形民俗文化財、慶応２年、富山県［立山博物館］所蔵）　　第Ⅱ部二章

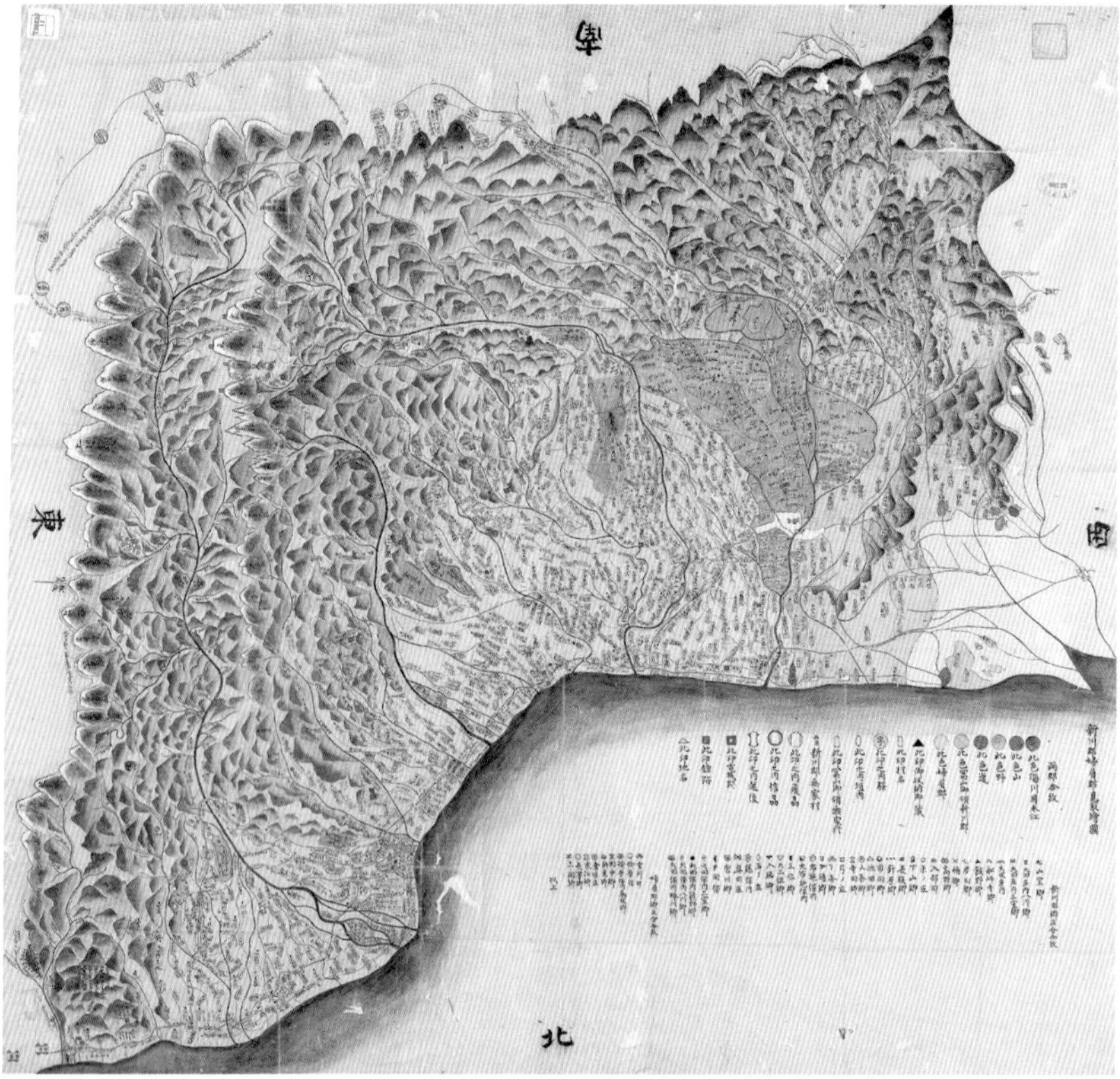

2　新川郡婦負郡見取絵図（文化年間、富山県立図書館所蔵）　　第Ⅱ部二章

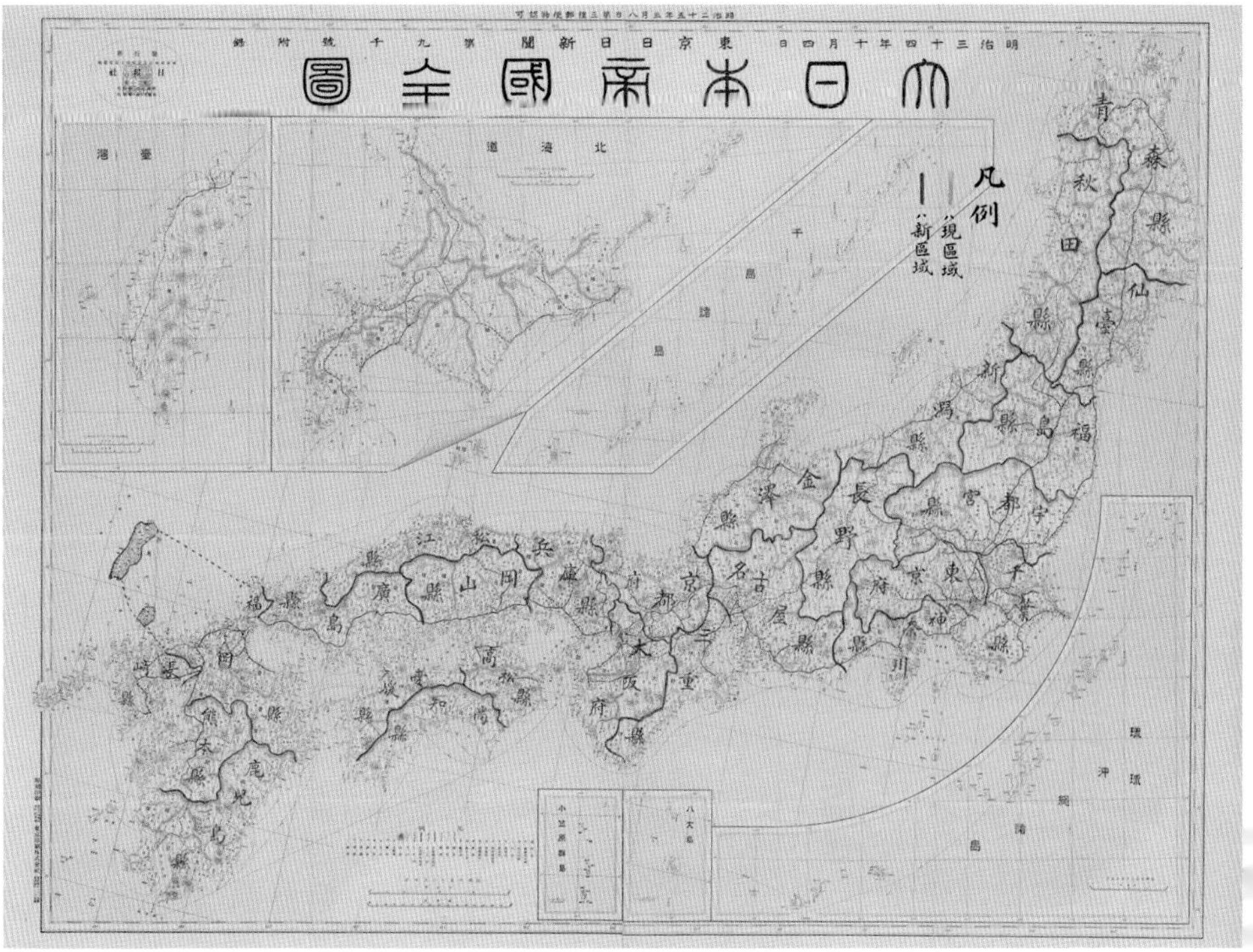

3　府県廃置法律案附図（明治36年、国立公文書館所蔵）　第Ⅲ部二章

4　富山県観光交通鳥瞰図（吉田初三郎、昭和11年、富山県公文書館所蔵）　第Ⅲ部五章

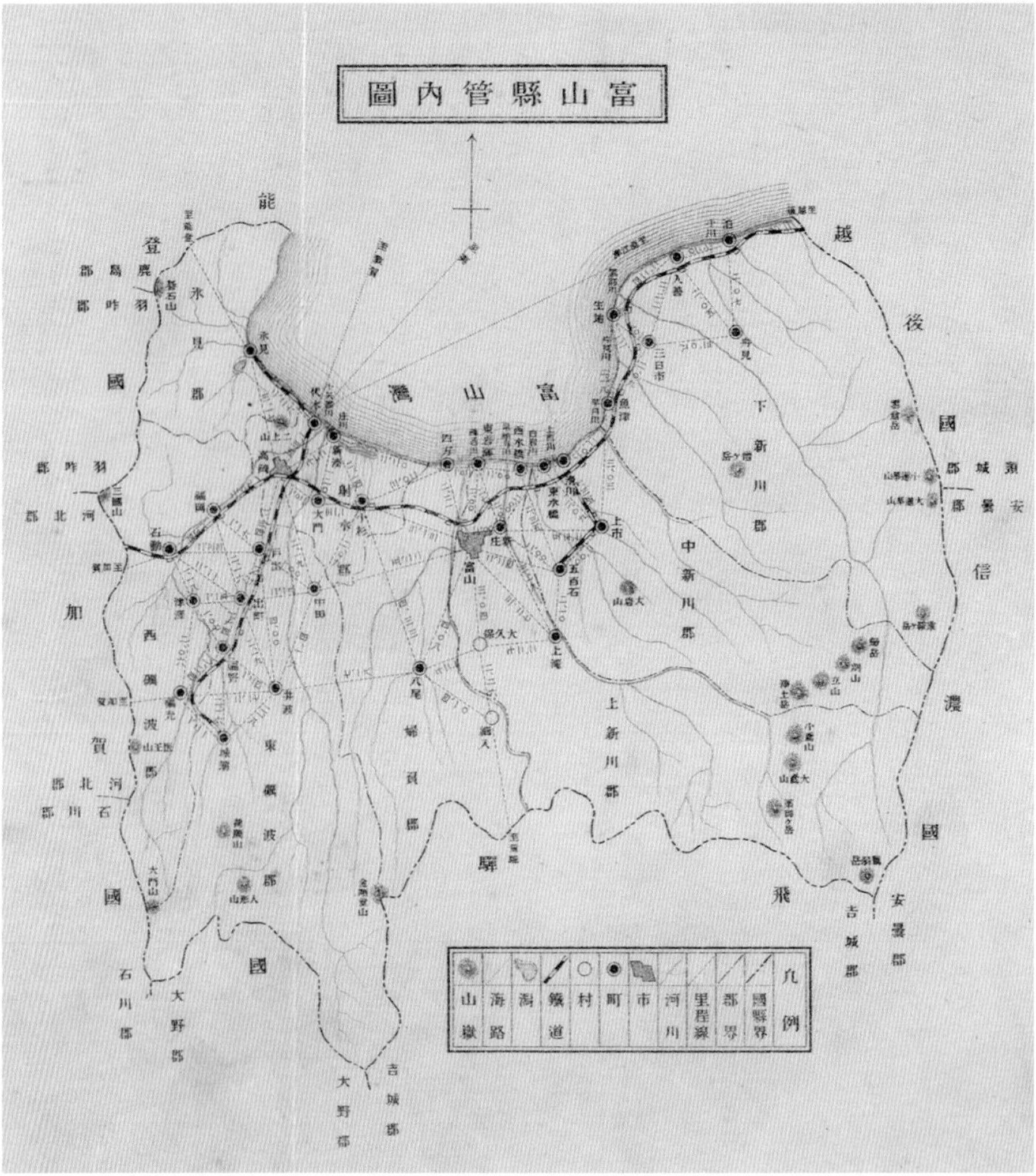

5　『富山県案内』附図「富山県管内図」（大正２年、富山県主催聯合共進会富山県協賛会、著者蔵）
第Ⅲ部三章

序

七世紀末に越中国が成立してから約一三〇〇年、越中という地域的なまとまりは歴史的に大きな意味をもってきた。*そして、越中に生きた先人は山野河海の豊かな自然と関わりながら、独自の風土と文化を生み出してきた。歴史の中の越中は今日の富山県の母胎であるといえよう。本書はこの越中の史的考察である。

「第Ⅰ部　古代の越中」「第Ⅱ部　立山と越中」「第Ⅲ部　富山近代化と越中」の三部構成とし、越中の始まりの時代である古代から富山県へと転換していく近代までを対象とする十二本の論文を収録している。全体を通し越中史の史実を史資料に探し求めるという点では一貫しており、本書を『越中史の探求』と題した。

「古代」「立山」「富山近代化」は私の三十年来の関心テーマである。折々に執筆してきた論考を主としているが、一書をなすにあたって旧稿を大幅に書き改め、いくつかの新稿も書き下ろし載せた。収録した論考の初出や執筆背景・意図などは各部の冒頭に記した。また、できるだけわかりやすい表現を心がけ、難読用語にはなるべくルビを付けた。専門家のみならず富山県をもっと知りたいと考える幅広い読者に読んでもらうことを期待している。

本書をまとめるきっかけは東日本大震災である。平成二十三年（二〇一一）におきた東日本大震災は死者行方不明者を多数出した未曾有の災害であった。津波や福島原発事故でふるさとを離れざるをえなかった方々がたくさんいる。ふるさとの景観が損なわれ、先人から受け継いできた有形・無形の文化財のみならず過去を記録した古文書などの史資料が被災し、ふるさとの記憶さえ失われた地域もあると聞く。拠って立つ基盤となる過去の歴史がわからなくなる事態はそこに住んできた人びとにとっては耐え難いほどの悲しみだと思われる。幸い文化財レスキューなどの活動で救われた文化財や史資料もあるが、永遠に解明できなくなった歴史もあると推察する。この衝撃的な事実を知ってから、自分の生活する地域の歴史探求に使命感が加わり、拍車がかかった。東日本大震災から十二年にして、ようやくここに一つの形となった。

著　者

*日本史における「地域」という語は、都道府県や市町村といった自治体単位のほか、近世の藩・町村、中世のむら、古代からの国・郡など歴史の中で重層的に形成されてきた政治・経済・生活の単位として使用されているが、相互に関係を持ち、また列島の他地域との交流で影響を受けながら、一つの歴史的世界として存在してきた。本書で扱った地域は主に越中国、富山県である。富山県域はほぼ越中国の範囲と重なると考えられるので実質的に越中地域の歴史である。

『越中史の探求』　目次

第Ⅲ部　富山近代化と越中

第Ⅰ部　古代の越中

一章「大伴家持《おおとものやかもち》と越中の自然風土―雪と山野河海《さんやかかい》―」の1節は「家持と越中の雪」と題して『富山史壇』一九九号（二〇二二年）に掲載、2節は新稿である。越中の自然風土を歴史上初めて記録として残したのが大伴家持であった。越中史の劈頭《へきとう》を飾る人物として家持ほどふさわしい人物はほかにいない。本稿は家持の眼を通して地域の自然風土の特色と生活の基盤は何かを考えてみたものである。苦労の尽きない冬場の多雪も越中の自然風土を彩る特色であると再認識できる。また富山県には山々があって、平野が広がり、そこを滔々《とうとう》と川が流れ、少し足を伸ばせば海があるという山野河海に恵まれた自然があり、さらに山野河海が生み出す産物は豊富で美味しい。この富山県民にとっての〝当たり前〟には何ものにも代え難い価値があることに気付かされる。

二章「越中国《えっちゅうのくに》の御贄《みにえ》」は新稿である。家持が越中の風土的特質ととらえた「山野河海の国」の産物の一部は御贄という天皇の供御物《くごもつ》として進上された。一章の産物の問題を発展させた内容である。御贄については、戦後の古代史像を刷新する大発見といえる木簡《もっかん》の出土により解明が進んだ分野である。残念ながら越中国関係の御贄木簡はみつかっていないが、進展した研究成果に学び、平安時代の『延喜式《えんぎしき》』にみえる越中国の御贄を考察した。進上された御贄は「山野河海の国」越中を象徴する特産物であったことが明らかになる。

三章「古代越中人《えっちゅうびと》の生業《なりはひ》」の初出は『富山市日本海文化研究所紀要』第23号（二〇一〇年）掲載の「古代越中のナリハヒについて」である。収録するにあたって大幅に見直し、越中古代史の基本的な問題を多く扱うことになった。まったく新稿といってよい内容である。地域史の叙述はどうあるべきかという自分なりの課題を持って越中に生きる人々の姿がみえるように書いた。古代の越中国を「山野河海の国」「真綿《まわた》の国」「薬《くすり》の国」「ものづくりの国」という言葉で表現したことも特色である。遙かなる古代が今と結びつかないようにみえて、実はつながっていることがわかってくると思う。

四章「征夷《せいい》と越中国」の初出は『富山市日本海文化研究所報』第21号（一九九八年）掲載の同名論文である。前年に富山市で開催された第四十八回地方史研究協議会大会の共通論題「情報と物流」での報告（地方史研究協議会編『情報と物流の日本史―地域間交流の視点から―』雄山閣出版、一九九八年）の一部を深めたものになる。その後の研究成果により訂正・追加したところがある。ともすれば奈良時代から平安時代前期の日本は平和な時代に思われがちであるが、国際的な緊張の中におかれ、国内的にも内乱と戦争が続く時代であった。その時代における越中国の役割を通して本州日本海側の中央部に位置する越中の地域性を探った。

一　大伴家持《おおとものやかもち》と越中の自然風土　―雪と山野河海―

1. 越中の雪

大伴宿祢《すくね》家持(1)が越中の地に初めて足を踏み入れたのは、越中守《えっちゅうのかみ》として着任した天平十八年（七四六）の七月のことであった(2)。守は任国の行政を管掌する国司の長官のことで、家持にとっては五位以上の貴族に列してから初めて経験する地方赴任であった。当時の越中国《えっちゅうのくに》は、国の格付けで上から実質的に二番目の「上国《じょうこく》」に位置付けられ(3)、後に能登国として分置されることになる能登半島を含む広域の国としてあった。大伴氏嫡系《ちゃくけい》の嫡男にふさわしい任官といえよう。時に家持は二十九歳である(4)。

越中に赴任して最初の冬、家持は越中の雪を歌っている。同年十一月、同族の越中掾《じょう》大伴宿祢池主《いけぬし》（掾は国司の三等官）が越中国の租税台帳である大帳《だいちょう》を都の太政官《だいじょうかん》に提出し終わって越中に戻って来た。家持は池主を労うため国守の館《むつろみ》で詩酒の宴を催し、次の二首を歌う。

庭に降る雪は千重《ちへ》敷《し》く然《しか》のみに思ひて君を我《あ》が待たなくに（『万葉集』巻十七・三九六〇）(5)

白波の寄する磯廻《いそみ》を漕ぐ船の梶《かじ》取る間《ま》なく思ほえし君（『万葉集』巻十七・三九六一）

二首の左注には「是日也、白雪忽降、積レ地尺余。此時也復、漁夫之船、入レ海浮レ瀾。爰守大伴宿祢家持、寄二情二眺一、聊裁二所心一。」（「この日、白雪《はくせつ》忽《たちま》ち降り、地《つち》に積むこと尺余《しやくよ》なりき。この時また、漁夫《ぎよふ》の船、海に入《い》り瀾《なみ》に浮かぶ。ここに守大伴宿祢家持、情《じやう》を二眺《にてう》に寄せて、聊《いささ》かに所心を裁《つ》りしものなり。」）とあることから、眼前に広がる越中の冬の光景に託して池主を待ちわびた強い思いを歌ったものであることがわかる。冬の光景は、伏木台地上にあったと考えられる国守の館の庭に降り積もった雪景色と、そこから眺めたであろう富山湾上に浮かぶ漁夫の船という磯景色である。(6) 雪は「尺余」、つまり一尺余り（一尺は約三十センチメートル）積もっていたようだ。「然のみに思ひて」という表現は、その程度の思いではないという比喩なので、雪国と覚悟して赴任した越中の「尺余」の雪にはさほど驚きはみられない。

この越中の雪に対して、五年間の越中守の任を終え平城《へいじよう》の都に戻った後の天平勝宝五年（七五三）正月に家持は都の雪を歌うが（『万葉集』巻十九・四二八五〜四二八七）、越中の雪とは違う感慨を抱いている。すなわち、題詞に「十一日、大雪落積、尺有二寸。因述二拙懐歌一三首」（「十一日、大雪《おほゆき》落《ふ》り積もること尺有二寸《しやくいうにすん》。因《よ》りて拙懐《せつくわい》を述べし歌三首」）とあるように、一尺二寸の雪を大雪とし、都では珍しいとしている。越中の雪と同程度の積雪量であるが、都と越中ではとらえ方が異なり、都では大雪、越中では普通というとらえ方である。ここから越中に赴任した時には越中は積雪が多い雪国であるという風土認識をすでに家持は持っていたことがわかる。冬季の越中では「尺余」の雪は珍しくもない、という認識を持って赴任したのであった。珍しくもない越中の雪を題材にした歌はほかに、三島野《みしまの》の雪（天平二十一年三月、巻十八・四〇七九）、月夜《つくよ》の雪（天平勝宝元年十二月、巻十八・四一三四）、山橘《やまたちばな》の雪（天平勝宝二年十二月、巻十九・四二二六）にもみられる。

その家持が越中の積雪量に驚いたことがある。

新しき年の初めはいや年に雪踏み平《なら》し常かくにもが（『万葉集』巻十九・四二二九）

天平勝宝三年（七五一）正月二日に国守の館で開催された宴会での歌である。家持は同年七月に少納言《しようなごん》に遷任《せんにん》となり都に戻るのであるから越中では最後の正月ということになる。都人にとって正月の雪は豊年を予祝《よしゆく》する瑞兆《ずいちよう》であるはずだが（例えば巻十七・三九二五）、この歌の左注には次のようにある。

「右一首歌者、正月二日、守館集宴、於時、零雪殊多、積有㆓四尺㆒焉。即主人大伴宿祢家持作㆓此歌㆒也。」（「右の一首の歌は、正月二日、守の館に集宴《しふえん》せしに、時に零《ふ》る雪殊《こと》に多く、積《つ》むこと四尺《ししやく》有りき。即《すなは》ち主人大伴宿祢家持この歌を作りき。」）

五度めとなる越中での雪の季節を迎えている家持が、「四尺」の積雪を前にして殊の外多いとしているのである。廣瀬誠はこの史料を「越中の大雪に関する最古の記録」としている。[7]

翌三日に家持の下僚である越中介《すけ》の内蔵忌寸縄麻呂《くらのいみきなわまろ》の館で開催された宴会に参加し、

降る雪を腰になづみて参《まゐ》り来《こ》し験《しるし》もあるか年の初めに（『万葉集』巻十九・四二三〇）

と歌い、腰まで埋もれてしまう積雪で歩行に難儀したほどだとした。辞去《じきょ》にあたっても、次のように、

鳴く鶏《かけ》はいやしき鳴けど降る雪の千重《ちへ》に積めこそ我《わ》が立ちかてね（『万葉集』巻十九・四二三四）

し、積雪が多いため立ち去りかねていると歌っている。

面白いことに、縄麻呂の館では降り積もった雪で岩山の雪像を彫り、草樹の花を挿すという奇抜な趣向がなされている（巻十九・四二三一題詞「于時、積雪彫㆓成重巌之起㆒、奇巧綵㆓発草樹之花㆒。」（「時に積雪をもって重巌《ちょうがん》の起《た》てるを彫《ゑ》り成し、奇巧《きこう》をもって草樹《そうじゅ》の花を綵《いろど》り発《ひら》く。」）。

また日本海側の雪国に特有な冬の雷（冬季雷《とうきらい》）もあったらしい。この時宴会の席にいた越中掾《じょう》の久米朝臣広縄《くめのあそんひろなわ》が伝誦《でんしょう》した県犬養命婦《あがたのいぬかいのみょうぶ》（県犬養三千代《みちよ》。藤原不比等《ふじわらのふひと》の妻）の歌には「鳴神《なるかみ》」とあり（巻十九・四二三五）、またその場にいた遊行女婦蒲生《うかれめかもう》が伝誦した作主未詳の歌には「光神《ひかるかみ》」とある（巻十九・四二三六）。日本では古くから雷を神威《しんい》と考えたので、「カミナリ」はまさに「神鳴り」であった。縄麻呂の館での雪像や冬季の轟《とどろ》く雷鳴・光る稲妻は、家持に雪国の風土を実感させたに違いない。

さすがに家持はこの時のような一メートルを超える大雪をこれまで見たことがなかったのではないか。平城京の積

雪量を記す古代の記録は先に触れた天平勝宝五年正月の「尺有二寸」しかみあたらないが、後の平安京ではいくつかの記録が伝えられており、三尺が史料上の最大積雪量である。[8] おそらく奈良時代の貴族は雪国に赴任しない限り、四尺の大雪を経験することはなかっただろう。家持をはじめ都から赴任した貴族にとって四尺の越中の積雪は驚きであったと考えてよい。

越中は積雪が多い雪国であるとする家持の風土認識は、天平十九年（七四七）九月の「思二放逸鷹一、夢見感悦作歌一首」（「放逸《はういつ》せし鷹《たか》を思ひ、夢に見て感悦《かんえつ》して作りし歌一首」）の冒頭でさらに明瞭になる。

大君《おほきみ》の　遠《とほ》の朝廷《みかど》そ　み雪降る　越《こし》と名に負《お》へる　天離《あまざか》る　鄙《ひな》にしあれば…（『万葉集』巻十七・四〇一一）

「越と名に負へる　天離る　鄙」は越中を指す。その都から離れた越中の枕詞《まくらことば》として「み雪降る」を使用している。「み雪降る」はほかにも「…み雪降る　冬に至れば　霜置けども　その葉も枯れず…」（『万葉集』巻十八・四一一一）、「大君の　遠の朝廷と　任《ま》きたまふ　官《つかさ》のまにま　み雪降る　越に下り来…」（『万葉集』巻十八・四一一三）とみえ、越中を説明するのに家持は「み雪降る」を使用している。

「大君の　遠の朝廷そ」は、天皇の地方官として派遣されたという意味である。家持がここで越中を「越」といい、「鄙」と表現したことには歴史的背景があった。家持の祖先が活躍した大和王権《やまとおうけん》の時代に北陸地域は「越《こし》」と呼ばれ（古代の史料では「こし」に使用される用字には「高志」「越」「古志」等があった。「高志」が古い表記である）、「越《こしの》国《くに》」が置かれていた。その越国が越前国・越中国・越後国の三国に分割されて、越中国が成立したのは七世紀後半の天武《てんむ》天皇の時代である。[9] 越中の訓については『和名類聚抄』（東急本）に「古之乃三知乃奈加《こしのみちのなか》」とあり、「越国」の伝統を踏まえた読みもあったらしい。国名表記は、大宝四年（七〇四）頃から国印《こくいん》鋳造に関わって国名を漢字二字で表記するようになったので、(10)「越中」の使用が始まり、おそらく「えっちゅう」の読みが次第に定着していっただろう。家持が「越と名に負へる」とするのは、越中国が大和王権の時代に「越国」の一地域であった歴史を意識しているからにほかならない。「鄙」は後世に一般的になる田舎の意味ではなく、都がある畿内《きない》とは離れた異郷《いきょう》地《ち》のことである。(11)

そもそも「越」と呼ばれた北陸地域は多雪地であるという風土認識は奈良時代の都人に共有されていたとみられるが、(12)都人である家持は越中に赴任して異郷地の多雪を実感したわけである。

2. 越中の山野河海と産物・資源

家持は越中に赴任して多雪の地を実感した。それとともに越中の自然風土に眼を向け、越中の山野河海《さんやかかい》に独自な価値を見出した歌を残し、私たちに富山県の風土の特色が山野河海にあることを気付かせてくれる。最初に天平十九年九月の「思二放逸鷹一、夢見感悦作歌一首」を取り上げて、家持が越中の山野河海をどう表現しているのかみていこう。ここで全文を掲げる。

大君《おほきみ》の　遠《とほ》の朝廷《みかど》そ　み雪降る　越《こし》と名に負《お》へる　天離《あまざか》る　鄙《ひな》にしあれば　山高み　川とほしろし　野を広み　草
こそ繁《しげ》き　鮎走《あゆはし》る　夏の盛りと　島つ鳥　鵜飼《うかひ》が伴《とも》は　行く川の　清き瀬ごとに　篝《かがり》さし　なづさひ上《のぼ》る　露霜《つゆしも》
の　秋に至れば　野もさはに　鳥すだけりと　ますらをの　伴誘《ともいざな》ひて　鷹はしも　あまたあれども　矢形尾《やかたを》の我《あ》
が大黒《おほくろ》に「大黒」といふは蒼鷹《おほたか》の名なり　白塗《しらぬり》の　鈴取り付けて　朝狩《あさがり》に　五百《いほ》つ鳥立て　夕狩《ゆふがり》に　千鳥《ちとり》踏み立て　追

ふごとに　許すことなく　手放《たばな》れも　をちもかやすき　これをおきて　またはありがたし　さ馴《な》らへる　鷹はなけむと　心には　思ひ誇りて　笑《ゑ》まひつつ　渡る間《あひだ》に　狂《たぶ》れたる　醜《しこ》つ翁《おきな》の　言《こと》だにも　我《われ》には告げず　との曇《ぐも》り　雨の降る日を　鳥狩《とがり》すと　名のみを告《の》りて　三島野《みしまの》を　そがひに見つつ　二上《ふたがみ》の　山飛び超えて　雲隠《くもがく》り　翔《かけ》り去《い》にきと　帰り来て　しはぶれ告《つ》ぐれ　招《を》くよしの　そこになければ　言ふすべの　たどきを知らに　心には　火さへ燃えつつ　思ひ恋ひ　息づき余り　けだしくも　逢ふことありやと　あしひきの　をてもこのもに　鳥網《となみ》張り　守部《もりへ》をすゑて　ちはやぶる　神の社《やしろ》に　照る鏡　倭文《しつ》に取り添え　乞《こ》ひ禱《の》みて　我《あ》が待つ時に　娘子《をとめ》らが　夢《いめ》に告《つ》ぐらく　汝《な》が恋ふる　その秀《ほ》つ鷹は　松田江《まつだえ》の　浜行《ゆ》き暮《ぐ》らし　つなし捕る　氷見《ひみ》の江《え》過ぎて　多祜《たこ》の島　飛びたもおほり　葦鴨《あしがも》の　すだく旧江《ふるえ》に　一昨日《をとつひ》も　昨日《きのふ》もありつ　近くあらば　いま二日《ふつか》だみ　遠くあらば　七《なぬ》日《か》のをちは　過ぎめやも　来なむ我《わ》が背子《せこ》　ねもころに　な恋ひそよとぞ　いまに告《つ》げつる

鄙である越中を表現した冒頭の部分に続けて、「山高み」「川とほしろし」「野を広み草こそ繁き」とある。山は高く、川は広大、野は広く草はよく繁る、と山・河（川）・野を強調して越中の風土を詠んでいる。後半部には「松田江の浜」「つなし捕る氷見の江」と海の光景も出てくる。松田江、氷見の江はともに富山湾の入江に比定されている。まさにこの歌には、越中の山野河海の四つの要素が長歌に詠み込まれ、越中が「山野河海の国」であることを端的に表現している。

こうした山野河海をいずれも取り込んで越中の風土を説明する家持の越中風土観は、その前に作られた「越中三賦《ふ》」にすでに明瞭にみられていた。

「二上山賦」（「二上山《ふたがみやま》の賦」）
射水川《いみづかは》　い行き巡《めぐ》れる　玉くしげ　二上山は　春花《はるはな》の　咲ける盛りに　秋の葉の　にほへる時に…渋谿《しぶたに》の　崎の荒磯《ありそ》に　朝なぎに　寄する白波　夕なぎに　満ち来《く》る潮《しほ》の…（『万葉集』巻十七・三九八五）
渋谿の崎の荒磯に寄する波…（『万葉集』巻十七・三九八六）
玉くしげ二上山に鳴く鳥の…（『万葉集』巻十七・三九八七）

「遊二覧布勢水海一賦」（「布勢《ふせ》の水海《みづうみ》に遊覧せし賦」）
…白波の　荒磯に寄する　渋谿の　崎たもとほり　松田江の　長浜過ぎて　宇奈比川《うなひがは》　清き瀬ごとに　鵜川《うかは》立ち
…布勢の海に　船浮け据《す》ゑて　沖辺《おきへ》漕ぎ　辺《へ》に漕ぎ見れば　渚《なぎさ》には　あぢ群《むら》騒ぎ…玉くしげ　二上山に　延《は》ふつたの…（『万葉集』巻十七・三九九一）
布勢の海の沖つ白波あり通ひ…（『万葉集』巻十七・三九九二）
藤波は　咲きて散りにき　卯《う》の花は　今そ盛りと　あしひきの　山にも野にも　ほととぎす…射水川　湊の渚鳥《すどり》朝なぎに　潟《かた》にあさりし　潮満てば…渋谿の荒磯の崎に　沖つ波　寄せ来る玉藻《たまも》…布勢の水海に　海人船《あまぶね》に　ま梶櫂《かぢかい》貫き…乎布《をふ》の崎　花散りまがひ　渚には　葦鴨《あしがも》騒ぎ　さざれ波　立ちても居ても　漕ぎ巡り…（『万葉集』巻十七・三九九三）

「立山賦」（「立山《たちやま》の賦」）
天離《あまざか》る　鄙《ひな》に名かかす　越《こし》の中《なか》　国内《くぬち》ことごと　山はしも　しじにあれども　川はしも　さはに行けども　統《す》め

　神《かみ》の　領《うしは》きいます　新川《にひかは》の　その立山に　常夏《とこなつ》に　雪降り敷きて　帯《お》ばせる　片貝川《かたかひがは》の　清き瀬に　朝夕《あさよひ》ごとに　立つ霧の　思ひ過ぎめや　あり通《がよ》ひ　いや年のはに　よそのみも　振り放《さ》け見つつ　万代《よろづよ》の　語《かた》らひぐさと　いまだ見ぬ　人にも告げむ　音のみも　名のみも聞きて　ともしぶるがね（『万葉集』巻十七・四〇〇〇）

　立山に降り置ける雪を常夏に見れども飽かず神《かむ》からならし（『万葉集』巻十七・四〇〇一）

　片貝の川の瀬清く行《ゆ》く水の絶《た》ゆることなくあり通ひ見む（『万葉集』巻十七・四〇〇二）

「越中三賦」は天平十九年（七四七）の四月に家持が税帳使《ぜいちょうし》として初めて上京するにあたって作られた。四〇〇〇番の歌の最後に「「遠い世までの語りぐさとして、まだ見たことのない人にも告げよう。噂にだけ、名前だけ聞いても、羨ましがるように。」（『新日本古典文学大系』口語訳）とあるように都人に赴任地越中の風土を知らせる意図があったと考えられている。一種の国讃《ぼ》め、土地讃めであった。

おそらく立山だけではなく、次のように「立山賦」の題詞脚注と同型の脚注が、「二上山賦」・「遊㆓覧布勢水海㆒賦」ともに付けられていることから、三賦には共通の意図があったはずである。

二上山　「此山者有㆓射水郡㆒也」
布勢水海　「此海者有㆓射水郡旧江村㆒也」
立山　「此山者有㆓新川郡㆒也」

山・海と野・河（川）で越中を説明する仕方は放逸鷹の長歌と同じ風土の構成要素がみられ、特に郡を代表する自然風土という形で山と海を取り上げていることは歴史的に興味深い。何よりも山と海は大和王権の時代に「山海の政」の対象としての歴史を持っていた。(13)「食国《をすくに》の政」の基盤である野・河（川）もそろっている。家持の眼を通して越中国は、ある意味〝理想的〟な「山野河海の国」であったとすることができよう。

しかも山野河海の具体的な固有地名を使って表現している。四〇〇〇番の歌にある「名のみも聞きて」とはその具体的な固有地名を指しているみて間違いないだろう。

表1は家持の万葉歌にみえる山野河海に関わる固有地名を作歌の年代順にまとめたものである。「越中三賦」にみられるような固有地名を使って越中の山野河海を詠む歌は、「越中三賦」以後多くなってくる。家持の越中風土観を研究した清原和義氏が、赴任以来一年の間に、固有地名を使って越中の水辺（川・海）や越中の山野を歌い、異郷の風土に対する旺盛な興味を示していると評価しているが、(14)まさにその通りである。

私は万葉研究の門外漢であるが、この点について多田一臣氏の「越中風土」（『大伴家持―古代和歌表現の基層』至文堂、一九九四年）の考察には大いに学ぶべきところがある。氏の論旨は次の通りである。

「越中三賦」には伝統的な国土讃美の類型性がみられ、越中の風土は十分にとらえられていない。しかし不十分とはいえ、家持が越中の風土に眼を向け始めたことは重要で、その後天平二十年正月の四首の作（巻十七・四〇一七～二〇）に「越の海の信濃浜の名前なりの浜」という固有地名や「あゆの風越の俗語に東の風を「あゆのかぜ」と謂ふ」という俗語（その土地のことば）を取り入れ、「その土地の固有性―異土としての具体相を呈示」しようとしている。さらに天平二十年二月の春の出挙《すいこ》で諸郡を巡行した際の一連の歌（巻十七・四〇二一～九）にはすべて地名が詠み込まれて作られており、家持は眼前の景そのものに引き寄せられ、異土の風景を受容しようとする心がみられるようになる。

この多田氏の論で越中史にとって重要と考えられるのは、（1）「越中三賦」で越中の風土に眼を向け始めたこと、

表1　家持万葉歌にみえる越中の山野河海に関わる固有地名

年　月	山野河海に関わる固有地名
天平18年　・9	「渋谿」（巻17・3954）
9	「越の海」（巻17・3959）
天平19年　・3	【二上山の賦】「二上山＜此山者有射水郡也＞」（巻17・3985題詞）「射水川」「二上山」「渋谿の崎」（巻17・3985）「渋谿の崎」（巻17・3986）「二上山」（巻17・3987）
4	「奈呉の海」（巻17・3989）
4	【布勢の水海に遊覧せし賦】「布勢の水海＜此海者有射水郡旧江村也＞」（巻17・3991題詞）「渋谿の崎」「松田江の長浜」「宇奈比川」「布勢の海」「二上山」（巻17・3991）「布勢の海」（巻17・3992）
4	【立山の賦】「立山＜此山者有新川郡也＞」（巻17・4000題詞）「立山」「片貝川」（巻17・4000）「立山」（巻17・4001）「片貝川」（巻17・4002）
4	「二上山」「射水川」（巻17・4006）
9	「三島野」「二上」「松田江の浜」「氷見の江」「多祜の島」（巻17・4011）
天平20年　・1	「三島野」（巻17・4012）「二上」（巻17・4013）「須加の山」（巻17・4015）
3	「奈呉の海人」（巻17・4017）「奈呉の江」（巻17・4018）「越の海」「信濃の浜」（巻17・4020）「砺波郡の雄神の河辺」（巻17・4021題詞）「雄神川」（巻17・4021）「婦負郡の鸕坂の河辺」（巻17・4022題詞）「鸕坂川」（巻17・4022）「婦負川」（巻17・4023）「延槻河」（巻17・4024題詞）「立山」「延槻の川」（巻17・4024）「羽咋の海」（巻17・4025）「香島の津」（巻17・4026題詞）「能登の島山」（巻17・4026）「香島」（巻17・4027）「饒石川」（巻17・4028題詞）・「饒石川」（巻17・4028）「長浜の湾」（巻17・4029題詞）「珠洲の海」「長浜の浦」（巻17・4029）
3	「布勢の浦廻」（巻18・4043）
3	「布勢の水海」（巻18・4044題詞）「垂姫の浦」（巻18・4048）「多祜の崎」（巻18・4051）
天平感宝元年　・5	「砺波の関」（巻18・4085）
5	「英遠の浦」（巻18・4093題詞、4093）
5	「珠洲の海人」（巻18・4101）
5	「射水川」「奈呉の海」（巻18・4106）
閏5	「射水川」「奈呉江」（巻18・4116）
天平感宝2年　・3	「射水川」（巻19・4150）
3	「石瀬野」（巻19・4154）「辟田川」（巻19・4156～4158）
3	「渋谿の埼」（巻19・4159題詞）
4	「砺波山」（巻19・4177）
4	「布勢の水海」（巻19・4187題詞）「布勢の海」「乎布の浦」「垂姫」（巻19・4187）
4	「二上山」（巻19・4192）
4	「布勢の水海」「多祜の湾」（巻19・4199題詞）「渋谿」（巻19・4206）
5	「奈呉の浦廻」（巻19・4213）
天平感宝3年　・4	「二上の峰」（巻19・4239）
8	「石瀬野」（巻19・4249）

（2）しかし具体的な固有地名や俗語を詠み込みながら次第に越中の風土の固有性、氏の表現では都とは異なる「異土」の具体相を呈示するようになっていること、の二点に集約できる。そこには越中の風土の固有性が見出せるということである。

表2　家持万葉歌にみえる越中の山野河海の主な産物・資源

主な産物・資源（歌番号・場所）	
山桜	（巻17・3970、巻19・4151 峰の上）
つが	（巻17・4006 二上山）
卯の花	（巻17・4008 砺波山・巻18・4066、巻19・4217）
木	（巻17・4026 能登の島山）
椿	（巻19・4152・4177 八つ峰）
雉	（巻17・4015 左注、巻19・4148 杉の野、4149 八つ峰）
すもも	（巻19・4139 題詞・4140）
堅香子	（巻19・4143 左注・4143 寺井）
榛	（巻19・4207 垣内の谷）
鮎	（巻17・4011 ＜越中＞、巻19・4156・4158 辟田川）
水	（巻17・4002 片貝川、巻18・4106・4116 射水川、4122 ＜「天つ水」越中＞）
葦付	（巻17・4021 雄神川）
穂	（巻17・3943 ＜越中＞）
をみなへし	（巻17・3943）
桃	（巻19・4139・4192）
橙橘	（巻17・3984 左注＜越中の風土＞）
葦	（巻17・3977・4006）
鴨	（巻17・4011 旧江）
よもぎ	（巻18・4116）
藤	（巻18・4043 布勢浦廻、巻19・4187・4188 垂姫、巻19・4192 題詞・4192・4193・4193 二上山、巻19・4199 題詞・4199・4200 多祜湾・浦、巻19・4207 垣内の谷）
梅	（巻18・4134 題詞・4134、巻19・4238・4238 左注）
あやめぐさ	（巻18・4089・4102、巻19・4175・4177・4180）
鶴	（巻18・4116 奈呉江）
菅	（巻18・4116 奈呉江）
鵰	（巻19・4141 題詞・4141）
つまま	（巻19・4159 題詞・4159 渋谿埼過ぎの巌上）
つなし	（巻17・4011 氷見入江）
貝	（巻18・4033 奈呉浦廻）
鮑玉	（巻18・4101 珠洲海、4103 沖つ島）
真珠	（巻18・4101 題詞）
白玉	（巻18・4102 沖つ島、4104 珠洲海、4169 奈呉海）
鮪	（巻19・4218 ＜富山湾＞）

「越中三賦」以降に頻出するこれらの山野河海に関わる固有地名は越中史の古代を彩り豊かにしてくれる大事な資料になっている。それとともに、古い歴史の舞台である山海、山から海へと流れる河（川）、その河が形成する野、という山野河海が越中固有の風土的特質であることに都人の家持から気付かされるのである。

さて、表2にあるように家持は越中の山野河海の産物にも関心を寄せていた。これらの産物の中で特に注目されるのは、雉《きぎし（きじ）》・穂《ほ》（稲）・鮎・つなし・鮑玉《あわびたま》・真珠・白玉《しらたま》・鮪《しび》である。三章でみるように農耕・漁撈・狩猟といった越中人の生業に関わる産物である。産物の内容や生業との関わりについてはそこで詳しく取り上げたい。

ここでは水に注目したい。家持は越中の山から海へ流れる片貝川・射水川の水について、次のように歌っている。

片貝《かたかひ》の川の瀬清く行《ゆ》く水の絶ゆることなく　あり通《がよ》い見む（『万葉集』巻十七・四〇〇二）

…雪解《ゆきげ》溢《はふ》りて　射水川《いみづがは》　流れる水沫《みなわ》の　寄るへなみ…（『万葉集』巻十八・四一〇六）

…射水川　雪消溢りて　行く水の　いや増しにのみ…（『万葉集』巻十八・四一一六）

射水川は小矢部川の古称と考えられている。越中七大河川である片貝川の清流、小矢部川の雪解け水を歌っているのであるが、こうした越中の川に流れる水は古代の越中人にとっても生活の基盤でもあった。次の天平感宝元年（七四九）に作歌した家持の三首はそのことをよく示している（なお、この年は二度改元が行われており、四月十四日に天平二十一年から天平感宝に改元、同年七月二日に天平勝宝に改元される）。

天皇《すめろき》の　敷きます国の　天《あめ》の下《した》　四方《よも》の道には　馬の爪　い尽くす極み　船《ふな》の舳《へ》の　い泊《は》つるまでに　古よ　今の現《をつつ》に　万調《よろづつき》　奉《まつ》るつかさと　作りたる　その生業《なりはひ》を　雨降らず　日の重《かさ》なれば　植ゑし田も　蒔《ま》きし畑も　朝ごとに　凋《しぼ》み枯れ行く　そを見れば　心を痛み　みどり子《こ》の　乳乞《ちこ》うがごとく　天《あま》つ水　仰《あふ》ぎてそ待つ　あしひきの　山のたをりに　この見ゆる　天の白雲《しらくも》　わたつみの　沖つ宮辺《みやへ》に　立ち渡り　との曇《ぐも》りあひて　雨も賜《たま》はね（『万葉集』巻十八・四一二二）

この見ゆる雲ほびこりてとの曇《ぐも》り雨も降らぬか心足《だ》らひに（『万葉集』巻十八・四一二三）

我が欲りし雨は降り来《き》ぬかくしあらば言挙《ことあ》げせずとも稔《とし》は栄えむ（『万葉集』巻十八・四一二四）

最初の長歌の題詞には「天平感宝元年閏五月六日以来、起二小旱一、百姓田畝稍有二彫色一也。至二于六月朔日一、忽見二雨雲之気一、仍作雲歌一首短歌一絶」（「天平感宝元年閏《うるふ》五月より以来《このかた》、小旱《せうかん》を起こし、百姓《ひやくせい》の田畝《でんぽ》稍《やうや》くに彫色《てうしょく》有りき。六月朔日《さくじつ》に至りて忽《たちま》ちに雨雲《ううん》の気《き》を見、仍《すなは》ち作りし雲の歌一首短歌一絶《いちぜつ》」）とあって、この年の旱魃《かんばつ》により田畑の生気が失われ百姓《ひやくせい》の生業に支障が出ていたことがわかる。

この年の前から旱魃は諸国を襲っていたらしく、『続日本紀』天平勝宝元年（七四九）正月己巳条に「比年、頻遭二亢陽一、五穀不レ登」（「比年頻《としころしきり》に亢陽《かうやう》に遭《あ》ひて五穀登《ごこくみの》らず」、亢陽は旱魃のこと）、同正月乙亥条に「上総国飢。賑二給之一。」（「上総国《かみつふさ（かずさ）》飢ゑぬ。これに賑給《しんごふ》す。」）、同二月庚子条に「下総国旱、蝗飢饉。賑二給之一。」（「下総国《しもつふさ（しもふさ）》旱《ひでり》し、蝗《いなご》ありて飢饉《う》ゑぬ。これ賑給す。」）、同二月丙午条に「石見国疫。賑二給之一。」（「石見《いはみ》国疫す。これに賑給す。」）、と旱害の状況を載せている。賑給《しんごう》とは、疫病・災害・飢饉などに際して高齢者や病人、貧窮者などに対して国家が食料や衣料を支給した制度である。[15] また同閏五月癸卯条の詔に「時属二炎蒸一」（「時に炎蒸《えむしょう》に属《つ》きて」）とあり、閏五月になっても蒸し暑さは続いていたようである。ただし越中は「小旱」であって、まだ被害が少なかったと考えられる。三首めの題詞に「賀二雨落一歌一首」（「雨の落《ふ》りしを賀《よろこ》びし歌一首」）、左注には「右一首、同月四日、大伴宿祢家持作。」とあるので、六月四日には雨が降ってきたようであり、稲の実り（「稔」）を見込めるようになって家持は安心したようである。[16] 家持は国守として「万調《よろづつき》」つまりさまざまな税物の収取に関わることに腐心し、雨が降ってくるのを祈ったに過ぎないのであるが、百姓の生業である田畑の耕作、特に稲の実りにとって何よりも大事なのは水であると認識していたことをこの歌から知ることができる。

家持は野を潤すことになる水を「天つ水」と表現している。「天つ水」は「山のたをり」すなわち峰と峰のあいだの鞍部《あんぶ》（低いところ）に湧《わ》き出る白雲が「わたつみ」（海の神）の祀《まつ》ってある沖の宮（具体的には不明）のあたりまで立ち渡って一面の空を曇らせ降る降水を意味している。越中の山と海とのあいだには川・野があるから、当然「天つ水」は越中の川に注ぎ、越中の野を潤す水資源となる。越中の近接する山と海がもたらす自然の恵みといえよう。正史をみれば旱魃は越中をたびたび襲っていたことがわかるものの、[17] 水資源が豊富であるため他国に比べては少ないようである。やはり越中国内に利用可能な水が豊富にあることは天の恵みといってよく、越中の自然が生み出す重要資源であると気付かせてくれる。

以上、本節では「越中三賦」以降の家持の万葉歌にみられる山野河海に関わる具体的な地名や産物・資源に注目し、家持が越中の山野河海に固有の風土的特質を見出し越中国の特色として認識していたと考えてきた。この家持の認識は越中人の生活基盤や越中史の舞台を考える上で重要なことを教えている。

注

（1）古代では親族集団である氏《うじ》の名と地位や職掌を示す称号である姓《かばね》が大王《だいおう（おおきみ）》・天皇から与えられた。家持の場合、一族の名前が「大伴」、姓が「宿祢」である。古代人独特の名前の表記である。本書では古代の人名に姓がある場合、原則として初出のみ姓を付ける。
（2）『続日本紀』天平十八年六月壬寅条及び『万葉集』巻十七の三九二七・三九二八題詞。『続日本紀』の記事により越中守の任命は同年六月二十一日のことであるが、官人に与えられている赴任準備期間と平城京から越中国までの移動に要する日数を考えれば着任は七月中であろう。
（3）米沢康「古代越中国の等級について」（『越中古代史の研究』、越飛文化研究会、一九六五年）。
（4）家持の誕生年については諸説あるが、支持の多い養老二年（七一八）説に従う。
（5）本書での『万葉集』の引用は、すべて新日本古典文学大系『萬葉集』一～四（岩波書店、一九九九～二〇〇三年）による。訓み下し文、音訓、口語訳も同書による。
（6）国守の館から富山湾・射水川を見下ろすことができる。越中国守の館の景観については『古代の都市と条里』（条里制・古代都市研究会編、吉川弘文館、二〇一五年）Ⅲ「4　北陸道　越中」（拙稿）で少しふれた。
（7）廣瀬誠『越中萬葉と記紀の古伝承』（桂書房、一九九六年）一五二頁。
（8）相澤央「古代日本の雪―その影響と対応を中心に―」（『日本歴史』第八四九号、二〇一九年）。
（9）『日本書紀』持統六年（六九二）九月癸丑条に「越前国司献白蛾」とみえ、その時点で「越前国」が成立していた。おそらくは天武十二年（六八三）から同十四年（六八五）にかけて行われた国境の確定事業にともなって実施された地方行政区分の大きな見直しによって「コシノクニ」の三分割がなされ、「越中国」も成立したと考えられる。天武朝の国境確定事業については、鐘江宏之「『国』制の成立―令制国・七道の形成過程―」（笹山晴生先生還暦記念会編『日本律令制論集』上巻、吉川弘文館、一九九三年）参照。

（10）鎌田元一「律令制国名表記の成立」（『律令公民制の研究』、塙書房、二〇〇一年）。

（11）大津透「万葉人の歴史空間」（『律令国家支配構造の研究』、岩波書店、一九九三年）。

（12）前掲・相澤央「古代日本の雪―その影響と対応を中心に―」。

（13）吉村武彦「天下の主者と政治的支配」（『日本古代の社会と国家』、岩波書店、一九九六年）。

（14）清原和義「水辺の歌人―風土考序説」（『万葉集の風土的研究』、塙書房、一九九六年）十四頁。

（15）寺内浩「律令制支配と賑給」（『日本史研究』第二四一号、一九八二年）。

（16）三首めにみえる「言挙げ」について、高瀬重雄は「白雲をわき立たしめる山の、山の神に祈る心意が表示されたのかも知れないと推量される。」と述べている（『古代山岳信仰の史的考察』、名著出版、一九八九年）八十頁。

（17）木本秀樹「古代越中国の災異概観」（『越中の古代勢力と北陸社会』、桂書房、二〇一七年）。

二　越中国の御贄《みにえ》

1.『延喜式』にみえる御贄

「山野河海の国」越中の産物の一部は税物として収取された。ここでは越中の山野河海の産物に注目し、諸国から天皇の供御物《くごもつ》として進上された御贄との関係を探る。天皇の供御物とは天皇の食膳に供する食物のことである。十世紀に編纂された法典である『延喜式』《えんぎしき》宮内《くない》式に次の規定がある。

諸国所レ進御贄
山城。大和。摂津。河内。和泉。志摩。近江等七国。年中節料。大和。志摩。若狭。紀伊。淡路等五国。年中旬料。参河。若狭。紀伊。淡路等四国。正月三日節料。竝付二内膳司一。伊賀。尾張。美濃。越中。丹波。丹後。播磨。美作。備前。紀伊。阿波等十一国。同三節雑給料。付二大膳職一。

また、『延喜式』内膳《ないぜん》式には、諸国貢進《こうしん》御贄《みにえ》の年料《ねんりょう》として三十四国及び大宰府《だざいふ》の品目と数量が規定されており、越中国の部分は次のように決められている。

諸国貢進御贄中宮准レ此。

年料

越中稺海藻一輿五籠。雉腊一輿五籠。

（他の三十三国及び大宰府は省略）

右諸国所レ貢。並依二前件一。仍収二贄殿一。以擬二供御一。但腹赤魚収二司家一。

これらの史料から、『延喜式』では越中国が天皇の供御物である御贄を進上する国になっていたことがわかる。越中国から進上する御贄は「諸国所進《しょしん》御贄」（そのうちの正月三節雑給料《さんせちざつきゆうりよう》）と「諸国貢進御贄」（そのうちの年料）の二種であった。諸国所進御贄の品目・数量は不明であるが、諸国貢進御贄は「稺海藻一輿五籠」と「雉腊一輿五籠」であることが記されている。「稺海藻《わかめ》」はワカメ、「雉腊《きじきたひ》」（雉は「きぎし」とも読む）は雉肉の乾物である。それぞれ越中の海の産物、山野の産物が進上されていたことになる。

これらの産物を御贄として進上することにどのような意味があったのか考えていきたい。

表は、『延喜式』にみえるすべての御贄の進上国をまとめたものである。御贄には、大きく分けて「諸国所進御贄」「諸国例貢御贄」「諸国貢進御贄」「日次《になみ》御贄」の四種があり（以下、前三者は「所進御贄」「例貢御贄」「貢進御贄」と略称する）、さらに「諸国所進御贄」は節料・旬《じゆん》料・正月三日節料・正月三節雑給料、「諸国貢進御贄」は旬料・節料・年料、と目的別に細かく分かれていたことがわかる。表には御贄ではないが参考のために諸国貢進菓子《かし》と中男作物《ちゆうなんさくもつ》を挙げた。

この表をみると御贄は多くの国々から進上されており、御贄以外に進上される菓子や中男作物として貢進される狩猟・漁撈・採集で採取された産物を含めると、すべての国から特産物が都へ送られていたことにあらためて驚かされる。


御贄についてはさまざまな議論がある。[1]ここでは越中国に関係する御贄に焦点をあてて説明をしていきたい。

『延喜式』宮内式の規定では越中国は所進御贄の正月三節雑給料を進上することになっていた。正月三節雑給料とは宮中で行われる正月一日・七日・十六日の三節会《せちえ》（元日・白馬《あおうま》・踏歌《とうか》）の饗宴の食膳に出される食材で、貢進御贄の節料の進上国である五畿内《きない》・近江国・志摩《しま》国・参河《みかわ》国・若狭国・紀伊《きい》国・淡路《あわじ》国は正月三節雑給料とは別に、この三節会にも進上することになっていた（内膳式）。参列者は親王《しんのう》以下三位《み》以上ならびに四位《い》の参議、四位・五位ならびに命婦《みょうぶ》であった（大膳上式「宴会雑給」）。節会の饗宴は天皇と臣下との「共同体意識の高揚の場」「コミュニケーションの場」となっていた。[2]諸国から進上された御贄は宮内省が検領して宮中の饗膳《きょうぜん》料理を担当する大膳職に納められた。五位以上の貴族は奈良時代には一五〇人から二〇〇人くらいであり、[3]平安時代でもそれほど変わらないと考えられるので、多くの食材が必要であったわけである。ただし進上する品目・数量は記載されていない。越中から進上された品目をぜひとも知りたいところであるが、この問題については後にふれたい。

一方、貢進御贄の方は先のように具体的な品目や数量が記載され、越中国は「穉海藻一輿五籠」と「雉腊一輿五籠」であった。旬料・節料・年料とある貢進御贄の中でも、一年の間でおそらく産物の〝旬〟や節会に合わた時期に進上する年料であった。海の幸である穉海藻は多くの国々が御贄として進上することになっているが、山野の幸である雉

表　『延喜式』にみえる御贄の進上国

○が指定国

道名	国名	宮内式					内膳式				大膳下式	主計上式
		諸国所進御贄				諸国例貢御贄	諸国貢進御贄			日次御贄	諸国貢進菓子（参考）	中男作物（狩猟・魚撈・採集）（参考）
		節料	旬料	正月三日節料	正月三節雑給料		旬料	節料	年料			
五畿	山城	○				○		○	○		○	
	大和	○	○			○	○	○			○	
	摂津	○				○		○	○		○	
	河内	○				○		○			○	
	和泉	○				○		○	○	○	○	
東海道	伊賀				○				○		○	○
	伊勢					○			○		○	○
	志摩	○	○			○	○	○	○			○
	尾張				○	○			○			○
	参河			○				○	○			○
	遠江					○			○		○	○
	駿河					○					○	○
	伊豆					○					○	○
	甲斐					○					○	○
	相模					○					○	○
	武蔵											○
	安房											○
	上総											○
	下総								○			○
	常陸								○			○
東山道	近江	○				○		○	○	○	○	○
	美濃				○				○			○
	飛騨											
	信濃					○			○			○
	上野											○
	下野											○
	陸奥					○			○			
	出羽										○	

北陸道							山陰道								山陽道								南海道						西海道
若狭	越前	加賀	能登	**越中**	越後	佐渡	丹波	丹後	但馬	因幡	伯耆	出雲	石見	隠岐	播磨	美作	備前	備中	備後	安芸	周防	長門	紀伊	淡路	阿波	讃岐	伊予	土佐	大宰府
○																							○	○					
○																							○	○					
				○			○	○							○	○	○						○		○				
○	○		○		○		○	○	○	○					○	○	○	○							○				○
○																							○	○					
○																							○	○					
○	○		○	○	○	○	○	○	○	○	○				○	○	○	○				○	○			○		○	○
○																							○	○					
	○	○	○	○	○		○	○	○	○		○			○	○	○	○					○		○				○
○	○	○	○	○	○	○	○	○	○	○	○	○	○	○	○	○	○	○	○	○	○	○	○	○	○	○	○	○	○

腊を進上する国は極めて限られていることがわかる。貢進御贄の節料に参河国一国、例貢御贄に尾張《おわり》国一国、貢進御贄の年料に尾張国・越中国と大宰府《だざいふ》である。尾張国は重なるので、国別では参河・尾張・越中の三か国と大宰府のみである。参考に中男作物をみてみると尾張国・参河国のほかに信濃《しなの》国がある。調物には雉腊はみあたらない。雉腊はきわめて限られた畿外《ぎがい》の国が進上する珍物であったことは確かである。穉海藻と雉腊をセットで進上する国に至っては参河国と越中国の二国だけである。

数量単位の「籠」は『和名類聚抄』巻十六・竹器類に和名「古」とあるので「こ」と呼んでいたものと考えられる。法量は同じく年料の御贄として「穉海藻」を進上する参河国に「籠様《ためし》長一尺二寸。広八寸。深四寸。他皆同レ此。」(現在の寸法では長さ約三十五センチメートル、広さ約二十三センチメートル、深さ約十二センチメートル)とあり、形状・大きさがわかる。「一輿」が難解であるが、『和名類聚抄』巻十一・車類の「腰輿」に和名「太古之」とある。『日本国語大辞典』(小学館)は「前後ふたりで、手で腰のあたりまで持ち上げて運ぶもの」と説明し、竹取《たけとり》物語「国に仰せ給て、たこしつくらせ給ひて、にようによう担われて」を例に挙げている。「輿」は手で轅《ながえ》を腰のあたりにもたげて担うものと考えられ、読みは「こし」ないし「たこし(たごし)」であろう。越中国から進上する二品目ともこの「一輿五籠」であったが、「輿」で運ばれる御贄はほかに能登国の「穉海藻輿六籠」、大宰府《だざいふ》の「雉腊一輿十籠別三翼」しかみあたらない(貢進御贄の年料)。越中国の穉海藻・雉腊、能登国の穉海藻、大宰府の雉腊は丁重に運ばなければならない特別な意味でもあったのだろうか。

この点に関し興味深い史料がある。『日本書紀』白雉元年(六五〇)二月甲申条に祥瑞《しょうずい》の白雉《しろきぎし》を玉座《ぎょくざ》の前に運ぶ際に「雉輿《きぎしのこし》」が使われている。雉輿は左右大臣・百官などが並んだ列の間を四人によって運ばれた。運ばれた白雉は天皇が実際に手に取って御覧になり、その後で改元の詔《みことのり》が発せられるわけであるから大事な儀式の場面である。[(4)]越中の稗海藻・雉腊もこうした儀礼的な形で運搬されたのかもしれない。ちなみに越中で白雉がみられたことは『日本三代実録』貞観十八年（八七六）正月廿七日乙巳条に「越中国獲二白雉一而献。」とあることから知られる。

都へ運ばれた越中国の稗海藻と雉腊は、『延喜式』内膳式に「仍収二贄殿一。以擬二供御一。」とあることから、天皇の食膳の調理を担当する内膳司《ないぜんし》（宮内省管轄）内の贄殿《にえどの》に運ばれ、天皇の供御物として取り扱われたことがわかる。贄殿は御贄専用の特別な保管施設であろう。天皇の日常の食事に供された食材の多くは畿内及び畿内近国の諸国が進上したが、主に畿外の諸国が進上する年料の御贄は、一部が内裏《だいり》の御厨子所《みずしどころ》に運ばれて天皇の朝夕の御膳に調理され、一部は宮中節会の饗膳に使われたと考えられている。(5)

2.「山野河海の国」越中を象徴する特産物

御贄とはそもそも山野河海の新鮮な産物を天皇の供御物として進上する税物である。生ものだけとは限らずさまざまな加工品も含まれていたが、それぞれの産物の〝旬《しゅん》〟を大事にしていたようである。『延喜式』内膳式には「雑鮮味物」という表現もみられ、もろもろの新鮮な旨い物であった。大宝令の制定とともに収取の制度が整えられ、各地の特産物が貢進されるようになったと考えられ、歴史的には大和王権の時代における大王への食物供献《しょくもつきょうけん》儀礼にまで遡る性格が残っているとされる。(6)食物供献とは服属した豪族が支配する土地の産物を大王へ献上することである。御贄に複数の種類があるのは、そうした伝統が形として根強く残っていることや進上品目の使途の違いによると考えられるが、基本的には必要に応じて税制変更を繰り返してきたからであろう。『延喜式』に規定する御贄の制度も歴史の一つの段階の姿でしかなく、直ちに古くに遡らせることはできない。

越中国の進上する所進御贄は正月三節雑給料である。これまでの研究で、所進御贄の節料・旬料・正月三日節料の進上国と貢進御贄の旬料・節料の進上国が対応し、例貢御贄と貢進御贄の年料とは元来対応していたと考えられている(7)。表をみると納得できるように思われるが、後者の点については疑問が出されている(8)。一致しない進上国があるので、やはり別に考えた方がよいと思う。

また、延喜二年（九〇二）三月十二日太政官符（『類聚三代格』巻十・供御事）の解釈から、例貢と年料を対応させないことを前提に、御贄を旬料（所進御贄・貢進御贄）、節料（所進御贄・貢進御贄）、年料（貢進御贄）、例貢御贄、日次御贄の五種に分類する説が提出されている。私はこの山尾幸久の説を基本的に妥当だと考えているが、節料に、大膳職に付すことになっている正月三節雑給料を含めることには反対である。細部をみればわかるが、正月三節雑給料の進上国十一か国のうち十か国は貢進御贄の旬料・節料に対応していない。唯一対応している紀伊国は所進御贄の旬料・正月三日節料の進上国であり、それゆえ貢進御贄の旬料・節料と対応すると理解できるので、他の十か国とは別に扱われるべきである。つまり所進御贄の正月三節雑給料のみの進上国は貢進御贄の旬料・節料ともに対応していないのである。一方、年料御贄との対応関係では、紀伊国を含めた十か国は対応しているが、阿波国は対応していない。この問題は意外に大きいと思う。正月三節雑給料は節料・正月三日節料と同列に扱われているが、後にふれるように別に考えるべきであろう。したがって、山尾説の部分修正になるが、先の五分類に正月三節雑給料を加えて、旬料御贄、節料御贄、雑給料御贄、年料御贄、例貢御贄、日次御贄、の六分類にするのが適当だと考えている。難解な問題であるが、立場を明確にしておきたい。

その上で、越中国が進上することになっている雑給料御贄について考えていきたい。

右にふれたように、正月三節雑給料の進上国十一か国のうち十か国までが貢進御贄の年料と対応するが、阿波《あわ》国は例外であった。この阿波国の御贄に関しては興味深い木簡が出土している。

阿波国進上御贄若海藻壱籠　板野郡牟屋海

平城宮内裏北方官衙《かんが》地区から出土した荷札木簡で、重要文化財「平城宮跡内裏北外郭官衙出土木簡（SK820）」の一点の釈文《しやくもん》である。(9)「若海藻」（稺海藻と同義）はワカメのことで、(10)一群の木簡が天平十七年（七四五）から十九年頃のものとされているので、その時期に板野《いたの》郡牟屋《むや》のおそらく海部《あま》が御贄として進上した際の荷札であろう。阿波国からはその時期より前の和銅三年（七一〇）から霊亀三年（七一七）の時期のものと考えられる「阿波国贄切海藻北」(11)・「阿波国贄猪薦纒」(12)・「阿波国贄□□□〔鹿薦カ〕」(13)と墨書する荷札木簡（長屋王邸跡SD4750）、天平三年（七三一）から十一年頃の「阿波国棘甲蠃贄壱□」と墨書する荷札（二条大路木簡SD5100）なども出土している。これら奈良時代における阿波国からの御贄（贄）で品目が明確なのは「切海藻《きりわかめ?》」「猪薦纒《こもまとい?》」「棘甲蠃《うに?》」である。「切海藻」は海藻を小さく刻んだようなもの、(14)「猪薦纒」は猪の干宍（干肉）をこもで巻いたようなもの、(15)「棘甲蠃」はウニの類、(16)と考えられている。「□□□〔鹿薦カ〕」を鹿薦とすれば、鹿の干肉ということになろう。

木簡から知られる奈良時代におけるこれらの贄物は、『延喜式』で阿波国が進上することになっていた例貢御贄の品名にはみえないものである。中男作物まで視野を広げると「猪脯」「海藻」と重なる産物がある。「脯」は干肉のことなので「猪薦纒」と近い。中男作物の制度が始まったのは養老元年（七一七）であるから『延喜式』の中男作物の中には中男作物の制度が始まるまで贄となっていたものが含まれていたと考えられてくる。また阿波国は『延喜式』で年料御贄の進上国ではなく、雑給料御贄の進上国なので、『延喜式』の規定が奈良時代まで遡る部分があるとすれば、雑給料御贄と中男作物には関係性があるように思われてくる。
そこで他の雑給料御贄の進上国の御贄木簡の品名と『延喜式』主計上式に規定する中男作物の品名との対応を調べてみると、美濃《みの》国関係の荷札木簡に該当するものがあった。(17)

・美濃国煮塩年魚三斗
・霊亀二年十月廿二日

先の長屋王邸跡SD4750と同じ場所から出土した荷札木簡で、霊亀二年（七一六）の年紀の記載がある。「煮塩年魚」は『延喜式』主計上式の美濃国に「煮塩年魚鮨」「年魚」「鯉」「鮒鮨」とみえ、まさに木簡の品名と全く一致する。「煮塩」の加工まで同じである。阿波国の例を基にすると、美濃国の木簡には税目の記載はないが、御贄ないし贄の可能性が高いだろう。

阿波国、美濃国ともに雑給料御贄の進上国であった。その雑給料御贄の国々の御贄は、品名から『延喜式』の中男作物との関係性が高いこと、さらに中男作物制度の成立以前に贄になっていたものがあるということである。いま一度表をみると、先にふれたように正月三節雑給料の進上国十一か国と年料御贄とは必ずしも一致しないが、例外の阿波国も含めて中男作物とは対応するのである。年料御贄よりも中男作物と近い関係にあると考えざるを得ない。

こうした御贄と中男作物との関係については、はやくに直木孝次郎が指摘し、(18)さらに今津勝紀氏の高論がある。(19)今津氏は中男作物の中には贄（大贄）として進上されたものがあること、そして御贄の制度は中男作物と密接な関係があり、中男の労役によって贄が調達されることがあったことを指摘した。右記してきた理解からも、今津氏の考え方に納得がいく。先に取り上げた阿波国の若海藻を品目とする進上御贄を例にとると、牟屋の海部集団が国郡司の監督の下でワカメを採取し、採取したワカメは、この場合は御贄として進上されることになったのであるが、中男作物として貢進されることもあったということになる。すなわち両者には互換性がある。阿波国や美濃国のような『延喜式』で雑給料御贄進上国になっている国は中男作物との関連が強い。そもそも中男作物は畿外諸国に割りあてられた制度であったが、雑給料御贄もそれと対応するように五畿内にはなく畿外の十一か国に限定されていた。そこには大和王権の時代の食物供献儀礼に遡るような歴史的共通性が考えられる。

『延喜式』で越中国が進上することになっていた御贄は年料御贄と雑給料御贄の二種であり、品目は前者が「稗海藻」と「雉腊」とわかるものの、後者は不明である。しかし後者については、こうした中男作物との密接な関係から『延喜式』の中男作物に規定する品目である鮭楚割《さけすはやり》（塩干）・鮭鮨《さけずし》（発酵鮨）・鮭氷頭《さけひず》（頭部軟骨）・鮭背腸《さけせわた》（塩辛）・鮭《さけ》子《こ》（卵塩漬）、雑腊《ざつきたひ》（魚類の干物）のうちに贄物があった可能性がある。鮭のさまざまな加工品と、魚類の干物である。

また、中男作物制度が始まる前の和銅三年（七一〇）に越中国から貢進された荷札木簡がある。(20)

・越中国利波郡川上里鮒雑
・腊一斗六升　和銅三年正月十四日

税目の記載はなく、品名は「鮒雑腊《ふなざつきたひ》」（鮒の干物）である。この個人名のない荷札木簡の税目は贄の可能性が高い。「鮒雑腊」は『延喜式』の年料御贄としては規定されなかったが、雑給料御贄になっていた可能性はあるだろう。

以上の理解をふまえて越中国の御贄がもった意味について考えたい。

越中の山野河海は産物の宝庫であった。そのうち『延喜式』に規定する御贄として進上された産物は海の産物である稺海藻と山野の産物である雉腊であった。雉は、すでに奈良時代に大伴家持が「杉の野にさ踊る雉《きぎし》」（『万葉集』巻十九・四一四八）・「あしひきの八《や》つ峰《を》の雉」（『万葉集』巻十九・四一四九）と歌い、越中の山野に生息していた。また家持が愛でた鷹は雉を捕らえる能力が抜群であったとされる（『万葉集』巻十七・四〇一五左注）。また鮭のさまざまな加工品や鮒など魚類の干物も御贄になっていた可能性がある。鮭・鮒は越中の河（川）の産物である。歴史的な変遷はわからないが、越中国から進上される御贄は、正月三節雑給料として節会の饗膳の食材となり、また天皇の供御物として天皇の朝夕の御膳に調理され、一部は宮中節会の饗膳に使われたと考えられる。こうした御贄とされた品目は「山野河海の国」越中を象徴する特産物になっていたといえよう。少なくとも、越中の海の産物である稺海藻、越中の山野の産物である雉腊に関しては「山野河海の国」越中を象徴する特産物であったことは確実である。

本稿は御贄制度の全面的な検討を意図したものではない。あくまでも地域史の観点から越中国の御贄がどのようなものであったかを探ったに過ぎない。部分的な考察であるが、越中をみつめることによって浮かび上がってきた雑給料御贄の問題は今後の御贄研究の課題の一つであると考えている。

注

（1）樋口知志「律令制下の贄について（上）・（下）」（『東北大学附属図書館研究年報』二十一・二十二号、一九八八年・一九八九年）。山尾幸久「『延喜式』の御贄をめぐって（上）・（下）」（『古代文化』四十三―一一・一二号（一九九一年）。今津勝紀『日本古代の税制と社会』（塙書房、二〇一二年）など。

(2) 橋本義則「平安宮草創期の豊楽院」（岸俊男教授退官記念会編『日本政治社会史研究　中』（塙書房、一九八四年）二〇〇頁。

(3) 関晃「律令貴族論」（関晃著作集第四巻『日本古代の国家と社会』、吉川弘文館、一九九七年）三六二頁。

(4) この場面の前に白雉が祥瑞であることを奏した僧旻法師は「王者旁㆓流四表㆒。則白雉見。又王者祭祀不㆓相踰㆒、宴食・衣服有㆑節則至。又王者清素、則山出㆓白雉㆒。又王者仁聖則見。」（「王者四表に旁く流れば、白雉見ゆ。又、王者の祭祀相踰えず、宴食・衣服節有れば至る。又、王者の清素なれば、山に白雉出づ。又、王者の仁聖にましませば見ゆ。」（『日本書紀』白雉元年二月戊寅条、訓下し文は新編日本古典文学全集『日本書紀』による）と説明しているが、雉だけではなく、祭祀や節会のもつ御贄の意味を考える上でも参考になる。なお、この「雉輿」の記事については櫻井芳昭『ものと人間の文化史　輿』（法政大学出版局、二〇一一年）一九〇〜一九二頁に解説がある。

(5) 前掲・山尾幸久「『延喜式』の御贄をめぐって（上）・（下）」。

(6) 岡田精司「大化前代の服属儀礼と新嘗―食国（ヲスクニ）の背景―」（『古代王権の祭祀と神話』、塙書房、一九七〇年）。

(7) 勝浦令子「律令制下贄貢納の変遷」（『日本歴史』三五二号、一九七七年）。鬼頭清明「御贄に関する一考察」（『続律令国家と貴族社会』、竹内理三博士古希記念会編、吉川弘文館、一九七八年）。長山泰孝「贄と調について」（『日本古代の国家と宗教』下巻、井上薫教授退官記念会編、吉川弘文館、一九八〇年）。

(8) 前掲・山尾幸久「『延喜式』の御贄をめぐって（上）・（下）」。

(9) 釈文は木簡学会編『日本古代木簡選』（岩波書店、一九九〇年）による。

(10) 関根真隆『奈良朝食生活の研究』（吉川弘文館、一九六九年）九十頁。

(11) 奈良国立文化財研究所『平城宮発掘調査出土木簡概要21』（一九八九年）。

(12) 奈良国立文化財研究所『平城京　長屋王邸跡』（吉川弘文館、一九九六年）。

(13) 奈良国立文化財研究所『平城京木簡一―長屋王家木簡一―』（一九九五年）。

(14) 前掲・関根真隆『奈良朝食生活の研究』九十一頁。
(15) 関根真隆「長屋王家木簡にみる物名について」(奈良国立文化財研究所編『長屋王家・二条大路木簡を読む』(吉川弘文館、二〇〇一年) 一五九頁。
(16) 前掲・関根真隆「長屋王家木簡にみる物名について」一六一頁。
(17) 奈良国立文化財研究所『平城京木簡二―長屋王家木簡二―』(二〇〇一年)。
(18) 直木孝次郎「贄に関する二、三の考察」(『飛鳥奈良時代の研究』、塙書房、一九七五年)。
(19) 今津勝紀「贄と中男作物をめぐって」(前掲・『日本古代の税制と社会』所収)。
(20) 奈良国立文化財研究所『平城宮発掘調査出土木簡概報6』(一九六九年)。木簡学会『木簡研究』十号 (一九九八年)。

三　古代越中人《びと》の生業《なりはひ》

はじめに

大伴家持は越中の自然風土を歌い、都人に異郷地の情景として伝えたが、越中の山野河海は何よりそこに住む人々の暮らしの基盤であった。本章では、人々の暮らしの中でも「生業」に注目して山野河海に生きた古代越中人の姿を探る。

古代では生業のことを「なりはひ」という。『万葉集』巻十八・四一二二の家持の歌にみえる「生業」の万葉仮名は「奈里波比」である。『続日本紀』和銅七年（七一四）二月辛卯条の詔にみえる「産業」の訓も「なりはひ」であり、天平勝宝四年（七五二）正月辛巳条に「縁レ海百姓、以レ漁為レ業」（「海に縁《よ》れる百姓、漁《すなどり》を業とし」）とある「業」も「なりはひ」と訓読し(1)、「なりはひ」の用字には「生業」のほかに「産業」や「業」があった。本稿では「生業」を使う。

古代人の主たる生業は農耕であったが、右の『続日本紀』の記事に縁海《えんかい》（海岸辺り）の百姓《ひやくせい》の生業として漁撈がみられるなど、さまざまな社会関係に影響を受けつつも暮らしの場の自然条件（気候・地形・地質・資源など）に応じた多様な生業を行っていた(2)。古代の史料にみえる「百姓」が農民に限らないということでもある。越中はまさに日本海に面する縁海の地域であり、実際に漁撈を生業とする海人《あま》がいたことは「奈呉《なご》の海人《あま》の釣する船は今こそば船棚《ふなだな》打ちてあへて漕ぎ出《で》め」（『万葉集』巻十七・三九五六）とする大目《だいさかん》　秦《はた(はだ)の》忌寸《いみき》八千嶋《やちしま》（大目は国司の第四等官）の万葉歌からも知られるところである。奈呉は、現在の富山県射水市の北西部にかつて広がっていた放生津潟《ほうじょうづがた》一帯を指す古代地名である。

　万葉歌にはこのように越中人の生業を知る手掛かりがいくつかあるが、木簡《もっかん》・正倉院宝物《ほうもつ》や『延喜式《えんぎしき》』『平安遺文《へいあんいぶん》』も用いながら、越中の山野河海の恵みとともにあった古代越中人の生業を明らかにしていきたい。

1．万葉歌にみえる越中人の生業

　大伴家持が越中守として赴任してまもなくの天平十八年（七四六）八月七日の夜、国守の　館《むつろみ(やかた)》　で下僚《かりょう》の大伴池主《いけぬし》や秦八千嶋らと宴会が開催され、家持は次のように歌っている。

　秋の田の穂《ほ》向き見がてり我が背子がふさ手折《たを》り来《け》るをみなへしかも（『万葉集』巻十七・三九四三）

　赴任したばかりの家持にはすでに越中の秋の光景、収穫間近の稲穂が眼に映っていた。「勧課農桑《かんかのうそう》」は国守の勤めであり（職員令《しきいんりょう》）、国守としての家持にとって稲の作柄の観察は重大な公務であった。同時に、ここから「稲を作る」という生業が越中で現実に行われていたことを、家持の眼を通して初めて知ることができるのである。この歌は古代越中人が農耕を行っていた証拠である。

また次の例は、国守である家持自身、越中の主たる生業として農耕を認識していたことをうかがわせる。

天皇《すめろき》の　敷きます国の　天《あめ》の下　四方《よも》の道には　馬の爪　い尽くす極み　船の舳《へ》の　い泊《は》つるまでに　古《いにしへ》よ　今
の現《をつつ》に　万調《よろづつき》　奉《まつ》るつかさと　作りたる　その生業《なりはひ》を　雨降らず　日の重なれば　植ゑし田も　蒔《ま》きし畑も　朝
ごとに　凋《しぼ》み枯れ行く　そを見れば　心を痛み　みどり子の　乳《ち》乞ふがごとく　天《あま》つ水　仰ぎてそ待つ　あしひ
きの　山のたをりに　この見ゆる　天《あま》の白雲　わたつみの　沖つ宮辺《みやへ》に　立ち渡り　との曇りあひて　雨も賜は
ね（『万葉集』巻十八・四一二二）

題詞に「天平感宝元年閏五月六日以来、起二小旱一、百姓田畝稍有二彫色一也。至二于六月朔日一、忽見二雨雲之気一、仍作雲歌一首」（「天平感宝元年閏五月六日より以来《このかた》、小旱《せうかん》を起こし、百姓《ひやくせい》の田畝《でんぼ》稍《やうや》くに彫色《てうしょく》有りき。六月朔日《さくじつ》に至りて忽《たちま》ちに雨雲《ううん》の気《き》を見、仍《すなは》ち作りし雲の歌一首」）とあるように、天皇への貢《みつ》ぎ物（「万調」）である稲穂が日照りで枯れていることを痛み、天平感宝元年（七四九）に作歌したものである。家持のいわゆる「雨乞い歌群」の一首である。(3)歌中で使われる「生業」は明らかに農耕を意味している。

さらにこの歌からは、越中百姓の生業である農耕には「植ゑし田　蒔きし畑」と、水田での稲作だけではなく畑作があったことも知られる。「畑」（万葉仮名では「波多気」）は新日本古典文学大系『萬葉集』に従った表記であるが、古代社会では「ハタケ」に「畑」の字を使用する例は皆無であり、粟《あわ》・稗《ひえ》など雑穀の栽培地である陸田を意味した「畠」の字を用いるべきである。(4)すなわち、越中人は水稲耕作と、畠での雑穀栽培、という二種の農耕を行っていたということになる。

もう一例挙げよう。「はじめに」で掲げた秦八千嶋の歌は、天平十八年八月に八千嶋自身が宴歌として作ったものである。左注には「右、館之客屋居望㆓蒼海㆒、仍主人八千嶋作㆓此歌㆒也。」(「右は、館の客屋《かくをく》に、居《ゐ》ながらにして蒼海《さうかい》を望み、仍《よ》りて主人《あろじ》八千島この歌を作りしものなり。」)とあり、伏木台地上にあった[3]館の客屋から「蒼海」(蒼色をした海)を眺望して作られたものであることがわかる。八千嶋の眼には、おそらく富山湾を漕ぐ「奈呉の海人」の釣船が映っていただろう。確かに古代越中人の主たる生業は農耕であったが、海岸辺りの地域では海人が漁撈をしていたのである。

表1は、右記してきた例も含め、万葉歌にみえる越中の生業をまとめたものである。生業の場所についてはこれまでの研究の成果に学び、比定場所を参考として記した。

農耕に関わるもの、漁撈に関わるもの、採集に関わるもの、その他に分類し、それぞれに越中人の生業をみていく。

〔農耕〕

農耕では、春を待ち受ける田に羽ばたく鳥、夏の生育期における田・畠の生育状況、稔《みの》りの秋の作柄、と春・夏・秋それぞれの時期の農耕の様子がうかがい知れ、興味深い。

表中にある「出挙《すいこ》」は、百姓に稲・粟・豆などを貸し付け、利息とともに回収する古代の制度で、国が行うものは公出挙《くすいこ》といい、稲の貸し付けが多かった。百姓は春または夏に各郡におかれた正倉《しょうそう》から穂付の稲(穎稲《えいとう》)を種籾《たねもみ》として貸与されて稲作を行い、秋に収穫があると利息分とともに返さなければならなかった。利率は公出挙の場合上限が

三　古代越中人の生業

表1　万葉歌にみえる越中の生業

分類	生業に関わる事項（歌番号）	生業の場所（推測）
農耕	「秋の田の穂向き」（巻17・3943） 「春の出挙」（巻17・4021～29の左注） 「生業・植ゑし田・蒔きし畑」（巻18・4122） 「稔」（巻18・4124） 「墾田地」（巻18・4138題詞） 「田」（巻19・4141） 「出挙の政」（巻19・4159～4165題詞）	（越中） （砺波郡・婦負郡・新川郡・羽咋郡・能登郡・鳳至郡・珠洲郡） （越中） （越中） 「砺波郡」 （越中か） 「旧江村」（布勢水海近く）
漁撈	「奈呉の海人」「釣する船」（巻17・3956） 「漁夫の船」（巻17・3961左注） 「海人船」（巻17・3993） 「海人の小舟」（巻17・4006） 「鵜飼が伴」（巻17・4011） 「つなし捕る」（巻17・4011） 「奈呉の海人」「釣する小舟」（巻17・4017） 「鸕を潜くる人」「八十伴の男」（巻17・4023・同題詞） 「海人の釣舟」（巻18・4044） 「珠洲の海人」「潜き取る」（巻18・4101） 「海人」（巻18・4105） 「鵜飼」（巻19・4156） 「奈呉の海人」「潜き取るといふ白玉」（巻19・4169） 「海人」（巻19・4202） 「漁夫」「「鮪突くと海人の」（巻19・4218）	「奈呉」（放生津潟）・「蒼海」（富山湾） （富山湾） 「布勢の水海」（十二町潟） 「入江」（富山湾） （越中の川） 「氷見の江」 「奈呉」 「婦負川」（神通川） 「布勢の水海」 「珠洲」 （珠洲か） 「辟田川」 「奈呉」 「多祜の浦」（布勢水海一部） （富山湾）
採集	「娘子らし葦付水松の類取る」（巻17・4021）	「雄神川」（庄川）
その他	「船木伐る」（巻17・4026） 「朝漕ぎしつつ唄う船人」（巻19・4150） 「熊来酒屋」（巻16・3879）	「能登の島山」 「射水川」（小矢部川） 「熊来」（能登郡）

五割と高率である。一種の税であり、地方財政などの重要な財源となっていた。そのため、家持は天平二十年（七四八）春と天平勝宝二年（七五〇）春に越中各郡を巡行し、稲の貸し付けを公務として督励していたようである。春から夏にかけての時期に国司が国内視察を目的に国内巡行し、その際に百姓の生業を督励した実例は天平九年（七三七）の『但馬《たじま》国正税《しょうぜい》帳』にみられる(6)。

天平勝宝二年に家持が「出挙の政」で国内巡行した際には「旧江村」に出向いている。旧江《ふるえ》村は布《ふ》勢《せ》の水海《みずうみ》に隣接した地にあった射水郡の村で、「古江村」にもつくる。同村は『万葉集』に四か所にみえる。

a巻十七・三九九一の題詞脚注「此海者有二射水郡旧江村一也」
b巻十七・四〇一一「葦鴨の　すだく旧江に」
c巻十七・四〇一五の左注「射水郡古江村取二獲蒼鷹一」
d巻十九・四一五九の題詞「擬二出挙之政一、行二於旧江村一」

ともに大伴家持の歌に関わる。aは天平十九年四月に作られた越中三賦の一つ「遊二覧布勢水海一賦一首」の題詞脚注である。布勢の水海は氷見市南部にかつて広がっていた十二町潟《じゆうにちようがた》の古称である。その布勢の水海が旧江村に属すると家持が記したのは、旧江村が地理的、交通的条件に恵まれた場所にあって、遊覧の拠点になっていたからである[7]。bは天平十九年九月の「思二放逸鷹一、夢見感悦作歌一首」にみえ、旧江の葦辺《あしべ》に鴨《かも》が集まっているとする。葦はイネ科の多年草で、水辺に自生する。古代では垣根の材料や燃料に使われた。cはbに併せた短歌一首の左注である。「蒼鷹《おほたか》」は三歳の雌の鷹と考えられ[8]、古（旧）江村で家持が捕獲した鷹は「形容美麗、鷙レ雉秀レ群」（「形容美麗にして雉を鷙《と》ること群《むれ》に秀れたり。」大変美しく、雉《きぎし(きじ)》を捕らえる能力は抜群）であったらしく、「大黒」と名づけて愛でていた。旧江村には鷹が飛来していたのである。dは天平勝宝二年の「出挙の政」に関係するものである。旧江村には正倉が配置され、旧江村のある旧江郷は東大寺封戸《ふこ》に指定されていた[9]。封戸は貴族や寺社に俸禄として給付された特定の戸で、課せられた税は国司を通じて徴収された。この場合の出挙は地方財源のためでなく東大寺向けのものであり、家持は同地にあった正倉から穎稲を百姓に貸し付ける作業などを視察したと考えられる。

これらの情報を基にすると、射水群旧（古）江郷の旧江村は布勢の水海に隣接した場所にあり、水海の遊覧や交通の拠点になっていた。生い茂った葦辺には鴨が集まり、鷹も飛来する海辺の田園景観がみられた。村内には国の正倉が建ち、その周辺に広がる田では貸与された稲などを使って村人たちが稲作を行っていた、と百姓の生業に着目して古代越中の一農村景観を描くことができよう。ただし海辺での稲作は塩害の被害が多く、(10) 苦労があったはずである。

表1にみえる「墾田地」（巻十八・四一三八題詞）は砺波郡にあった東大寺の墾田《こんでん》（開墾した田地）のことである。原野の開墾は百姓を使い、農耕生産量を増やすために行われた。天平勝宝二年に家持は墾田地の検察のため砺波郡に出向いている。砺波郡は東大寺などの墾田地が広がり、越中国内でもはやくから農耕地の開墾が進められた郡であった。墾田地は輸租田《ゆそでん》であったので、国守の権限として検察が必要であった。題詞には「縁下撿二察墾田地一事上、宿二礪波郡主帳多治比部北里之家一、于時忽起二風雨一、不レ得二辞去一作歌一首」（「墾田地を撿察《けんさつ》する事に縁《よ》りて、礪波郡《となみのこほり》の主帳《しゅうちょう》多治比部北里《たぢひべのきたさと》の家に宿《やど》りき。時に忽《たちま》ちに風雨起こり、辞去すること得ずして作りし歌一首」）とあって、急な風雨で砺波郡主帳（郡司の第四等官）の多治比部北里の家に宿泊することになり、そこで歌を作ったとする。国守の検察には砺波郡の豪族が協力したようである。

以上が、農耕に関わるものである。

［漁撈］

方、漁撈については農耕よりも少し具体的なあり方が浮かびあがる。

本州の日本海側では湾が砂によって海から隔てられ湖沼のようになった潟湖《せきこ(かたこ)》がかつて多くみられた。潟湖が天然の良港となって、古代における地域の政治・経済・文化などの拠点的な役割を担い、日本海文化を生み出したことは、森浩一と藤田富士夫氏が指摘している。(11) 両氏の研究は越中史にとってきわめて重要である。万葉歌に出てくる越中の潟湖は、これまでも取り上げてきた「奈呉の海（浦・江）」と「布勢の水海（浦・海）」である。二つの潟では海を生業の場とする海人が釣漁を行っていた（図）。

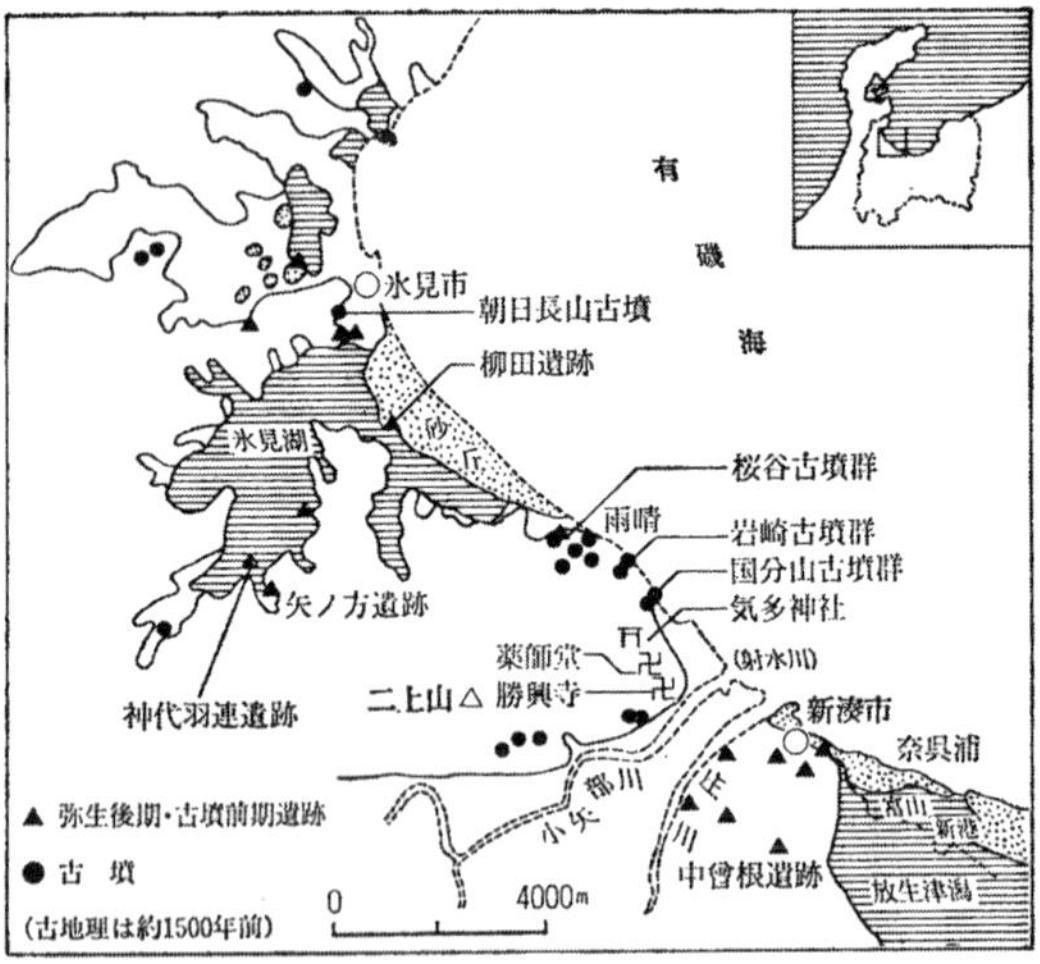

図　奈呉の海と布勢の水海
藤田富士夫『古代の日本海文化』(中公新書1990、p120の図40)。新湊市は現在の射水市である。放生津潟が奈呉の海、氷見湖が布勢の水海にあたる。

こうした古代の海人《あま》（古代の史料では「海部」とも）は、持統《じとう》天皇の阿胡行宮《あごのかりみや》（志摩《しま》国、現三重県）に贄《おほにへ（にえ）》を進上した阿古志《あこし》海部の河瀬麻呂ら兄弟三戸が十年間の調《ちょう》役《えき》・雑徭《ぞうよう》を免除され、贄物を運んだ挟杪《かぢとり（かじとり）》（船頭のこと）八人が当年の調役を免除されているように（『日本書紀』持統天皇六年五月庚午条）、税を負担する公民《おほみたから（こうみん）》であった。また『続日本紀』天平勝宝四年（七五二）正月辛巳条に「縁レ海百姓、以レ漁為レ業、不レ得二生存一者、随二其人数一、日別給二籾二升一。」（「海に縁《よ》れる百姓、漁を業《すなどりなりはひ》とし、生存《いきながら》ふること得ぬ者には、その人数に随《よ》りて、日別《ごと》に籾《もみ》二升を給ふ。」）とあるように、主に漁撈を生業としていた。(12) 古代の海人は釣漁など広く漁撈を行い、後世の潜水漁のみを行う海女・海士とは異なる。

海人たちが潟湖からさらに富山湾に漕ぎ出していたことは、巻十七・三九五六の歌にみえる「船棚」から推測できる。「船棚」は『和名類聚抄』では「枻」の文字を使い（和名「不奈太那」）、「大船旁板也」と説明する。[13] 舷側板《げんそくばん》のことで、耐波性や積載量を増すためにつけられた。万葉歌には「船棚」のある船に対して「棚無し小舟《をぶね》」（巻一・五八、巻三・二七二、巻六・九三〇）があり、「棚無し小舟」は単材丸木舟、「船棚」のある船は刳《くり》材に板を接ぎ合わせた準構造船形式の船だったと考えられ、[14] 区別があった。奈呉の海や布勢の水海のような潟湖と富山湾の沖合では、丸木舟やそれよりは大型で舷側板をつけた船を操る海人が釣漁を行っていたのである。

奈呉の海人が海に潜って「白玉《しらたま》」も取っていたとする歌もある（巻十九・四一六九）。白玉は白色の美しい玉をいい、真珠と考えられている。古代では鮑《あわび》貝の真珠が主であった。天平感宝元年（七四九）の家持歌は奥能登の「珠洲の海人」が沖の神の島に渡って「鮑玉」を潜って取っているとしている（巻十八・四一〇一）。題詞には「真珠」とあるので、「鮑玉」と「白玉」は同じであろう。沖の神の島は輪島沖の七ツ島、あるいは舳倉島《へぐらじま》と比定され、珠洲とは離れているが、いずれにしても当時は越中国であった。富山湾や能登半島の海辺では海人が真珠の潜水採取を行っていたということになるが、実際に真珠が取れていたかはわからない。しかし富山湾では今日でも鮑の生息がみられので、藤田富士夫氏が指摘するように、家持による奈呉や珠洲の海人歌は日常的に展開していた光景である可能性が高い。[15]

布勢の水海の入江や布勢の水海と富山湾とをつなぐ水路ともいわれる「氷見の江」では、海人が「つなし」の漁を行っていた（巻十七・四〇一一）。「つなし」はニシン科の海水魚であるコノシロの古名と考えられている。コノシロは出世魚で、その幼名をツナシというので、コノシロの幼名を指すのかもしれない。氷見漁港では現在もコノシロが水揚げされおり、家持の歌に「つなし」の漁がみえることは一三〇〇年の伝統漁といえる。富山湾ではクロマグロも漁獲されていた。次の天平勝宝二年（七五〇）五月の家持の歌からわかる。

見二漁夫火光一歌一首
鮪突《しびつ》くと海人の燭《とも》せるいざり火のほかに出でなむ我《わ》が下思《したも》ひを（『万葉集』巻十九・四二一八）

鮪はクロマグロ（本マグロ）の古名である。この歌から銛《もり》で突く漁法であったことがわかる。家持は漁夫、すなわち海人の漁船の漁り火に触発されて歌ったのだろう。夜間であれば富山湾上にみえる漁《いさ》り火は美しい光景であったはずである。鮪漁の場所は史料的に特定できないが、海人の漁なので、奈呉の海人か布勢の水海の海人による富山湾沖合いでの漁と考えられる。残念ながら万葉歌にブリの歌はない。

ここまで海での漁撈をみてきたが、次に川の漁撈である。

越中の川で鵜飼《うかい》が行われていたことはよく知られているが、関係する万葉歌は次の五首の家持歌である。

もののふの　八十伴《やそとも》の男《を》の　思ふどち　心遣《や》らむと　馬並《な》めて　うちくちぶりの　白波の　荒磯《ありそ》に寄する　渋谿《しぶたに》の　崎たもとほり　松田江《まつだえ》の　長浜過ぎて　宇波比川《うなひがは》　清き瀬ごとに　鵜川《うかは》立ち…（巻十七・三九九一）

大君《おほきみ》の　遠《とほ》の朝廷《みかど》そ　み雪降る　越《こし》と名に負《お》へる　天離《あまざ》る　鄙《ひな》にしあれば　山高み　川とほしろし　野を広み　草こそ繁《しげ》き　鮎《あゆ》走る　夏の盛りと　島つ鳥　鵜飼《うかひ》が伴《とも》は　行く川の　清き瀬ごとに　篝《かがり》さし　なづさひ上《のぼ》る…（巻十七・四〇一一）

婦負川《めひがは》の速き瀬ごとに篝《かがり》さし八十伴《やそとも》の男《を》は鵜川《うかは》立ちけり（巻十七・四〇二三）

あらたまの　年行き変はり　春されば　花のみにほふ　あしひきの　山下とよみ　落ちたぎち　流る辟田《さきた》の　川の瀬に　鮎子《あゆこ》さ走る　島つ鳥　鵜飼伴《うかひとも》な へ　篝《かがり》さし　なづさひ行けば　我妹子《わぎもこ》が　形見がてらと　紅《くれなゐ》の　八入《はしほ》に染めて　おこせたる　衣《ころも》の裾も　通りて濡れぬ（巻十九・四一五六）

年のはに鮎し走らば辟田川《さきたがは》鵜《う》八つ潜《かづ》けて川瀬尋ねむ（巻十九・四一五八）

一首めは天平十九年の「遊二覧布勢水海一賦一首」の冒頭である。「宇波比川」は氷見市を流れる宇波川《うなみがわ》に比定され、「八十伴の男」の遊興としてそこで鵜飼が行われていたとされるものである。「八十」は「おおぜい」の意味である。二首めは同年の「思二放逸鷹一、夢見感悦作歌一首」の冒頭である。夏の盛りに鵜飼をする「鵜飼が伴」が川の清い瀬ごとに篝火《かがりび》を点《とも》して、腰まで水につかりながら川の上流へ歩いてさかのぼっている、という光景である。舟を使わない夜漁であったようである。(16) ここで歌われている川は越中を流れる川であるが特定できない。三首めは天平二十年二月に越中諸郡を巡行中、婦負郡《ねい》でみた光景を歌ったものである。婦負川は神通川の古称と考える説が有力である。早瀬ごとに篝火を点して「八十伴の男」が川に入り鵜飼をしている。四首めは天平勝宝二年三月の家持の歌である。五首めは四首めと一連の歌である。「辟田川」の比定には諸説があって特定することができない。(17)

新日本古典文学大系本は、一首めと三首めの「八十伴の男」を「多くの官人」「おおぜいの男たち」とし、二首めの

「鵜飼が伴」と四首めの「鵜飼」を「鵜匠たち」と解釈している。前者は家持の下僚の官人たちの意で、後者は鵜飼の専門集団の意になる。概ね首肯できるが、私は「八十伴の男」「鵜飼が伴」の「伴」は大和王権に奉仕する専業集団としての伴（トモ）[18]の流れをくんだ鵜匠《うしょう》とみなす余地があると考えている。伴制との関わりについてはここでは深入りはしないが、少なくとも二首めと四首め・五首めから越中の川で鵜匠による鵜飼猟が行われていたことは確かであろう。四首めの「鵜飼」に続く「伴へ」は原文に「等母奈倍」とあり、引き連れる意味と解釈するしかないので、この「伴」は伴制とは関係がない。

古代越中の川で鵜飼が行われていたことはまず間違いない。捕獲の魚の種類が気になるところだが、古代の鵜飼漁では海浜部で群れをなすウミウが使われ、御贄《みにえ》（天皇への供御物《くごもつ》）などの貢進物としては鮎が漁獲されていた。[19]二首めに「鮎走る」、四首めに「鮎子さ走る」、五首めに「鮎し走らば」とあることからすれば、越中の川での鵜飼も主に鮎を獲っていたと考えてよいだろう。

このように万葉歌から越中の海や川では海人や鵜匠といった越中人が漁撈をしていたことが判明する。

［採集］

採集に関してはほとんどない。唯一、次がその例と考えられるものである。

雄神《をかみ》川紅《くれなゐ》にほふ娘子《をとめ》らし葦付《あしつき》水松《みる》の類取ると瀬に立たすらし（『万葉集』巻十七・四〇二一）

先の鵜飼に関わる三首めと同じく、天平二十年二月の出挙の政務のため国内巡行したときの家持の歌である。場所は砺波郡で（題詞）、雄神川は庄川の古称とされる。「葦付」を取っている乙女たちの衣装が雄神川の川面に映えて紅色に輝いている、という彩り豊かな光景である。「葦付」をアシツキノリ（葦附苔）とするのが定説であるが、カハモズクとする異説もある。[20] いずれにしても食用として採集していたことになる。採集する「娘子ら」がどのような少女かはわからない。

［その他］

農耕・漁撈・採集以外の生業をみていこう。

家持が赴任していた頃の越中は能登を併合していたが、天平二十年二月に行われた春の出挙にともなう国内巡行では能登郡にも入り、そのおりの旋頭歌《せどうか》が残っている。

とぶさ立て船木《ふなぎ》伐《き》るといふ能登の島山今日見れば木立《こだち》繁《しげ》しも幾代《いくよ》神《かむ》びそ（『万葉集』巻十七・四〇二六）

「船木伐る」の語から能登では船を造るための材木を伐り出し、造船を行っていたと推測できる。「能登の島山」は七尾湾に浮かぶ能登島と考えられ、「とぶさ立て」（鳥総立て）は伐採前に樹木に宿る神を遷却させる儀礼らしい。[21] 先にみたように古代では珠洲の海人が漁撈をしていたが、大和王権の時代から造船も盛んに行っていた。次はそれを裏付ける資料である。

越中国鳳至郡大屋郷舟木秋麻呂調狭絁壱疋（長六丈 広一尺九寸）
天平勝宝五年十月（主当国司正七位上行掾阿倍朝臣継人 主当郡司大領外正八位下能登臣智麻呂）

これは、天平勝宝五年（七五三）十月に越中国鳳至《ふげし》郡大屋《おおや》郷の「舟木秋麻呂」が調として狭絁《せまきあしぎぬ》一疋《ひき》を貢進したとするもので、絁の墨書銘である。(22) 絁は平織《ひらおり》の絹織物である。収納の責任者である鳳至郡大領《たいりょう(かみ)》（郡の長官）の「能登臣智麻呂」は能登の豪族である。「舟木《ふなき》」は「船木」とも書き、能登がまだ越前国に属していた和銅六年（七一三）前後に珠洲《すず》郡月次《つきなみ》里から庸米を平城京に貢進した人物に「舟木部《べ》申」がおり、(23) また越中国から能登国を分離した後の天平宝字三年（七五九）六月には造東大寺司仕丁《ぞうとうだいじしちょう》として能登国出身の「船木部積万呂」の名前もみえる。(24) 能登国分寺跡からは「上日《あさひ》郷戸主舟木浄足戸□□〔西岡ヵ〕」の墨書銘のある平安時代の木簡《もっかん》も出土している。(25) こうした「舟木部」「船木部」「舟木」は大和王権に造船技術で奉仕をしていた一族と考えられている。『住吉大社神代記《じんだいき》』は船木氏の祖先伝承を載せ、遠祖が領する杣山《そまやま》の木を伐り取って船三艘を造り神功《じんぐう》皇后に仕えたと記している。(26)

『日本書紀』は七世紀後半の斉明《さいめい》朝に行われた阿倍臣比羅夫《あべのおみひらふ》の北方遠征において能登臣馬身龍《のとのおみまむたつ》が率いる越国の豪族軍が活躍したことを伝えているが、米沢康は比羅夫の遠征が可能になった条件として、能登臣のような越国の豪族の軍事力のほかに、能登の造船技術があったとしている。(27) 能登と造船との強いつながりは、『続日本紀』天平宝字七年八月壬午条の「初遣㆓高麗国㆒船、名曰㆓能登㆒。」とする記事からもうかがえる。遣渤海国《けんぼつかいこく》船を「能登」号と命名したとする記事であるが、外洋航海を可能とする大型船の名前に「能登」を選ぶ理由には、古くからの能登の造船業の伝統と造船技術に対する高い評価があったことは間違いない。「船木伐る」の歌はこうした能登における造船と、それに関わった船木氏の歴史を伝えている。(28)

次に、天平勝宝二年三月の家持歌を取り上げる。

　朝床《あさとこ》に聞けば遙けし射水川《いみづがは》朝漕ぎしつつ唄《うた》う船人（『万葉集』巻十九・四一五〇）

朝の床に船人の唄う舟歌が遙かに聞こえてくるという、音のある光景を歌ったものである。射水川は小矢部川の古称である。この「船人」は船を操る船頭を意味すると考えられるものの、生業は不明とするしかない。ただし題詞に「遙聞二泝レ江船人之唄一歌一首」（「遙かに江《かは》を泝《さかのぼ》る船人《ふなびと》の唄を聞きし歌一首」）とあり、船人が川の上流へ遡っているときの光景であることに注目したい。小矢部川は水量豊かで緩流の川である。明治二十年代まで舟運により人の往来や物資の運搬に利用され、上流へ遡る「川上り」も盛んであった。[29] この川の歴史をふまえれば、射水川の「船人」が交通運輸と関わっていたとも考えられる。

次に酒造業である。

『万葉集』巻十六には、「越中国歌四首」とならんで「能登国歌三首」が収められている。次はその一首である。

　梯立《はしたて》の　熊来酒屋《くまきさかや》に　まぬらる奴《やつこ》　わし　さすひ立て　率《ゐ》て来《き》なましを　まぬらる奴　わし（『万葉集』巻十六・三八七九）

「わし」は囃詞《はやしことば》と考えられており、これは囃歌である。「能登国歌」は天平二十年に越中守家持が能登を巡行した際に、熊来で「能等《のと》国造《くにのみやつこ》」による風俗歌舞の奏上を受けたことに関係すると考えられている。[30]「熊来」は巻十七・四〇二六

〜四〇二七の題詞に能登郡の「熊来村」とみえ、『和名類聚抄』にも「能登郡熊来郷」とあり、七尾市中島町《なかじままち》に比定されている。その熊来に酒作りの「酒屋」があったらしい。「まぬらる奴」は「罵《のの》られている奴」の意であるが、廣瀬誠は酒屋に来る労働者とみている。(31) 巻十七・四〇三一には家持の「造酒歌一首」があり、古代の地域社会ではさまざまな場面で酒は必要とされたようである。

古代の越中人は山野で狩猟も行っていたはずであるが、万葉歌には確認できない。家持が愛でた蒼鷹の大黒は「鷙レ雉秀レ群也」（「雉《きぎし(きじ)》を鷙《と》ること群《むれ》に秀《すぐ》れたり。」、巻十七・四〇一五の左注）とあり、また家持は「杉の野にさ踊る雉」（『万葉集』巻十九・四一四八）・「あしひきの八《や》つ峰《を》の雉」（『万葉集』巻十九・四一四九）と越中の山野に生息する雉の姿をとらえているので（また『延喜式』内膳式に越中の御贄として雉腊がみえる）、狩猟の捕獲物は確かにあったが、狩猟そのものはみえてこない。古代では狩猟を専ら生業とする獦人《かりひと》は海人のように朝廷から重視されていなかったという事情があるからである。(32) よく知られているように、家持は三島野《みしまの》や石瀬野《いわせの》で鷹狩を行っていた（巻十七・四〇一一〜四〇一五、巻十九・四一五四〜四一五五、巻十九・四二四九）。山野は鳥獣の狩猟場であり、これらの歌から越中国内の未開拓地である野《の(や)》では国司が鷹狩をする狩場として利用していたことがわかる。ただし万葉歌からは山野で狩猟をする越中人の姿や生業はみえてこない。少し問題になるのは、四〇一五番の左注に出てくる「養吏山田史君麻呂」である。「養吏」は飼育係や鷹匠《たかじょう》の意であるが、山田史君麻呂《やまだのふひときみまろ》は渡来系の人で兵部省主鷹司《ひょうぶしょうしゅようし》の属官と考えられている。左注には「大黒」を逃がした理由として「野獦乖レ候」（「野獦《やれう》に候《とき》を乖《たが》ひ」）と記し、君麻呂が野で鷹狩をする時期判断を誤ったことを挙げている。現場の野を熟知する在地の人とは考えにくく、都から連れてきたのだろう。越中の野で国司の鷹狩が行われていたことまではいえるが、そこから生業としての狩猟はみえてこない。

以上本節では、万葉歌にみえる越中人の生業を探ってきた。その結果、農耕、漁撈、採集、造船、酒造を行っていたことが明らかになった。自然の産物を採取する生業のほか、自然の資源を利用したと考えられる生業も見出すこともできた。あわせて越中の海・川・野での海人や農民による生業は確かめられるものの、山での生業や狩猟は万葉歌には現れてこないことを指摘した。この点は、万葉歌の作者である古代貴族の意識や関心に関わる問題であろう。

2．税物からみえる越中人の生業

古代の生業は自然発生的にみえて権力的な要請で行われたものが多いと考えられる。前節の万葉歌にみる越中人の生業にもその面が及んでいることは間違いないが、そもそも律令国家の下での百姓は口分田を班給され調庸等の税を負担する公民であった。しかし賦役令《ぶやくりょう》に調物の繊維製品は「郷土の所出に随《したが》へ」とあり（賦役令1調絹絁条）、また必要に応じて「土毛」（土地の産物の意）を用いる規定があるように（賦役令7土毛条）、その土地土地に応じた生業の営みは律令税制の前提になっていた。したがって税物から地域性を探ることは可能である。本節では越中国から越中人が都へ貢進した税物を通して越中人の生業に迫っていきたいと思う。

表2は木簡《もっかん》と正倉院宝物《しょうそういんほうもつ》にみえる越中から都へ貢進した税物である。大きくは、海水産物、繊維製品、米、に三分類できる。それぞれ、漁撈、手工業、農耕に対応する。

〔**海水産物と漁撈**〕

海水産物はａ・ｂ・ｌである。ａは越中国利波《となみ》郡川上《かわかみ》里から平城宮《へいじょうきゅう》に送られた税物の荷札木簡《にふだもっかん》で、物品は「鮒雑《ふなざつ》

表2　木簡・正倉院宝物にみえる越中の税物

記号	分類	年紀（西暦）	税物	貢進郡郷里・貢進者
a	木簡	和銅三年正月十四日（七一〇）	鮒雑腊一斗五升	越中国利波郡川上里
b	〃	天平十八年（七四六）	中男作物鯖壱伯隻	越中国羽咋郡（別筆で「広椅」「大庭」）
c	正倉院宝物	天平勝宝四年十月十八日（七五二）	戸牒	越中国射水郡寒江郷戸主三宅黒人
d	〃	天平勝宝五年十月（七五三）	調狭絁壱疋（長六丈 広一尺九寸）	越中国鳳至郡大屋郷舟木秋麻呂
e	〃	天平勝宝六年十月廿一日（七五四）	戸調白牒綿一屯	越中国射水郡川口郷戸主中臣部照麻呂
f	〃	天平勝宝六年（七五四）	戸調白綿壹牒	越中国射水郡布西郷□千嶋
g	〃	不明	不明	越中国射水郡三嶋郷戸主射水臣□
h	〃	不明	不明	射水郡□□
i	〃	不明　＊十月十八日の日付あり	戸輸調白□	戸主建部天生
j	木簡	天平神護三年（七六七）	浪米五斗	越中国婦負郡川合郷戸主□□
k	〃	不明	越白綿二百屯調綿	不明
l	〃	不明	雑腊一斗二升	越中国新川郡

出典（木簡については出土遺跡名も記す）

a平城宮左京二坊坊間大路西側溝。奈良国立文化財研究所『平城宮発掘調査出土木簡概報6』（一九六九年）。木簡学会『木簡研究』十号（一九九八年）。

b平城宮内裏北方官衙地区。奈良国立文化財研究所『平城宮木簡一』（一九六六年）。

c～i松嶋順正編『正倉院寶物銘文集成』（吉川弘文館、一九七八年）。cefghiは紙箋。dは「林邑楽用物心絁」。杉本一樹「正倉院の繊維製品と調庸関係銘文―松嶋順正編『正倉院宝物銘文集成』第三編補訂　後編―」（『正倉院紀要』四一号、二〇一九年）・「正倉院の繊維製品と調庸関係銘文―松嶋順正編『正倉院宝物銘文集成』第三編補訂　図版編―」（『正倉院紀要』四二号、二〇二〇年）。

j平城京右京一条二坊（西隆寺跡東門地区）。奈良国立文化財研究所『西隆寺発掘調査報告書』（一九七六年）。

k平城宮東院地区西辺。奈良国立文化財研究所『平城宮木簡二』（一九七五年）。木簡学会『木簡研究』四号（一九八二年）。

l平城京左京三条二坊八坪二条大路濠状遺構（南）。奈良国立文化財研究所『平城宮発掘調査出土木簡概報三十』（一九九五年）。

腊《きたひ》」である。「腊」とは干物・干肉を意味するので、鮒の干物のことである。古代では鮒は、魚醤《ぎょしょう》や馴《な》れ鮓《ずし》、あるいは塩蔵《えんぞう》、干物のものが食されたようである。[33]「利波」は「砺波」の古い表記、川上里は『和名類聚抄《わみょうるいじゅしょう》』に「川上郷」とみえ、後代に河上と呼ばれる小矢部川上流域にあたると考えられている。米沢康は旧福野町《ふくのまち》辺りから南砺《なんと》地方の山麓一帯を占めていたと推定している。[34]利波郡の川上里近くの河川で越中人が漁撈をし、干物に加工して貢進したと考えられよう。貢進の日付である和銅三年正月十四日は同年三月の平城遷都の約二か月前にあたる。越中人が川で漁獲した鮒の干物は、前章で指摘したように御贄《みにえ》であった可能性がある。

bは、当時越中国に属していた能登の羽咋《はくい》郡から平城宮に送られた税物の荷札木簡で、重要文化財「平城宮跡内裏北外郭官衙出土木簡（SK820）」の一点である。中男作物《ちゅうなんさくもつ》として鯖《あおさば》が貢進されている。中男作物は古代の税目の一つで、養老元年（七一七）に始まり、中央官庁で必要とする物品を畿外《きがい》の諸国に割り当て、各国では中男を使役して生産・調達した制度である。中男は十七歳から二十歳の青年男子（天平宝字元年以後は十八歳から二十一歳）で、物品には主に山野河海の物産やその加工物など郷土の特産品が指定された。『延喜式《えんぎしき》』では北陸道諸国の中男作物として鯖が物品として挙がるのは能登国のみであり（主計《しゅけい》上式）、内膳司《ないぜんし》の供御月料《くごげつりょう》にも「能登鯖」がみえるので（内膳式）、能登の鯖は伝統的な郷土特産品であった。能登の羽咋の海では国司・郡司の指揮の下で青年男子が鯖漁を行っていたのである。なおこの荷札には「天平十八年」の年紀がある。天平十八年は家持が越中に赴任した年であり、越中守家持の治政の一端を具体的に示すものと考えられている。[35]

lは越中国新川《にいかわ》郡から都へ送られた税物の荷札木簡である。二条大路《にじょうおおじ》木簡の一点で、天平七年（七三五）前後のものと考えられる。[36]税物の記載は単に「雑腊一斗二升」とだけあって、税目や何の干物かは不明であるが、後にみるように『延喜式』主計上式に越中国の中男作物として「雑腊」が指定されており、bと同じく中男作物か、御贄の可能性もあろう。物産はaの例のように魚類の干物の可能性が高いと考えられるが、雉の腊や大豆の腊もあるので、(37)判断が難しい。少なくとも越中国の新川郡では山野河海の産物の干物加工生産が行われていたことがわかる。

〔繊維製品の税物〕

次に繊維製品の税物に関係するc〜iである。これらの正倉院宝物にはすべて越中国印が押されており、越中史に関わる貴重な文化財となっている。(38)最初に品目別に史料の内容を確認していく。

まず絁《あしぎぬ》である。

dはすでにふれたように、天平勝宝五年（七五三）十月に、当時越中国であった鳳至郡大屋郷の「舟木秋麻呂」が調《ちょう》として狭絁一疋を都へ貢進したことがわかる墨書銘である。絁《あしぎぬ》に直接墨書され、蛍光撮影による画像で「越中國印」が明瞭に現れる。(39)

絁は蚕糸《さんし》（生糸《きいと》）を原料とした絹織物の一種である。細糸で織られた絹に対して、太糸で織られ少し目の粗いものを絁という。絁は絹に比べやや品質が劣るとされるが、実際には美濃《みの》絁が美濃絹と相通じて用いられていたように絹と絁の区別は厳密なものではなく上質のものもあった。(40)「狭絁」は養老三年に「制定二諸国貢調短絹・狭絁・麁狭絹・美濃狭絁之法一。各長六丈、闊一尺九寸。」（『続日本紀』養老三年五月辛亥条）と定められた絁の規格をいい、長さ六丈・広（「闊」）さ一尺九寸をもって一疋とされた。絁は規格化され都へ貢進されたのである。調絁は官人の禄物《ろくもつ》や官《かん》司《し》経費等として支給されたが、この絁は雅楽《ががく》である林邑楽《りんゆうがく》用物の裏《つつみ》として利用されたものらしい。林邑楽は前年四月の大仏開眼《かいげん》供養に演じられ、また開眼供養には大量の絁が布施として支出されている（『東大寺要録』）。(41)貢進された絁の消費の問題として興味深い。『延喜式』では越中国・能登国ともに絁の貢進国となっていないので、この史料によって絁の生産と調としての貢進の実態がはじめて判明する点でも大きな価値がある。

次にe・f・kにみえる綿《わた(めん)》である。c・e・f・g・h・iの六点は税物に付けられた紙箋《しせん》（税物の貢進者と税目・品名等を紙に記した紙片）ないしその断片の墨書銘で、記載が不分明なものがあるものの、年紀・税目・品名などから一連のものと考え取り上げる。天平勝宝四年から六年の年紀がみえる。

e・fにあるように税物は調として戸《こ》ごとに都へ貢進した「白牒綿《はくちょうめん》」「白綿《はくめん》」であった。『延喜式』主計上をみると越中国の調物に「白畳綿《はくじょうめん》」があるので、「白牒綿」と「白畳綿」は同じものであろう。[42] fの「白綿」、iの「戸輪調白□」、内容が不明のc・g・hも同様とみなされる。kは平城宮から出土した木簡であるが、やはり「越白綿」「調綿」と記載され、調物としての「白綿」であった。eやkにみえる「屯」は綿の重量単位である。[43] kの「二百屯」は越中調綿の梱包単位であり、[44] 正丁一丁につき二屯（賦役令）とすれば一〇〇人分の調綿にあたる。おそらく国衙《こくが》あるいは郡家《ぐうけ》（郡の役所）で梱包の筥《はこ》である辛櫃《からびつ》（韓櫃）一合《ごう》にまとめられた際に付けられた荷札であろう。

正倉院宝物の紙箋は貢進した郡郷と貢進者を記載している。越中国内の貢進された地域が特定でき、きわめて貴重な情報となっている。郡郷名で明確なのは「射水郡寒江郷《さむえ》」「射水郡川口郷《かわくち》」「射水郡布西郷《ふせ》」「射水郡三嶋郷《みしま》」の射水郡四郷である。寒江郷は富山市北西部、川口郷は射水市北西部、布西郷は氷見市南部、三嶋郷は射水市中・南部に比定されている。[45] 貢進者はそれぞれ「三宅黒人」「中臣部《なかとみべ》照麻呂」「（姓不明）千嶋」「射水臣《いみずのおみ》（名不明）」である。hにも「射水郡」（櫛田郷《くした》あるいは布西郷の可能性がある）[46] とあることからすれば、iの「戸主建部《たけるべ》天生」も射水郡の貢進者であると考えられる。人名は古代の越中人である。これらの史料に基づけば、奈良時代後期に越中国の射水郡で越中人が綿を生産し都へ貢進していたことになる。

古代の綿は木綿ではなく、蚕《かいこ》の繭《まゆ》を煮て柔らかくし、切りひらいて四方に伸ばした真綿《まわた》（絹綿《きぬわた》）であった。[47] また真綿は養蚕《ようさん》と桑《くわ》栽培を前提とした物産である。古代人は古くから綿を保温衣料の原料として利用したようである（例えば『万葉集』巻三・三三六「沙弥満誓詠《さみまんぜい》レ綿一首」）。「畳」は切りひらいた形状、「白」は色合いだと考えられる。都へ貢進された調綿には「黒綿」もあるので、「白」は上質な高級品を意味していよう。[48]

綿は律令国家にとって重要な地方物産であり、律令官人《かんじん》の給与や官司の経費などに使用された。国家的な需要が大きい物品であったため、越中以西の北陸道《ほくろくどう》諸国・山陰道《さんいんどう》諸国・西海道《さいかいどう》諸国（九州）など多くの国々を指定し、調・庸・中男作物のような税物として綿を貢進させている（図）。[49] 越中国は北限の貢進国であり、調物に限ると北陸道諸国の中では綿の貢進国は越中国のみであった。しかも『延喜式』の調物で「別輪」となっている商布《しょうふ》を除くと、一国の調が綿に限られている国は他に「調、庸、竝輸レ綿」とされた石見《いわみ》国の一例しかなく、きわめて特殊なあり方であった。[50] 越中国が綿の一大特産地であったことがわかる。越中国は都との距離関係で近国《きんごく》・中国《ちゅうごく》・遠国《おんごく》のうち中国に位置付けられ（『令集解《りょうのしゅうげ》』賦役令調庸物条所引古記《こき》、『延喜式』民部上）、都から距離的に離れた国であったが、綿は軽量なため、輸送にそれほど困難はなかった。また、保温衣料となる綿は雪国に住む越中人に本来的に需要があったと考えられる。

奈良時代の史料をみれば、越中の綿は「越白綿」（kの荷札木簡、二百屯調綿）・「（綿）越中調」（三十七屯・天平宝字三年）[51]・「（綿）越中調」（三十屯・天平宝字三年）[52]・「越綿」（六一〇屯・天平宝字四年）[53]・「越中綿調」（六屯・天平宝字五年）[54]・「越小屯」（二万六〇四〇屯・天平宝字六年）[55]・「越中小屯」（一屯・宝亀三年）[56]のように「越」ないし「越中」を冠されて呼ばれており、奈良時代後半には一種のブランド綿になっていたようである。北陸道諸国で調物の綿の貢進国は越中国のみなので「越」は明らかに「越中」を指している。他国の綿に比べ越中の調綿は特別な扱いがなされ

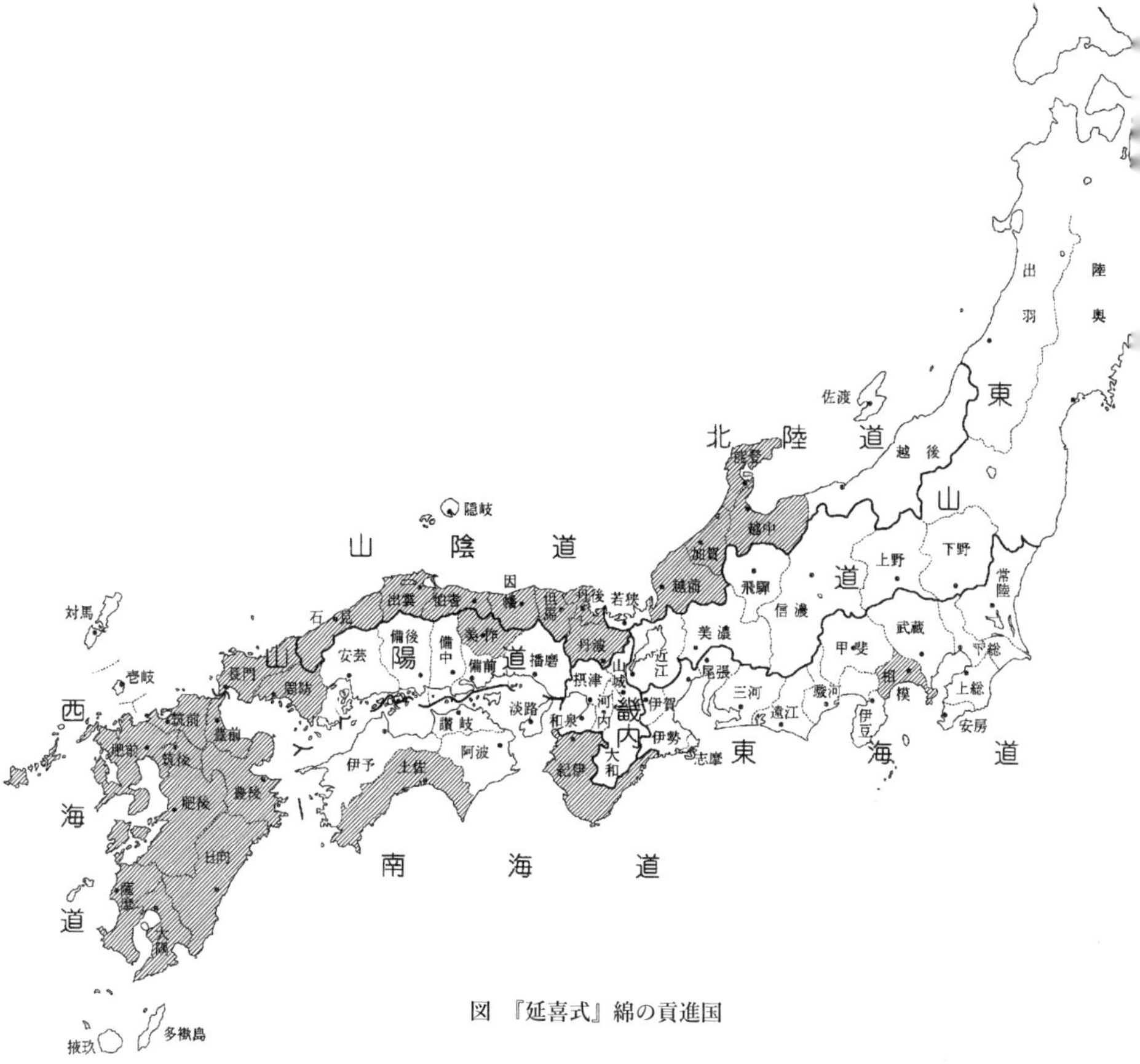

図　『延喜式』綿の貢進国

ていたわけである。

　こうした越中から貢進された調綿の貢進と都での消費の実態について、吉川真司氏は次のような驚くべき事実を解明した。[57]

（1）天平宝字六年（七六二）末から始まった「二部大般若《だいはんにゃ》経《きょう》」一二〇〇巻の写経事業では写経所に大量の調綿と租布《そふ》・辛櫃《からびつ》が支給された。それらは必要物資を購入するため売却され銭貨に換えられた。これを受けて書写が本格化し、翌年三月まで続けられた。支給された調綿一万六〇四〇屯《とん》のほぼすべては当年の越中国からの調綿である。布八十段《たん》、辛櫃三十五合《ごう》も越中国の調綿を梱包したものであった。

（2）調綿一万六〇四〇屯は、約三十八郷・課丁《かてい》数約八〇〇〇人の量に相当する。

（3）梱包された越中国の調綿は国司が率いる調庸運脚《うんきゃく》隊により十一月末までに都へ運ばれ節部省《せつぶしょう》（大蔵省）に納入・検収された。

奈良時代の写経事業はいわゆる鎮護《ちんご》国家の思想のもと国家的事業として行われたものだった。そうした国家的事業において越中の綿がきわめて重要な役割を果たしていたことになる。

さらに、先にみたように史料的には射水郡からの綿貢進しか明らかにできなかったが、（2）の課丁の推測人数からして射水郡四郷からの貢進だけとは考えられず、越中国の四郡すべてから広く綿が貢進されていた可能性がでてきた。『和名類聚抄』によれば越中国は四郡四十二郷である（表3）。そのうち約三十八郷分の量なので、四郡すべてから広く綿が貢進されていたと考えざるを得なくなる。越中史研究を大きく前進させてくれる成果である。

また、以下のように物産としての消費と需要の観点から越中の綿の歴史的意義を考えられるようになった。

第一に、保温衣料の原料としての需要である。

（1）にあるように「二部大般若経」一二〇〇巻の写経事業では写経所に支給された綿は換金され、必要物品（紙・墨・筆等）の購入費用に充てられた。他の写経事業では綿が保温衣料の原料としてそのまま利用された例もみられる。天平勝宝六年（七五四）の写経事業は三月から五月のまだ寒さが残る時期に行われたが、写経を実際に行う写経生《しゃきょうせい》（経師《きょうし》・装潢《そうおう》・校生《こうせい》）の着衣する浄衣《じょうえ》は綿入りであった。[58] 越中の綿も本来的な保温衣料の原料として使われることもあっただろう。年代的には「天平勝宝六年」の年紀があるe・fの調綿が一つの候補であるが、調綿の貢進時期は十一月末までとなっている（賦役令3調庸物条）ので該当しない。しかし写経事業は春に始まることがあるので、[59] 防寒対策として綿の需要は大きく、越中の綿がさまざまな写経事業で写経生に使われた可能性は高い。

第二に、越中の綿が外国との交易品や外国の王や皇帝への信物《しんもつ》（天皇の贈り物）となっていた可能性である。「二部大般若経」一二〇〇巻の写経事業で支給された調綿の売却については正倉院文書に関係史料が残っており、研究が進んでいる。栄原永遠男氏の研究によると、調綿は写経生や官人《かんじん》に割り当てて売却させ、難波《なにわ》や「外国」で交易して銭貨を入手している。[60] 史料に「遣㆓外国㆒交易」とある「外国」がどこであるかは不明であるが、天平勝宝四年（七五二）に新羅使《しらぎし》が入朝した際の交易記録と考えられる「買新羅《ばいしらぎ》物解《もののげ》」に記される新羅物の交易の代価として支払われたものの中でももっとも多く、しかも多額であったのは綿であった。[61] 東野治之氏は、当時、日本産の綿や糸は評判が高かったので、新羅側が交易品に指定したのではないかと推測している。[62] 実際に日本と外国である新羅との交易で綿が使用されていたということである。吉川真司氏の導き

表3　『和名類聚抄』にみえる越中国の郡郷

郡名	郷数	郷名（読み）
砺波郡	12	川上（かわかみ）
		八田（やた）
		川合（かわあい）
		拝師（はやし）
		長岡（なかおか）
		大岡（おおおか）
		高楊（たかやき）
		陽知（やち）
		三野（みの）
		意悲（おい・おひ）※
		大野（おおの）
		小野（おの）
射水郡	10	阿努（あぬ）
		宇納（うなみ）
		古江（ふるえ）
		布西（ふせ）
		三島（みしま）
		伴（とも）
		布師（ぬのし）
		川口（かわくち）
		櫛田（くした）
		塞口（せきくち）
婦負郡	10	高野（たかの）
		小子（ちいさこ）
		大山（おおやま）
		菅田（すかた）
		日理（わたり）
		川合（かわあい）
		大桑（おおくわ）※
		高島（たかしま）
		岡本（おかもと）
		餘戸（あまるべ）
新川郡	10	長谷（はせ）
		志麻（しま）
		石勢（いわせ）
		大荊（おおやぶ）
		丈部（はせつかべ）※
		車持（くるまもち）
		鳥取（ととり）
		布留（ふる）
		佐味（さみ）
		川枯（かわかれ）

※「意悲」は他の史料では「小井」「意斐」とも。「大乗」は「大桑」、「大部」は「丈部」の誤写と考えられる（『富山県の地名』など）。
＊能登4郡は天平宝字元年（757）の能登立国で越中国から分離。

出した事実を基にすれば売却された調綿は越中国の調綿であった可能性が高く、越中の調綿は外国との交易にも使われ、新羅との交易品になっていたと推定できる。綿が外国との交易品であったという点に関連して、木本秀樹氏が重要な指摘をしている。『延喜式』大蔵式・賜蕃客例条《しばんかくれいじょう》に唐の皇帝に対して細屯綿《さいとんめん》一〇〇〇屯、畳綿《じょうめん》二〇〇帖、屯綿《とんめん》二〇〇屯、また渤海《ぼっかい》王に綿三〇〇屯、新羅王に綿一五〇屯を賜ることが規定され、正史上でも日本から渤海国にもたらされたものの中に綿が頻出するとともに「白綿一百帖」といった事例（『続日本紀』天平宝字三年二月戊戌朔条）があることから、「唐への信物の中に細屯綿、畳綿、渤海国へ白綿のあることは、越中国の綿が都へ貢進物として送られ、さらに日本海を渡海していったことを物語る」と結論づけた。(63) 越中の綿のブランド価値や先の外国との交易の事実をふまえれば、大いに首肯できる。越中の綿は、日本海を渡り海外にまで運ばれることもあったのである。

以上、繊維製品の税物をみてきた。特に綿の一大特産地であった越中の調綿がブランド価値を持つ物産として国家に重視された税物であったことが明らかになった。また、物産としての消費と需要の観点からは、写経事業のような奈良時代の国家的事業において保温衣料の原料として利用され、また唐・渤海・新羅との国際交易品ないしは信物になっていた可能性を指摘した。越中四郡の古代越中人が生産し都へ貢進した越中の綿の価値はきわめて高かった。

〔越中の綿と手工業生産〕

奈良時代に越中国から繊維製品の税物として絁と綿が都へ貢進されていた事実を史料から確認してきた。ここに古代越中人の生業として絁の生産と綿の生産という手工業生産を考察する必要がでてくる。本項では越中人の生業としての手工業生産を問題にしたい。

表4　越中国・能登国の税物となった繊維製品の変遷

	税目	奈良時代の史料	『延喜式』主計上・民部下
越中国	調	白牒綿 白綿 越白綿 200 屯・越綿 610 屯 （綿）越中調 30 屯・37 屯 越中綿調 6 屯 越小屯 16040 屯 越中小屯 1 屯	白畳綿 200 帖 白細屯綿（「自余」） 商布（「別輸」）2 段 （調糸は欠く）
	庸		綿（畳綿・白綿、「自余」） 布（「自余」）
	交易雑物		絹 100 疋 商布 1200 段
（能登四郡）	調	調狭絁 1 疋	能登国　一窠綾 2 疋 呉服綾 1 疋 白絹 10 疋 絹（「自余」） 中糸
	庸		綿（「自余」）
	交易雑物		絹 12 疋

表4は、これまでみてきた越中国から都へ貢進された繊維製品の税物と、その後の変遷をみるために『延喜式』が載せる繊維製品の税物を比較した表である。一時期能登が越中国に属していたので、能登国の税物もあわせて比較できるようにした。

この表から読み取れることは越中からの調綿の貢進が奈良時代から『延喜式』まで一貫していたことである。さらに『延喜式』では綿は越中国の庸物・交易雑物《こうえきぞうもつ》にもみられるようになり、新たに商布《しょうふ》・布が調物・庸物・交易雑物に加わる。能登国では越中国に属していた時期に調絁を貢進していたが、『延喜式』では、調の絁が絹・白絹に代わり、新たに中糸《ちゅうし》と高級絹織物である綾《あや》も加わっている。さらに庸物に綿、交易雑物に絹と、多種の繊維製品がみえるようになる。それに対して越中国には錦《にしき》・綾・羅《ら》といった高級絹織物はみられない。

これらを生業の問題として理解していくが、その実態を明らかにするのは容易ではない。しかし戦後に進展した古代史研究の成果をふまえると、ある程度見通しを立てることができるようになっている。

最初に布・絁・絹・綿・糸の原料と製法を確認をしておく。(64)

布の原料は自生または栽培した植物の苧麻《ちょま》である。広く「あさぬの」といえよう。それに対して絁・絹・綿はすべて蚕《かいこ》のつくる繭《まゆ》を原料とする点で大きく異なる。それぞれ製造には複雑な工程があるが、布の場合は苧麻の採取や栽培・糸績《う》み・織成（織布）が主な工程である。絁・絹の場合は、養蚕・製糸（糸引き）・織成（機織）、綿の場合は、養蚕・繭の精錬（煮沸・不純物の取り除き）と引き伸ばしが主な工程である。糸は絁・絹の織成前の糸である。絁・絹・綿は養蚕と繭を必要とする点で共通しており、絁と絹は繭から製糸をするなど製造工程はすべて共通している。

絁と絹の生産については、高級絹織物の生産との違いが指摘されている。高級絹織物の場合は、石母田正・浅香年木らによる戦後の古代史研究が明らかにしたように、(65) 律令国家が中央から地方に挑文師《あやのし（あやとりのし）》を派遣して技術を伝え、国衙《こくが》に付属した直営工房（国府《こくふ》工房）で用意された原料の蚕糸と織機を使って織生《しょくしょう》（織工《しょくこう》）が生産した。また高級絹織物に対して、税物として絁・絹が指定されている国では在地の生産組織で絁・絹の生産が展開し、生産された絁・絹の一部が都へ貢進されたと想定されている。(66) つまり絁・絹の貢進国では養蚕・製糸・織成の技術が在地に保有され絁・絹が古くから広く生産されていたということである。絁・絹と高級絹織物との違いは糸の品質と織成の技術の差であろう。在地の生産組織とは地方豪族層や富豪層の私経営のことと考えられている。(67) さらに栄原永遠男氏は奈良時代に絁の貢進国であった国が『延喜式』段階では絁が絹に切り替わっている国があることに着目し、「絁から絹へ」の移行に奈良時代後半から平安時代初頭における生産技術の進展をみた。

これらの研究を基にすると、鳳至郡では奈良時代に絁生産が行われていたが、技術の進展により絹の生産に移行し、『延喜式』で能登国の調物として絹・白絹・中糸（絹糸である）が指定されたと理解できる。織成の原料である中糸（中は糸質）の生産も絹生産とともに始まったのであろう。能登国では絁から絹への移行と併行して、高級絹織物と庸綿となる綿の生産も始まったものと考えられ、在地における絁生産の技術的な高まりが絹・中糸・高級絹織物の生産と貢進を生み出したという理解の仕方になる。おそらく高級絹織物の生産には国家による技術的関与があっただろう。

越中国はどうか。越中ではすでに奈良時代に綿の一大特産地として綿の生産が在地で広く行われており、奈良時代後半から平安時代初頭の時期に技術的進展をともないながら生産が継続・拡大した。その中で越中の綿はブランド価値を高め、『延喜式』では調綿のみならず庸綿としても貢進することになった。あわせて綿生産の工程に製糸を加えて絹も生産されるようになり、交易雑物に絹が入れられた。いうならば越中国は徹頭徹尾、手工業生産の中心として綿の生産を行い、絁から絹への移行ではなく、副次的に絹の生産も活発に行うようになったと理解できる（なお商布についても後述）。越中の綿の生産が技術的上昇をともないながら手工業生産の中心として継続し、生産が拡大していた。このように考えると、越中国の調に糸を欠く説明もつく。『延喜式』主計上式は「調糸（絲）」の貢進国として、「上糸《じょうし》」十二国、「中糸《ちゅうし》」二十五国、「麁糸《そし》」十一国を列記し、ほぼ絁か絹の貢進国と重なるが、絹の貢進国としては唯一越中国が指定されていない。この問題は従来十分な説明がなかったが、(68)決して史料的な脱漏などではなく、律令国家が越中国に強く求めたのはあくまでも綿なので、そこに多くの労働力が集中投下されることになったと考えるのである。

以上は推論でしかないが、少なくとも奈良時代から平安時代にかけて越中の綿がブランド価値を高め、生産と貢進が一貫して続けられていたことは史実として認めざるを得ない。

この点では、同じくブランドの繊維製品として生産と貢進が続けられた美濃絁（絹）と似通った面がある。美濃絁の場合、早川庄八により、大陸から伝来した織成技術を有する長幡部《ながはたべ》との関係が想定され、その技術の継承が美濃絁（特に広絁）の品質の高さにつながり、外交上の信物・天皇の御服料《ごふくりょう》として珍重されることになったと考えられている。(69) 越中の綿の場合、長幡部に相当すると考えられるのが秦《はた(はだ)》人部《ひとべ》である。秦人部は大和王権の時代に朝鮮半島南部から列島各地に移住し、秦氏に統率された渡来《とらい》系集団であり、秦氏《はたうじ》や秦人部は養蚕・機織（製糸含む）による糸・綿・絹製品の生産と貢納で大和王権に奉仕したと考えられている。(70) 奈良・平安時代の史料にみえる「秦」「秦人」「秦部」「秦人部」姓の人名はその子孫にあたる。実際、越中関係の史料に次の三例がみられる。

・天平宝字三年（七五九）「秦古虫女」が射水郡鳴戸《なると》村にある墾田一町を東大寺に寄進した
（「東大寺越中国諸郡庄園総券」）(71)。

・神護景雲元年（七六七）砺波郡井山《いやま》村大野郷の戸主として「秦足山」の名がみえる
（「越中国砺波郡井山村墾田地図」）(72)

・天長七年（八三〇）砺波郡の郡司として「擬少領少初位下秦人部益継」の名がみえる
（「越中国官倉納穀交替記残巻」）(73)

わずかな例だが、古代に大きな役割を果たした秦人・秦人部の存在が越中在地の越中人として確認できる。特に重要であるのは三例目で、九世紀の地方豪族ないし富豪層とみなせる秦人部益継《はたひとべのますつぐ》がいることである。「擬《ぎ》少領《しょうりょう》」は正郡司になる前の郡司の第二等官の意であるが、九世紀には新興の豪族などの有力者が就任し郡の行政を担うようになった。越中国でも益継のような地方豪族や富豪層が経営する生産組織が越中の綿の生産を担い、在地での生産の継続・拡大に関与していたといえるのである。かつて浅香年木は八世紀における秦氏の分布から越中が北限であることを指摘したが、[74]先にふれたように越中国は北限の綿貢進国であり、調物に限ると北陸道諸国の中では綿の貢進国は越中国のみであったが、その事実と見事に符合する。このように渡来人系の人物が関与した生産が想定できる越中の綿は美濃絁と似通った面があるといえる。早川は美濃絁を「古き伝統の重み」のある高品質の特産物としたが、越中の綿にも同様のことがいえ、その始原は八世紀以前に遡るかもしれない。

本項では、税物として都へ貢進された越中の綿と手工業生産との関係を探ってきた。奈良・平安時代の越中国は綿の一大特産地であり、いうならば「綿の国」ないし「真綿の国」（木綿との混同を避けるため本稿では後者の語を用いる）であったことが明らかになった。[75]その基盤には越中地域の豪族や富豪層を中心にする綿の生産があると考えてきた。また渡来系の技術が越中綿の高品質をもたらした要因であると推論した。

越中では養蚕や桑の栽培をともないながら綿生産が四郡全域で広くみられた。桑・漆の栽培に関しては律令国家が養蚕奨励のため桑・漆の本数を定めて戸ごとに殖えさせる政策を進めたが（田令16桑漆条）、栽培地は戸ごとに班給された園地《えんち》であった（田令15園地条）。桑・漆とも「郷土不レ宜」、つまり定めた本数を植えることができない事情がある場合に減らしてもよいとする例外を認め（田令16桑漆条）、実際に規定の殖栽《しょくさい》が進まなかった地域もあったらしく、天平二年（七三〇）には諸国に桑・漆の催殖《さいしょく》が厳命されている。[76]越中に実際に桑園があったことは、天平宝字三年の「東大寺越中国諸郡庄園《しょぐんしょうえん》総券」の射水郡に「桑田《くわた(そうでん)》六段二百八十歩」がみえることから確かめられる。[77]田令でいう「郷土」とは風土を意味し、その土地土地の自然条件（気候・地形・地質・資源など）との関わりを意味すると考えられるので、越中で綿生産が盛んに行われていたことをふまえれば、その基底要因には越中地域が桑の栽培や養蚕に適していたという自然条件があったことは間違いないだろう。[78]

〔米と農耕〕

次に米と農耕についてみていきたい。

表2のjは、天平神護三年（七六七）の年紀がある荷札木簡である。(79) 平城京の右京《うきょう》においてその頃に造営が始まった、官の尼寺である西隆寺《さいりゅうじ》の跡から出土したものである。報告書によれば、造営工事にともなう木片や器物《きぶつ》などを廃棄した土壙《どこう》から伊予《いよ》国・参河《みかわ》国の木簡とともに発見された白米の荷札である。(80) 律令国家の下で生産された米は百姓の生活の基盤であるとともに租や出挙といった税で収取されて主に地方財源に使われ、生産された米の一部は別の名目で収取され都へ送られていた。送られた米には、年料春米《ねんりょうしょうまい》・庸米《ようまい》・公田地子米《こうでんじしまい》や封戸からの封戸《ふこ》租米《そまい》などの官米《かんまい》、位田・職田《しきでん》や荘園からの運米、豪族からの献上米（献物叙位《けんもつじょい》）などがあった。この荷札にある「浪米」（粮米か）がどういう名目の米であるか不明であるが、官立寺院の造営のため、越中で生産された米を都へ送っていたことを示す。

本節では銭貨を直接扱っていないため表2には入れなかったが、能登が越中国に属していた時期の国養物《こくようもつ》の木簡が平城京から二例出土している。

・越中国羽咋郡邑知郷衛士乃止臣吉麻呂
・銭六百文
（平城京左京二条二坊十・十一坪二条条間路北側溝）(81)

・越中国鳳至郡小屋郷宮作衛士車以部牛甘六百文
・　天平廿年十二月十一日
（平城京左京二条二坊十・十一坪二条条間路北側溝）(82)

「衛士《えじ》」は、地方軍団から上京して衛門府《えもんふ》・左右衛士府《えじふ》に配属され、都城の警備にあたった兵士である。在役期間は年で、食料は本来官司から支給されることになっていたが、養老二年（七一八）四月に仕丁《しちょう》（中央官司で雑役に従事）とともに衛士を出した戸の雑徭《ぞうよう》を免除して、その分で資養することが認められ（『令集解』賦役令仕丁条古記所引同月二十八日格）、衛士・仕丁を出した郷土の戸は銭貨や米などの資養物（これを国養物という）を送ることになった。この二例は衛士の国養物として銭貨が支給されたことがわかる木簡である。同一の場所で出土し、後者の年紀から前者の木簡も郷《ごう》制下にあった天平二十年（七四八）の木簡である可能性が高い。羽咋郡邑知《おうち》郷・鳳至郡小屋《おや》郷はともに『和名類聚抄』にもみえる郷名である。小屋郷については表2のdの「大屋郷」と同一と考えられている。木簡にみえる「乃止臣吉麻呂《のとのおみきちまろ?》」「車以部牛甘《くるまもちべのうしかい?》」は当時の越中人である。「宮作」は宮城造営担当の衛士といった意味だと思われる。

こうした国養物は現物の米（舂米）で送ることもあったので、先のjはこの国養物である可能性がある。ただし『延喜式』主計上によれば、庸米の貢進国は北陸道では加賀国が北限であり、「能登以北」の能登国・越中国は庸米を送ることになっていない。越中や能登から重貨（重い荷物）である米を官米としては都へ貢進していなかったと考えられ、(83)jの木簡は官米でない可能性が高いが越中の米を都へ貢進した実際の例になろう。

越中史にとって重要なのは「越中国婦負郡川合郷戸主」の記載があることである。越中国内における米の生産地域については、越中国の砺波郡・射水郡・新川郡に設定された東大寺領十荘の開墾状況[84]や、砺波郡の豪族利波臣志留志《となみのおみしるし》が盧舎那仏《るしゃなぶつ》（東大寺大仏）の知識《ちしき》（布施）として三〇〇〇碩[85]とも五〇〇〇斛[86]ともされる多量の米献上、さらには後にみる東大寺の封戸に射水郡と新川郡があることなどから、砺波・射水・新川三郡は文献史料で確認できていた。この木簡が貴重なのは、これまで明確でなかった婦負郡での米の生産を裏付けた点である。この木簡によって能登分離後の越中国四郡全域で水稲耕作による米作りを行っていたと初めていえるのである。

以上、本節では都へ送られた税物から越中人の生業を探ってきた。限られた面からみたものであるが、越中人の生業がまさしく越中の山野河海を基盤としており、権力的な要請をともないながらもその土地土地の産物やそれを原料とする加工品・手工業品として貢進していたことを具体的に確認できた。

3.『延喜式』からみえる越中人の生業

十世紀初めに完成した『延喜式』は古代の地域特産物と生業を知る宝庫である。本節では万葉歌や奈良時代に貢進された税物からはみえなかった面を含め、同史料から古代越中人の生業の特色を明らかにしていきたい。

表5は、『延喜式』にみえる越中の税物をまとめた表である。生業との対応がわかるように山野河海からの産物の種類で分類し、越中人によってなされたと推測できる加工や作業をなるべく注記するようにした。もちろん古代人の主たる生業は農耕であり、米は重要な産物であるが、調・庸・中男作物・交易雑物などとして都へ送られた「郷土」「土毛」の産物に、より強く〝地域性〟が現れるという考えから除いた。なお古代では農耕をする百姓が狩猟や牧畜を行うことは普通なので、分類はあくまでも便宜上の区分である。また漆・苧麻や桑などは栽培をしていたので、農耕の

要素が強いことも付言しておく。物産の説明には『富山県史　通史編Ⅰ原始・古代』（富山県、一九七六年）と関根真隆『奈良朝食生活の研究』（吉川弘文館、一九六九年）に多くを拠っているが、その後の研究により改めたところがある。

漁撈では、鮭と稺海藻《わかめ》（『延喜式』では「稚」の用字に「稺」を使う）の加工品がみられる。万葉歌では奈良時代に富山湾沖合いや富山湾沿いの潟湖である布勢の水海で海人がつなし（コノシロ）・鮪（クロマグロ）を漁獲し、奈呉・珠洲の海では真珠と考えられる白玉・鮑玉も採取していたことがみえた。また婦負川・辟田川といった越中の川では鵜匠が鵜飼漁を行い、おそらく鮎を捕獲していた。八世紀の税物からは、利波郡の川で鮒、羽咋の海では鯖、新川郡でさまざまな魚を漁獲し干物にした雑腊を都へ貢進していたことがわかっている。八世紀のこうした海水産物の多くは『延喜式』の税物にはみられなくなり、かわって鮭と稺海藻の加工品が指定されたことになる。鮭の加工品は多種にわたり、また鮭は中世荘園の年貢にみえるので古代・中世を通じた越中の名産であったようである。魚類の干物と考えられる雑腊は引き続きみえる。八世紀の木簡にみえる雑腊が中男作物か御贄の可能性があることは先に指摘した通りである。ここでは中男作物になっているが、中男などによる公的な漁撈と加工生産は八世紀から継続していたことになる。このような中男作物は調・庸とともに国家財政を扱う主計寮《しゅけいりょう》で監査が行われ、大蔵省《おおくらしょう》に納入された後、諸官司に分配し、あるいは禄物として官人に支給された。海藻である稺海藻は、狩猟で捕獲した雉の干肉である雉腊とともに毎年決められた量を貢進する年料《ねんりょう》御贄《みにえ》として貢進し、天皇の朝夕の御膳に調理され、一部は宮中節会の饗膳に使われた（前章参照）。鮭（サケ）は川の産物、稺海藻（ワカメ）は海の産物で、現在でも富山県内の川（庄川など）、海（朝日町宮崎沿岸）[87]で捕獲・採取されている。

狩猟は、万葉歌・八世紀の税物からはみえなかったが、『延喜式』では雉腊のように明確に越中の山野で狩猟をする

表5　『延喜式』にみえる越中の税物と生業との関係

税物			越中の生業	
貢進物	税目	貢進先・官司	分類	山野河海からの産物（主な加工・作業等）
—	—	—	農耕	
鮭楚割（さけすはやり）	中男作物	主計寮	漁撈	鮭（塩干）
鮭鮨（さけずし）	〃	〃		鮭（発酵ずし）
鮭氷頭（さけひず）	〃	〃		鮭（頭部軟骨）
鮭背腸（さけせわた）	〃	〃		鮭（塩辛）
鮭子（さけこ）	〃	〃		鮭（卵塩漬）
雑腊（ざつきたひ）	〃	〃		魚類（丸干）
稺海藻（わかめ）	年料御贄	内膳司（贄殿）		ワカメなど海藻（乾物）
曝黒葛（さらしつづら）	交易雑物	民部省	採集	クヅカヅラ（乾燥）
漆（うるし）	〃	〃		ウルシ（精製）
紅花（くれのあゐ・べにばな）	中男作物	主計寮		ベニバナ（発酵・乾燥）
茜（あかね）	〃	〃		アカネ（乾燥）
漆（うるし）	〃	〃		ウルシ（精製）
胡麻油（ごまあぶら）	〃	〃		ゴマ（種子を絞りとる）
曝黒葛（さらしつづら）	諸国年料	内蔵寮		ツヅラ（乾燥）
甘葛煎（あまづらせん）	諸国貢進菓子	宮内省大膳職		アマヅラ（煮詰める）
白朮（びゃくじゅつ）	諸国進年料雑薬	典薬寮		オケラ・オオバナオケラ（薬種）
白芷（びゃくし・はくし）	〃	〃		ヨロイグサ（薬種）
藍漆（やまあさ）	〃	〃		ヤマアサ（薬種）
大黄（だいおう・おおし）	〃	〃		ダイオウ（薬種）
苦参（くじん）	〃	〃		クララ（薬種）
夜干（ひおうぎ）	〃	〃		ヒオウギ（薬種）
黄蓍（おうぎ）	〃	〃		キバナオウギ（薬種）
榧子（ひし）	〃	〃		カヤ（薬種）
薯蕷（じょよ・しょよ）	〃	〃		ヤマイモ・ナガイモ（薬種）
桃仁（とうにん）	〃	〃		モモ（薬種）
附子（ぶし・ぶす）	〃	〃		[illegible]

甘葛煎（あまづらせん）	〃	〃		アマヅラ（薬種）
蜀椒（しょくしょう・なるはじかみ）	〃	〃		アサクラザンショウ（薬種）
零羊角（れいようかく）	諸国年料（諸国）	内蔵寮		カモシカ？ヤギ？（除角）
零羊角（れいようかく）	年料別貢雑物	民部省		カモシカ？ヤギ？（除角）
獺肝（たっかん）	諸国進年料雑薬	典薬寮	狩猟	カワウソ（薬種）
熊胆（ゆうたん・くまのい）	〃	〃		クマ（薬種）
羚羊角（れいようかく）	〃	〃		カモシカ？ヤギ？（薬種）
雉腊（きじきたひ）	年料御贄	内膳司（贄殿）		キジ（干肉）
絹（きぬ）	交易雑物	民部省		繭（養蚕・製糸・機織）
商布（しょうふ）	〃	〃		苧麻・カラムシ（糸積・織布）
編筥（あみばこ）	〃	〃		竹？・柳？（細工）
織筥（おりばこ）	〃	〃		竹？・柳？（細工）
白畳綿（はくじょうめん）	調	主計寮		繭（養蚕）・真綿（煮沸・精錬・引伸し）
白細屯綿（はくさいとんめん）	上記調の「自余輸」	〃		繭（養蚕）・真綿（煮沸・精錬・引伸し）
商布（しょうふ）	上記調の「別輸」	〃		苧麻・カラムシ（糸積・織布）
韓櫃（からびつ）※	庸	〃	手工業	木材（木工）・ウルシ（塗り）
綿（わた・めん）	上記庸の「自余輸」	〃		繭（養蚕）・真綿（煮沸・精錬・引伸し）
布（ふ・ぬの）	上記庸の「自余輸」	〃		苧麻・カラムシ（糸積・織布）
紙（かみ）	中男作物	〃		紙麻・穀皮・楮（溜漉）
甲（よろひ）	諸国器杖	兵部省		（武器・武具製作）
横刀（たち）	〃	〃		（武器・武具製作）
弓（ゆみ）	〃	〃		（武器・武具製作）
征箭（そや）	〃	〃		（武器・武具製作）
胡籙（やなぐい）	〃	〃		（武器・武具製作）
蜜（みつ）	諸国年料	内蔵寮		蜂蜜（養蜂・蜂蜜採取）
蘇（そ）	諸国年料（諸国）	〃	その他	乳製品（搾乳）
蘇（そ）	諸国貢蘇	民部省		乳製品（搾乳）
履料牛皮（くつりょううしかわ）	交易雑物	〃		牛皮（鞣し）

※主計上に塗漆著鎖・白木の二種と注記。
＊主税上に越中国の絹・鍬・鉄の禄物価法がみえる。

姿がとらえられるようになる。狩猟物には雉があった。雉は、すでに奈良時代に大伴家持が「杉の野にさ踊る雉《きぎし》」（『万葉集』巻十九・四一四八）・「あしひきの八《や》つ峰《を》の雉」（『万葉集』巻十九・四一四九）と雉を取り上げており、越中の山野に生息していた鳥である。そのほか、羚（零）羊（カモシカかヤギ）[88]・獺（カワウソ）・熊（クマ）の狩猟があり、それぞれ加工品として貢進した。雉は先にみたように干肉の腊である。獺肝・熊胆・羚羊角は薬種で、医療をつかさどる典薬寮《てんやくりょう》に送り、それらとは別に零羊角は天皇の財政を担当する内蔵寮《くらりょう》と、ひろく民政を扱う民部省《みんぶしょう》に納入した。

次に採集物であるが、山野で採集した植物性のさまざまな薬種を典薬寮に送っていた。動物性の薬種を含め、越中は「薬の国」の一つであったといえる。ほかには甘葛（アマヅラ）の葉を煎じて甘味料とした甘葛煎を菓子として宮内省大膳職に送っている。大膳職は宮中の饗膳《きょうぜん》料理を担当していた。曝黒葛は葛（クヅカヅラ）の皮の繊維を加工したもので、衣料ないし縄などの原料として利用されたであろう。先の「諸国所進御贄」の梱包に使用したのかもしれない。塗料原料である漆とともに交易雑物《こうえきぞうもつ》として民部省に納入した。交易雑物は各国の正税を財源に交易してその土地土地の特産物を調達し貢進する制度なので、曝黒葛・漆は在地で生産が活発な特産品であったと考えられる。漆は中男作物にもみられ、後代まで越中の重要な特産品の一つであった。中男作物には染料となる紅花・茜、食用や薬用・灯火用に使用される胡麻（ゴマ）の種子から絞りとった胡麻油もみられる。胡麻油の貢進国の中では越中国は北限であった。紅花・茜は万葉に歌われ、胡麻油は古代・中世を通じ越中の特産品になっていく。このように『延喜式』には豊富な採集物がみえ、越中人が生業として盛んに採集を行い、採集物も重要な特産物になっていたことが明らかになる。

その他に分類した物産を次にみる。蜜は蜂蜜のことで、越中人が養蜂・蜂蜜採取を行っていたことを推測させる物産である。蘇《そ》や先にみた御贄・曝黒葛とともに内蔵寮に納入した。蘇は中国でも食された乳製品でバター及び濃縮乳

（クリーム、コンデンスミルク）の類のことであるが、日本ではバターはみられず濃縮乳が主であったようである。(89) 越中からの蘇は内蔵寮・民部省に納入されている。蘇は越中以外の多くの国々からも貢進され、実際に八世紀の都の跡から蘇の荷札木簡が続々と出土しており、古代人の食用や薬用としてかなり需要があったようである。『延喜式』で指定された蘇の貢進国の中で北限にあたる越中国では、原料となる牛乳が必要なため、牛（ウシ）が飼われ、搾乳が行われていたことになる。今まで扱ってきた史料からはまったくみえてこなかった越中人の牧畜と牛を放牧する牧《まき》の存在を推測させる物産である。令制では牧は諸国に置かれて国司監督下で牛馬を飼うことになっているので（厩牧令《きゅうもくりょう》）、公的な牧場での生業であろう。交易雑物として履料牛皮もあるので、履《くつ》用に牛皮の製造を行っていたことは間違いない。正倉院には約二十足分の革製の履が伝わり、外側は牛皮、内面の洗革は鹿革と考えられ、古代貴族の革履の素材ししては牛皮が一般的であった。(90) また狩猟で取り上げた零羊・羚羊がヤギだとすれば、家畜としてウシのほかにヤギも飼っていたことになる。なお、表5では、蜜・蘇・履料牛皮はその他、零羊角・羚羊角は狩猟に分類したが、便宜上のものである。

最後に手工業をみておこう。

まず綿と絹である。すでにみてきたように、越中では奈良時代に綿の生産が広く行われていた。奈良時代後半から平安時代初頭の時期に技術的進展をともないながら生産が継続・拡大し、その中で越中の綿はブランド価値を高め、『延喜式』では調の「白畳綿」、その「自余輸」の「白細屯綿」、さらに庸の「自余輸」としての綿（「畳綿」「白綿」）も貢進するようになったことがわかる。調綿・庸綿は主計寮に、交易雑物の絹は民部省に納入し、中央財源として支出された。「自余」物は交易による調達を前提にしているので、在地における綿の生産がさらに拡大していたことを裏付ける。あわせて絹も生産するようになり、交易雑物に絹が入れられた。綿ともに絹が交易品として在地で生産・流通し、調達が行われていたと考えられる。

十世紀における越中の綿については、米沢康が留意した藤原師輔《ふじはらのもろすけ》の日記『九条殿記《くじょうどのき》』菊花宴《きくかえん》・天暦五年（九五一）十月五日条の[91]「但以㆓越中、石見綿㆒充㆑禄、雖㆑充㆓御服之国々㆒、依㆑无㆓他綿㆒也」とする記事から、残菊《ざんぎく》の宴のような宮中の年中行事に節禄《せつろく》として綿の需要があったこと、[92]越中国や石見国のような伝統的な「真綿の国」が寺社のみならず広く平安貴族社会に知られ、十世紀の半ばに貴人に綿を供給し続けていたことがわかる。[93]越中の綿の品質の高さに対する評価や供給できる生産体制が維持・継承されていたことを推測させる記事である。ただし需要においては季禄・位禄や節禄など律令官人の給与に関わる禄制が崩壊していくので、[94]綿など禄物《ろくもつ》の国家的な需要は急速に失われていったと考えられる。

次に布を取り上げる。繊維製品では綿・絹のほかに、交易雑物と調の「浮浪人別輸」で商布《しょうふ》、庸の「自余輸」である韓櫃《からびつ》の底敷として布がみられる。布は繊維製品の中で古くから作られてきた。律令国家は成立当初より布を税物に組み入れ、『延喜式』では越中国の布の貢進が確認できる。越中で布生産はいつ始まったのか。先にふれたように天平宝字六年（七六二）末から始まった「二部大般若経」一二〇〇巻の写経事業では写経所に大量の調綿と租（祖）布・辛櫃《からびつ》（韓櫃）が支給され、売却され銭貨に換えられた。[95]その際の租布と辛櫃は調綿と同じく越中国から貢進されたものである可能性が高く、越中での布・辛櫃の生産・貢進は奈良時代後半に遡ると考えられる。ただし租（祖）布は低廉で目が粗い布なので、[96]奈良時代の布生産はまだ技術的に低かったといえる。それゆえ調綿の梱包用の辛櫃の底敷に使用されているのだろう。

商布はその名の通り流通経済と深い関係を持つ布であり、地方豪族層のもとに集積される傾向があった物品であることが明らかになっている。[97]交易雑物と調の別輸として商布を負担することになっている浮浪人は、かつて戸田芳実が概念化された富豪層《ふごうそう》であろう。(98) 浮浪人が商布を調庸として貢進する国は越中国のほかには信濃国・飛騨国しかない。寛平三年（八九一）九月十一日の太政官符に「或就二婚姻一或遂二農商一。居二住外国一業同二土民一。既而凶党相招横二行村里一。対二捍宰吏一威二脅細民一。」（「あるいは婚姻に就き、あるいは農商を遂げ、外国に居住し、業土民に同じうす。すでにして凶党相招き、村里を横行し、宰吏《さいり》に対捍《たいかん》し、細民を威《い》脅す」）(99) とあるような、業《なりはひ》を土民（百姓）と同じくする富豪層が越中にも現れ、商に関連する商布の交易活動を行っていたことが「浮浪人」の存在からみえてくる。

このように『延喜式』の段階である十世紀初めの越中国では綿・絹とともに布の生産も活発になり、おそらく地方豪族層ないし富豪層のもとに集積が進み、交易品としても広く流通していたことが想定される。前節で越中の自然条件が養蚕・桑の栽培に適していたと指摘したが、桑・漆とともに布の原料である麻も本来園地で栽培されたと考えられ、(100) 越中の布の生産の基底要因としては同じく自然条件があったといえよう。

商布の生産地については、東海道東半諸国を中心に東山道・北陸道の両道の東半諸国に及び、日本海側の北陸道諸国では越中国が西限になっている。また庸布に関しても、北陸道諸国で庸に布がみえるのは他に越後国・佐渡国しかなく、北陸道諸国の西限で、商布と一致している。一方、先にふれたように、越中国は北限の綿貢進国であり、調物に限ると北陸道諸国の中では綿の貢進国は越中国のみであった。これらの事実は越中の地域性を考える上で興味深い。吉川真司氏は、布と綿は古代の日本において現物貨幣的に流通し、東国・畿内は「布経済圏」、西海道・日本海沿岸は「綿経済圏」を形作っていたという見方を示した。(101) この見方は越中史を考える上で大変有効である。越中国は日本海側で「布経済圏」・「綿経済圏」のちょうど重なり合う地域にあたっている。そこに本州日本海側において〝中間地帯〟に位置する越中の地域性をみてとれる。

交易雑物として交易により調達された物品には絹・商布のほかに編筥《あみばこ》・織筥《おりばこ》がある。ただしどのような用途の工芸品で素材に何を使っていたのかは全く不明である。『延喜式』で河内《かわち》国と近江《おうみ》国の調物に「柳筥」がみえ、正倉院宝物に竹籠や柳筥《やなぎばこ》の実例があることからすれば、柳か竹を素材とし、編んだ筥が編筥、織った箱が織筥と考えられる。編筥・織筥とも交易雑物のみならず調物・庸物・中男作物にもまったくみえない越中独自の物産である。『延喜式』で交易雑物として何らかの「筥」がみえるのは、「荒筥」二十五合を貢進することになっている因幡《いなば》国の一例だけである。しかも越中国は編筥三一九合、織筥二十八合であるから、因幡国の荒筥に比べてみても、数量的にかなり多い。まさしく編筥・織筥は越中の特産品であり、越中人がその製造を行っていた。工芸の技が必要な物品が交易雑物に入っていることは越中で広く流通していた工芸品であった可能性がある。先にみた綿・絹・商布といった繊維製品や先の牛皮を含めると、古代越中はものづくりの盛んな「ものづくりの国」であったといえよう。

越中国が「ものづくりの国」であったことをさらに裏付けるのは庸物の韓櫃《からびつ》四十六合の貢進である。韓櫃は先にふれた辛櫃と同じで、先にふれたように、その生産・貢進は奈良時代後半に遡ると考えられ、しかも支給された辛櫃は三十五合だったので、はやくから『延喜式』の数量に近い生産が行われていたようである。越中の場合は「韓櫃便盛二畳綿及白綿一。」とあるように、あくまでも貢進用の綿を入れるためのものとして使用された。綿あってこその韓櫃である。『延喜式』主計上によれば越中国の韓櫃四十六合の内訳は「塗レ漆著鏁五合。白木四十一合。」と、漆塗りで鏁《じょう(くさり?)》がついたもの（鏁は不明だが鍵か）と、白木の二種があった。基本材は木材である。前者は漆加工を施した物品で数量からして手間のかかる高級品であったろう。表6にあるように、韓櫃を庸物として貢進していた国は全国に三十か国あるが、合計数量でもっとも多いのが越中国である。韓櫃からも越中国は全国有数の「ものづくりの国」であったといえる。さらにいうならば大量の綿を貢進するために韓櫃も多く必要であったのである。綿生産と豊かな森林資源、木工・漆工芸の融合である。

特殊な手工業品としては武器・武具（戎具《じゆうぐ》）と紙がある。

器仗《きじょう》とは武器・武具の類で、国衙《こくが》で正税《しょうぜい》を用いて材料が調達され、製造品が軍政を扱う兵部省《ひょうぶしょう》へ送られた。弘仁十三年（八二二）閏《うるう》九月二十日に発布された太政官符《だいじょうかんぷ》[102]によれば、器仗を製造するために諸国には徭丁《ようてい》（雇用労働者）が就労し、製造にあたっていた。国のランクで人数が定められており、上国である越中国には九十人の徭丁がいて食料が支給されていた。越中では五種の器仗を製造することになっていたが、個々の詳しい説明は『富山県史　通史編Ⅰ　原始・古代』（富山県、一九七六年）第四章第六節を参照されたい。武器・武具は自然を基盤とした生業とは大きくかけ離れた物品で、そこに特色ある地域性はみられない。

表6　『延喜式』にみえる韓櫃（唐）の貢進国

単位は合

五畿七道	国名	塗漆著鏁	白木	合計
畿内	–	–	–	
東海道	伊賀		9	9
	伊勢	8	15	23
	尾張	5	10	15
	参河	2	8	10
	遠江	10	10	20
	駿河		20	20
東山道	近江	5	28	33
	美濃	5	29	34
北陸道	越前	5	16	21
	加賀		8	8
	能登		17	17
	越中	**5**	**41**	**46**
	越後		10	10
山陰道	丹波	5	37	42
	丹後		20	20
	但馬	5	5	10
	因幡		8	8
	伯耆		9	9
	出雲		12	12
山陽道	播磨	5	27	32
	美作		9	9
	備前		13	13
	備中		6	6
	備後		3	3
	安芸		10	10
南海道	紀伊		5	5
	阿波		12	12
	讃岐		20	20
	伊予		28	28
	土佐		14	14

器仗と同じように紙も国衙で生産された。律令国家は文書行政主義をとっていたので、木簡とともに紙の需要が膨大にあった。弘仁十三年の太政官符には紙生産の徭丁の人数も定められている。上国の越中国では「造国料紙丁」五十人、郡別に二人の「造紙丁」がいて、食料が支給されて紙生産に

あたっていた。やはり地域性はみられないのだが、紙生産の技術が在地に継承されたのか、のちにみるように中世の越中荘園に紙の年貢が現れてくる。

以上、本節では『延喜式』からみえる越中人の生業を探ってきた。越中の豊かな山野河海を基盤として農耕以外にも漁撈・狩猟・採集・手工業がみられ、越中人が多様な生業を行っていた実態が浮かび上がった。また山野河海から採取した産物は加工品あるいはそれを原料するさまざまな物産として生産・流通し、その一部は越中の特産品として都へと貢進していたことがわかった。多種の特産品の中でも特色があったのは、「山野河海の国」越中を象徴する御贄、「薬の国」越中から送られた薬種、「真綿の国」越中を代表するブランド品の綿、その綿を含めて「ものづくりの国」越中で生産された繊維製品や工芸品・紙であった。

4.「真綿の国」四〇〇年

こうした『延喜式』にみられる生業と物産は基本的には後代に継承されていくと考えられるが、『平安遺文』には表7のように九世紀末から十二世紀初頭までの時期に東大寺と東寺に対し越中の封戸《ふこ》が税物（封物《ふうもつ》）として貢進していた物産がみられ、この問題の手掛かりになる。

封戸とは特定の上級貴族・寺社に租・庸・調などの税を負担する戸のことで、食封《じきふ》制に起源がある。上級貴族や寺社にとっては荘園公領制が進展するまでは封戸からの収入が主要財源になっていた。表7にみえるように、東大寺は越中国に百五十戸、東寺は五十戸の封戸を有していた（「烟《えん》」は戸の意味）。東大寺・東寺に共通している物産は、綿・穀（籾米）・胡麻油《ごまあぶら》（東寺は単に「油」とするが同じ）の三種類である。綿は調綿・庸綿、胡麻油は中男作物として

表1　『平安遺文』にみえる越中の物産

年	物産	内容	史料名	遺文番号
寛平年中（889～97）	調庸綿1087屯 租穀600斛 中男作物油3斗5升	実際には封物を銭貨99貫924文で納入	「東大寺諸国封物来納帳」	183号
天暦4年（950）	調綿737屯＊1	内441屯射水郡100戸料（阿努郷・旧江郷） 306屯新川郡50戸料（志麻郷）	「東大寺封戸荘園并寺用帳」	257号
	庸綿350屯	内199屯8両射水郡100戸料 150屯8両新川郡50戸料		
	租穀365斛3斗9升1合			
	中男作物胡麻油4斗1升3合＊2	内2斗5升5合射水郡 2斗5升新川郡		
長保2年（1000）	調庸綿349屯 庸綿331屯 中男油1斗4升 租穀200石	実際には封物を銭貨32貫340文で納入（「越中国封五十烟」分）	「造東寺年終帳」	405号
長暦2年（1038）	調綿666屯 庸綿325屯 中男作物油4斗1升3合		「東大寺返抄案」	4615号
長暦2年（1038）	租穀600斛	長元9年（1036）料	「東大寺牒案」	4618号
永承3（?）年（1048？）	漆6升	実際には東大寺への封物を穀60斛で進上	「越中国前雑掌射水成安解」	656号
康和4年（1102）	租穀200斛	康和3年料	「東寺返抄案」	1486号
康和4年（1102）	調庸綿479屯 中男油1斗4升	康和2年料	「東寺返抄案」	4958号
康和4年（1102）	調庸綿479屯 中男油1斗4升	康和3年料	「東寺返抄案」	1487号
康和4年（1102）	租穀400斛	康和2・3年料	「東寺返抄」	補29号
嘉承2年（1107）	（穀）	承徳2年（1098）以後10か年所当の3130石未済	「東寺封戸済物進未勘文」	1677号
久安4年（1148）	（穀）	「越中国百五十烟」の代米522石9升未進	「東大寺封戸進未注進状」	2647号

＊1 ＊2 合計数量が合わないが、史料のママ。

『延喜式』にもみえた越中の特産物であった。寛平年中（八八九～九七）の例で知られるように、実際にはこれらの封物を銭貨で納めることもあったようである。

天暦四年（九五〇）の例から、越中の封戸が東大寺へ送っていた物産の内容をやや詳しく知ることができる。とても興味深いのは、調綿・庸綿・中男作物胡麻油の内訳の記載があることである。調綿は射水郡阿努郷と旧江郷の百戸（一郷五十戸なのでそれぞれ五十戸）、新川郡志麻郷五十戸、庸綿は射水郡一〇〇戸、新川郡五十戸とあって、東大寺への綿は射水郡と新川郡で生産し送ることになっていた。越中の全体封戸数は天平勝宝二年（七五〇）の勅で二〇〇戸(103)になったので、その内の一五〇戸が両郡に集中していたわけである。射水郡の旧江郷は先に農耕との関わりで取り上げたが、平安時代においては旧江郷全体では綿の生産を行っていたこともわかる。中男作物の胡麻油も射水郡と新川郡なので、両郡では中男が胡麻の採取や圧搾《あっさく》（絞ること）作業を行っていたと考えられる。また米は重貨（重い荷物）であるため、特に越中の場合は都へ送られる割合は少なかったが、封戸では租穀《そこく》用の米の生産と封主《ふうしゅ》への貢進を行っていたようである。射水・新川の両郡だけではなく、一五〇戸を超える分の封戸五十戸は砺波郡ないし婦負郡にあった可能性があり、越中国内の各地で東大寺向けの米作りを行っていたと考えられる。しかし実際には、これらの封物は未済《みさい》であった(104)。

越中から送られる綿の重要性については、すでに米沢康が指摘したことであるが(105)、天暦四年の「東大寺封戸荘園并寺用帳」で諸国の封戸から輸納された綿の合計調綿九二二屯、庸綿四二一屯に対する越中の綿の割合からうかがえる。越中国は調綿七三七屯・庸綿三五〇屯であるから、それぞれ約八十%を占める高率で、十世紀半ば段階で越中の封戸からの綿が東大寺にとって重要な物産になっていたことを裏付ける。

東大寺・東寺への封戸からの供給はその後も続き、長暦二年（一〇三八）の例は、十一世紀に入っても綿と油が封戸が東大寺へ貢進していたことを示す。一方、租穀の貢進は遅れ気味になっている様子もうかがえる。なお『東大寺要録』[106]巻六に収録されている「封戸勘記」は康平元年（一〇五八）頃に成立した封物の勘合資料であるが、[107]越中国一五〇烟の封物として調綿六六〇（六カ）屯・庸綿三三一屯・中男作物油四斗一升三合・租穀六〇〇石を挙げている。[108]東寺へは康和四年（一一〇二）の「東寺返抄案」「東寺返抄」からやはり調綿・庸綿・中男油・租穀を貢進することになっていたようである。しかし、租穀については嘉承二年（一一〇七）の例から知られるようにその十年ほど前から未済《みさい》になっており、東大寺の封戸においても久安四年（一一四八）の例に未進《みしん》とあるように、貢進が滞っている状況がうかがえる。

『平安遺文』からわかることは、東大寺・東寺の封戸が貢進していた調綿・庸綿の存在を通して、越中人による綿の生産と貢進は十二世紀初頭まで続いていたということである。[109]綿の生産と貢進は八世紀から始まっているので、十二世紀初めまでの約四〇〇年間命脈を保っていたことになる。越中国は「真綿の国」として四〇〇年の歴史があったのである。

また同時に、『延喜式』の税物にみられた胡麻油も特産品として根付いていたといえる。表7の永承年間に越中国の下級官人であった前雑掌《ざつしょう》射水《いみずの》成安《しょうあん》が漆に代えて穀を進上している例によれば、十一世紀半ば頃に漆も越中の特産品としての地位を保っていた可能性が高い。

一方、新たに伊勢神宮領の弘田御厨《ひろたみくりや》・射水御厨《いみずみくりや》への御贄がみられるようになるが、かつての天皇の供御物としての御贄や、薬種・工芸品は封物にはみられなくなる。

これまで確認できた綿・穀（米）・胡麻油・漆のほか、『延喜式』にみられた越中国の特産品である絹・布・鮭など

表8　越中の中世荘園の年貢等にみえる物産（米を除く）

年	荘園	年貢等にみえる物産名	史料名	県史番号
建久2年（1191）	新保御厨	絹・綿・六丈布	「長講堂所領注文」	14
建久3年（1192）	弘田御厨	八丈絹・白布・綿・鮭・長日御幣紙	「伊勢大神宮神領注文」	16
	射水御厨	御贄鮭・生鮭		
弘長2年（1262）	石黒荘弘瀬郷	漆・御服綿	「関東下知状」	104
延慶元年（1308）	石黒荘太海・院林両郷	御服綿・糸花紙	「関東下知状」	148
延慶4年（1311）	石黒荘弘瀬郷重松名	御服綿	「円宗寺領石黒荘内弘瀬郷重松名吉五方実検目録」	151
嘉元3年（1305）＊	一瀬保	絹	「摂籙渡荘目録」	186
延元4年（1339）	弘田御厨	絹・布・綿・鮭・長日御幣紙	「諸国御厨御園帳案」	240
貞和元年（1345）	高瀬荘	御服綿・塩引鮭	「東大寺領高瀬荘預所代官頼暹年貢送文」	277
応永14年（1407）	新保御厨	年貢綿	「宣陽院御領目録」	553
応永31年（1424）	高瀬荘	呉服	「高瀬荘地頭方代官職宛行状案」	621
嘉吉2年（1442）	高瀬荘	御服	「下長国弘高瀬荘地頭方年貢請文」	698
康正2年（1456）	高瀬荘	綿	「井口国忠高瀬荘地頭方代官職請文」	734
長禄2年（1458）	高瀬荘	綿	「高瀬荘地頭方代官職補任状案」	747
長禄3年（1459）	高瀬荘	呉服	「高瀬荘地頭方代官職宛行状案」	751
文明18年（1486）頃	松永荘	御綿	「松永荘代官斎藤基守書状」	999

※県史番号は『富山県史　史料編Ⅱ 中世』（富山県、1975年）の史料番号。
＊は永原慶二『苧麻・絹・木綿の社会史』（吉川弘文館、2004年）p.130に拠る。

は、荘園公領制の進展とともに中世的な年貢に切り替わっていったと考えられる（表8）。ただし十一世紀以降の物産と生業については中世的な地域の産業構造の形成[110]に関わり、すでに中世越中人の問題であるので本稿の対象とはしない。

おわりに

本章では、生業に注目して越中の山野河海に生きる古代越中人の姿を探ってきた。文献史料を主に組み立てているので製鉄・製塩・土器生産など考古学の成果をふまえた考察をしていないが[三]、山野河海を基盤とした越中人の生業の多様性と特色の一端は浮き彫りにすることができたと考えている。

多岐にわたった論点を整理しておく。

（一）古代越中人の主たる生業は農耕であったが、さまざまな社会関係に影響を受けつつも山野河海を基盤とする暮らしの場の自然条件に応じた多様な生業を行っていた。その具体的なあり方は、古代の文献史料から知ることができる。

（二）万葉歌には、越中人が農耕、漁撈、採集など自然の産物を採取する生業と、自然の資源を利用する造船や酒造を行っていた様相が見出せる。ただし海人《あま》や農民による海・川・野での生業はみえるが、山での生業、特に狩猟は古代貴族の意識や関心の外にあってみえてこない。

（三）奈良・平安時代の越中人の生業は荷札木簡《にふだもっかん》や正倉院宝物《しょうそういんほうもつ》・『延喜式《えんぎしき》』などにみえる税物からわかる。越中四郡の越中人は水稲耕作を行う一方、狩猟も含め多様な生業を行い、採取・生産した多種の産物を越中の特産物として都へ貢進《こうしん》していた。生業には手工業もみられ、特に繊維製品には特色があった。

（四）繊維製品では奈良時代後半には綿《わた》・布《ぬの》、平安時代には絹《きぬ》も生産していた。とりわけ綿（真綿）は越中の特徴的な特産物で、越中四郡すべてで生産が行われ、奈良時代から平安時代にかけ越中国は綿の一大特産地であった。都へ貢進された越中の綿は「越中綿」と産地名を付けた高品質のブランド品として扱われ、都では写経《しゃきょう》事業や国際貿易品として、また律令官人《かんじん》の禄物《ろくもつ》や官司の経費、さらには天皇が貴族に賜与《しよ》する節禄《せつろく》として支給されるなど、国家的な需要を満たしていた。こうしたあり方から古代越中国は「真綿の国」であったということができる。

（五）越中で綿の生産が盛んになった背景には、地域の豪族や富豪層《ふごうそう》による生産組織の存在や秦人部《はたひとべ》による渡来《とらい》系技術の伝来があると考えられ、古くから在地に根ざした伝統の重みのある物産であった可能性がある。また生産の基底要因には越中地域が桑の栽培や養蚕に適していたという自然条件があったものと考えられる。また平安時代には綿のほか布・絹などの繊維製品の生産が活発になるとともに、一部は富豪層が集積し、交易品として広く流通していたと考えられる。

（六）『延喜式』によれば、越中国は綿の貢進国としては北限の地域であり、布の貢進国としては日本海側で北西限の地域であった。越中はいわゆる「布経済圏」・「綿経済圏」のちょうど重なり合う地域にあたっている。そこに本州日本海側において〝中間地帯〟に位置する越中の地域性がみられる。

（七）『延喜式』には、「真綿の国」越中のブランド品の綿のほか、「山野河海の国」越中を象徴した特産物を天皇の供御物《くごもつ》として貢進する御贄《みにえ》、「薬の国」越中の薬種《やくしゅ》、「ものづくりの国」越中の工芸品といった新たな税物もみられる。

（八）『平安遺文』には、九世紀末から十二世紀初頭までの時期に東大寺や東寺《とうじ》に対し越中の封戸《ふこ》が税物として綿・胡麻油《ごまあぶら》・漆《うるし》などの特産物を貢進していたことがみえる。越中の綿の貢進は奈良時代から継続しており、「真綿の国」越中は約四〇〇年間の歴史があった。

注

（1）本書では、新日本古典文学大系『続日本紀』一～五（岩波書店、一九八九年～一九九八年）を使う。
（2）吉田孝『律令国家と古代の社会』（岩波書店、一九八三年）一五八・一五九頁。
（3）川崎晃『万葉の史的世界』（慶應義塾大学出版会、二〇一八年）第三部第五章「越中の大伴家持」。
（4）黒田日出男『日本中世開発史の研究』（校倉書房、一九八四年）。木村茂光『ハタケと日本人』（中央公論社、一九九六年）。
（5）条里制・古代都市研究会編『古代の都市と条里』（吉川弘文館、二〇一五年）の「古代都市編Ⅲ五畿七道の国府」に載る拙稿「4北陸道　越中」で越中国司の館が伏木台地上に散在していたことを述べている。
（6）『大日本古文書　編年之二』所収の「但馬国正税帳」に「春秋弐度出挙官稲巡行官人」「為観風俗并問百姓消息官人」「領催百姓産業巡行官人」とある。「領二催百姓産業一」は「百姓の産業を領《うなが》し催す」と読み、百姓の生業を督励すると解した。早川庄八『日本の歴史　第4巻　律令国家』（小学館、一九七四年）を参考にしている。
（7）藤井一二「大伴家持の国内巡行と出挙」（地方史研究協議会編『情報と物流の日本史―地域間交流の視点から―』、雄山閣出版、一九九八年）。
（8）『和名類聚抄』巻十八「羽族部・羽族名・鷹」。
（9）前掲・藤井一二「大伴家持の国内巡行と出挙」。
（10）藤田富士夫『古代の日本海文化』（中央公論社、一九九〇年）一二三頁。
（11）森浩一「潟と港を発掘する」（大林太良編『日本の古代3　海をこえての交流』、中央公論社、一九八六年）。前掲・藤田富士夫『古代の日本海文化』。
（12）羽原又吉はこの史料から「奈良朝時代の漁業の発達も可なりの程度にあったことが想像し得られる。」としている（『日本

古代漁業経済史』、改造社、一九四九年）一九一頁。
(13)『和名類聚抄』巻十一「舩部・舟具・柂」。
(14)和船建造技術を後世に伝える会調査報告書Ⅴ『とやまの海と船』（和船建造技術を後世に伝える会、二〇一六年）。
(15)藤田富士夫「日本海文化の中の古代越中」（高岡市萬葉歴史館叢書24『万葉集と環日本海』、高岡市万葉歴史館、二〇一二年）四十八頁。
(16)新編日本古典文学全集『萬葉集④』（小学館、一九九六年）の頭注。
(17)廣瀬誠『越中萬葉と記紀の古伝承』（桂書房、一九九六年）一九八・一九九頁が詳しい。
(18)「伴」は一定の職務をもって大和王権に仕える集団を広くさしていう。大伴氏も本来、軍事で大和王権に大きく奉仕する「伴」であった。律令制下でも伴は存在し続けている。大和王権の伴（トモ）制については、狩野久『日本古代の国家と都城』（東京大学出版会、一九九〇年）参照。
(19)樋口知志「川と海の生業」（『列島の古代史2　暮らしと生業』、岩波書店、二〇〇五年）一二八〜一三一頁。
(20)前掲・廣瀬誠『越中萬葉と記紀の古伝承』一八三・一八四頁。
(21)平林章仁『鹿と鳥の文化史―古代日本の儀礼と呪術』（白水社、二〇一一年）一六六〜一七〇頁。
(22)松嶋順正編『正倉院寶物銘文集成』（吉川弘文館、一九七八年）。杉本一樹「正倉院の繊維製品と調庸関係銘文―松嶋順正編『正倉院宝物銘文集成』第三編補訂　図版編―」（『正倉院紀要』四二号、二〇二〇年）。
(23)平城京二条大路・平城京左京二条二坊十二坪から出土した木簡（『木簡研究』五、木簡学会、一九八三年）。
(24)『大日本古文書　編年之四』三六九。『正倉院古文書影印集成』一―六七。
(25)『木簡研究』十一（木簡学会、一九八九年）。
(26)田中卓『住吉大社神代記の研究　田中卓著作集7』（国書刊行会、一九八五年）。
(27)米沢康「越国守阿倍引田臣比羅夫考」（『北陸古代の政治と社会』法政大学出版局、一九八九年）。『万葉集』巻十六・三八七八の能登国歌の一首に出てくる「新羅斧」は造船のための工具とも考えられ、渡来系の高い造船技術を有していた可能性がある。

(28)浅香年木は「船木伐る」の歌について「古代の特定の時期に、畿内の王権によって、ノト（能登）が、船材の伐採とその漕運・造船活動の重要拠点の一つとして意識され、そのための山林資源と労働力が、舟木部の形で確保されたことの証左となし得る。」とする（『古代地域史の研究　北陸の古代と中世1』、法政大学出版局、一九七八年）九十二頁。この見方を支持する。
(29)『富山県史　通史編Ⅴ　近代上』（富山県、一九八一年）七四〇頁。『福光町史』（福光町史編纂委員会編、福光町、一九七一年）五六一頁。
(30)森田喜久男『能登・加賀立国と地域社会』（同成社、二〇二一年）第二章第三節「越中守大伴家持の能登巡行―『万葉集』の作品を素材として―」。
(31)前掲・廣瀬誠『越中萬葉と記紀の古伝承』七十一頁。
(32)前掲・吉田孝『律令国家と古代の社会』一五九頁。
(33)海水産物など古代の食物に関しては、関根真隆『奈良朝食生活の研究』（吉川弘文館、一九六九年）を参考にしている。
(34)米沢康「越中国の木簡三題」（前掲・米沢康『北陸古代の政治と社会』）一〇九頁。
(35)木本秀樹『越中古代社会の研究』（高志書院、二〇〇二年）三三二頁。
(36)奈良国立文化財研究所『平城京　長屋王邸跡―左京二条二坊・三条二坊発掘調査報告―』（吉川弘文館、一九九六年）。
(37)前掲・関根真隆『奈良朝食生活の研究』一四二・二四三頁。
(38)前掲・松嶋順正編『正倉院寶物銘文集成』。杉本一樹「正倉院の繊維製品と調庸関係銘文―松嶋順正編『正倉院宝物銘文集成』第三編補訂　後編―」（『正倉院紀要』四一号、二〇一九年）。前掲・杉本一樹「正倉院の繊維製品と調庸関係銘文―松嶋順正編『正倉院宝物銘文集成』第三編補訂　図版編―」。
(39)前掲・杉本一樹「正倉院の繊維製品と調庸関係銘文―松嶋順正編『正倉院宝物銘文集成』第三編補訂　図版編―」。
(40)早川庄八「古代美濃の手工業」（『日本古代の財政制度』、名著刊行会、二〇〇〇年）二六六頁。
(41)筒井英俊編纂兼校訂者『東大寺要録』（国書刊行会、一九七一年）巻第二・供養章第三「開眼供養会」四十九・五十頁。
(42)東野治之「調墨書銘二題」（『正倉院文書と木簡の研究』塙書房、一九七七年）三五九頁。

(43)「屯」については、木本秀樹「綿の数量「屯」について」(『越中古代社会の研究』、高志書院、二〇〇二年)。
(44)吉川真司「税の貢進」(平川南・沖森卓也・栄原永遠男・山中章編『文字と古代日本3　流通と文字』、吉川弘文館、二〇〇五年)三十六頁。同論文は『律令体制史の研究』(岩波書店、二〇二二年)に所収(該当箇所は三〇六頁)。
(45)日本歴史地名大系第一六巻『富山県の地名』(平凡社、一九九四年)。
(46)前掲・杉本一樹「正倉院の繊維製品と調庸関係銘文―松嶋順正編『正倉院宝物銘文集成』第三編補訂　後編―」。
(47)永原慶二『苧麻・絹・木綿の社会史』(吉川弘文館、二〇〇四年)十・一〇九頁。
(48)平城宮内裏北方官衙遺跡出土の荷札木簡「豊前国宇佐郡調黒綿壱伯屯四両屯神亀四年」(『日本古代木簡選』岩波書店、一九九〇年)の二二二号。『大日本古文書』編年之六「奉写一切経所解」三七九。関根真隆『奈良朝服飾の研究』(吉川弘文館、一九七四年)。
(49)『延喜式』主計上式の調・庸・中男作物に綿が指定されている国である。但馬国は『延喜式』主計上式では綿の貢進国になっていないが、庸の「絹」は「綿」の誤りとみる吉川真司説に従う(吉川真司「古代但馬の繊維生産と流通」、前掲・『律令体制史の研究』)三八三頁。
(50)米沢康「越中国の調綿」(前掲・『北陸古代の政治と社会』)九十三頁。
(51)『大日本古文書』編年之四「檜皮葺蔵収納雑物注文」四六五・四六六。
(52)『大日本古文書』編年之四「雑物請用帳」(天平宝字四年)四六五。
(53)『大日本古文書』編年之十四「後一切経料雑物納帳」四三一。
(54)『大日本古文書』編年之二十五「檜皮葺蔵収納雑物検注文」三〇五。
(55)『大日本古文書』編年之十六「奉写二部大般若経料雑物納帳」七二。
(56)『大日本古文書』編年之六「奉写一切経所告朔解」二九三。
(57)前掲・吉川真司「税の貢進」。
(58)栄原永遠男『正倉院文書入門』(角川学芸出版、二〇一一年)一一五頁。
(59)前掲・栄原永遠男『正倉院文書入門』八二・八三頁「図2―1　写経所の変遷と写経事業」。

(60) 栄原永遠男『奈良時代流通経済史の研究』(塙書房、一九九二年) 六十三頁・二一四〜二一六頁。「外国」と出てくる史料は「飯高息足状」(『大日本古文書』編年之十六―三四〇〜一)。
(61) 栄原永遠男「難波における経済活動」(前掲・『奈良時代流通経済史の研究』) 一五七頁。
(62) 東野治之「正倉院氈の墨書と新羅の対外交易」(前掲・『正倉院文書と木簡の研究』) 三五二頁。
(63) 木本秀樹「情報の伝播と環日本海諸国との交流」(前掲・『越中古代社会の研究』) 三一二頁。
(64) この点について、前掲・永原慶二『苧麻・絹・木綿の社会史』に多くを学んでいる。ただし本文にも記したが、古代では絹と錦・綾・羅などの高級絹織物とは区別されており、絹織物として括ることはできず、むしろ絁に近い織維製品である。
(65) 石母田正「古代・中世社会と物質文化」(『石母田正著作集第二巻　古代社会論Ⅱ』、岩波書店、一九八八年)。同論文の初出は『日本考古学講座』第七巻(河出書房、一九五六年)。浅香年木『日本古代手工業史の研究』(法政大学出版局、一九七一年)。
(66) 栄原永遠男「技術における地方と中央」(前掲・『奈良時代流通経済史の研究』) 三三五頁。
(67) 狩野久「律令制収奪と人民」(『日本古代の国家と都城』、東京大学出版会、一九九〇年)。
(68) 例えば、本稿の立論で大きな影響を受けている栄原永遠男氏が「延喜式段階で絹を貢納する国々は、駿河一国をのぞいて、上糸または中糸の貢納国である(越中国は不明)。」(前掲・『奈良時代流通経済史の研究』三三一頁) としている。
(69) 早川庄八「古代美濃の手工業」(『日本古代の財政制度』、名著刊行会、二〇〇〇年)。
(70) 加藤謙吉『秦氏とその民　渡来氏族の実像』(白水社、一九九八年) 八十二頁など。
(71) 『大日本古文書』編年之四―三八二。
(72) 『大日本古文書』家わけ十八・東大寺文書四。『日本荘園絵図聚影一上東日本一』(東京大学出版会、一九九五年)。「秦石山」の解読は藤井一二『東大寺開田図の研究』(塙書房、一九九七年、一九三頁) による。
(73) 木本秀樹「「越中国官倉納穀交替記残巻」とその周辺」(前掲・『越中古代社会の研究』)。
(74) 浅香年木「古代のコシと対岸交流」(前掲・『古代地域史の研究　北陸の古代と中世1』) 二十六頁。
(75) 越中国が「真綿の国」になった始まりの時期が気になるところであるが、詳細は不明とするしかない。ただし和銅七年

（七一四）二月に「人足二衣食一、共知二礼節一、身苦二貧窮一、競為二奸詐一。宜下今輸二絁・糸・綿・布調一国等、調庸以外、毎レ人儲二糸一斤、綿二斤、布六段一、謂二年十五以上、六十五以下者一。以資二産業一、无上レ使二苦乏一。国郡能加二監察一、務依レ数儲備者、加二考一等一。或里長者免二当年調一。若以二虚妄一顕称、国郡司即解二見任一、里長徴レ調止レ掌。」（「人、衣食足れば、共に礼節を知り、身、貧窮に苦しめば、競ひて奸詐《かんさ》を為す。今、絁・糸・綿・布の調を輸《いだ》す国等は、調・庸より以外に、人毎に糸一斤《きん》、綿二斤、布六段《たん》を儲けて、年十五以上、六十五以下の者を謂ふ。産業《なりはひ》を資《たす》け、苦乏せしむること无《な》からしむべし。国・郡、能《よ》く監察を加へて、務めて数に依りて儲け備へしむる者には、考一等を加へよ。或は、里長《さとをさ》には当年の調を免《ゆる》せ。若し虚妄を以て顕《あらは》に称《まう》さば、国郡司は即《すなは》ち見任を解き、里長は調を徴《はた》りて掌ることを止《とど》めむ」とする詔《みことのり》が出され（『続日本紀』和銅七年二月辛卯条）、調として絁・糸・綿・布を貢進する国々に糸・布の他に綿を人毎に貯《たくわ》え備えることが命じられている。越中国は調綿を貢進する国であるから該当する。奈良時代初めにおける律令国家のこの政策的措置が「真綿の国」越中を生み出すきっかけであったとみなすことはできないだろうか。

(76)『類聚三代格』巻八・農桑事・大同二年正月廿日太政官符所引天平二年五月六日格。宮本救『律令田制と班田図』（吉川弘文館、一九九八年）十頁。

(77)『大日本古文書』編年之四―三八〇。

(78) 後世の史料であるが、明治十七年（一八八四）農商務省大書記官の前田正名《まさな》が編纂した『興業意見』の富山県の部に興味深い記述がある。「富山県ノ蚕業ハ其由来甚タ久遠ナリト雖モ唯砺波郡五箇山各村婦負郡八尾地方ニ止マリ他ノ郡村ハ皆数年前ノ創始ニシテ大抵山桑ヲ資スルモノナレハ桑園ト称スヘキモノ甚タ少ナシ…今各郡荒蕪ノ原野ヲ概計スルニ凡ソ六七千余町歩アリ皆培桑ニ適セリ」と記し、越中各郡の原野が桑園の適地であるとしている。この史料は『富山県史　史料編Ⅵ　近代上』（富山県、一九七八年）に収録されている（史料番号一八四）。

(79) 奈良国立文化財研究所『西隆寺発掘調査報告書』（一九七六年）。

(80) 当時の米の収穫には先に出挙の説明でふれた穂付（穂首刈り）の穎稲《えいとう》と根刈りの後に脱穀をした穀《こく》（籾米）の二形態があり、舂白《しょうはく》作業を経たものを米（玄米・白米）といい区別があった。佐藤信「米の輸貢制にみる律令財政の特質」（『日本古代の宮都と木簡』、一九九七年）参照。本書では特に断らない限り水稲耕作での収穫物を広く米として表現する。

(81)『木簡研究』二十（木簡学会、一九九八年）。
(82)前掲・『木簡研究』二十。
(83)拙稿「律令国家と越中の米」（地方史研究協議会編『情報と物流の日本史―地域間交流の視点から―』雄山閣出版、一九九八年）。
(84)藤井一二「東大寺領荘園の形成と支配」（『初期荘園史の研究』、塙書房、一九八六年）。
(85)『続日本紀』天平十九年九月乙亥条。
(86)『東大寺要録』巻第二・縁起章第二「造寺材木知識記」。
(87)藤田大介・湯口能生夫「富山県朝日町宮崎沿岸の海藻」（『富山県水産試験場研究報告』第６号、一九九五年）。
(88)廣岡孝信「奈良時代のヒツジの造形と日本史上の羊」（『奈良県立橿原考古学研究所紀要　考古学論攷　第４１冊、二〇一八年）。
(89)東野治之・池山紀之「日本古代の蘇と酪」（東野治之『長屋王家木簡の研究』、塙書房、一九九六年）。
(90)成瀬正和『日本の美術　第４３９号　正倉院宝物の素材』（至文堂、二〇〇二年）六十三頁。
(91)『大日本古記録　九暦』（岩波書店、一九五八年）所収「九條殿記」。
(92)残菊の宴については石村貞吉『有職故実（上）』（講談社、一九八七年）に詳しい説明がある。本来九月九日に宮中で行っていた重陽の宴（菊花の宴とも）が、醍醐《だいご》天皇の忌日に当たるため村上《むらかみ》天皇の時代に十月五日に実施されるようになり、残菊の宴といわれた。この宴では無病息災《むびょうそくさい》、長久《ちょうきゅう》を願い酒の中に菊花を浮かべた菊酒《きくざけ》がふるまわれたが、真綿も重要な役割を果たしている。石村の解説は次の通りである。「この日に菊を翫《もてあそ》ぶために、前日の夜の露に花の色のうつろうことを恐れて、真綿《まわた》を、菊花の大小に随《したが》い、丸く薄く平らにして、黄色にも、赤色にも、その花の色々に染《そ》めて、花の上にかぶせ置くことをする。これを「菊のきせ綿《わた》」といった。またこれによって、菊の花の香が、この綿に染《し》みうつるので、この綿で、顔や、その他の体の部分を拭《ぬぐ》うと、老いを拭い去ることができて、仙境《せんきょう》に咲くという菊にあやかって、長命延《ちょうめいえん》寿《じゅ》の効能があると称したものであった。」（三三〇頁）。節禄は節会に参列した官人に賜与される禄で、『延喜式』大蔵省には正月七日・同十六日・九月九日・十一月の新嘗《にいなめ》会に絁や綿を支給することが定められている。『延喜式』の規定によれば、諸節会における綿の需要は莫大であった。九月九日が重陽の宴である。節禄は九世紀には官人給与として大きな経済的意義をもつようになった（大津透「節禄の成立」『古代の天皇制』、岩波書店、一九九九年）。
(93)『群書類従　第六輯』（続群書類従刊行会、一九八〇年訂正三版第四刷発行）「九條年中行事」では、「御服料国」として伊勢・参河・近江・美濃・備前・阿波の六か国が絹・綾・帛・糸を進め、石見・越中の両国は綿を進めることになっている。越中は「細屯」であった。この史料も傍証になる。
(94) 吉川真司「律令官人制の再編過程」（『律令官僚制の研究』、塙書房、一九九八年）。
(95) 史料は『大日本古文書』編年之十六「東大寺奉写大般若経所解案」三七六〜八二、及び同「奉写二部大般若経用度解案」五九〜六八。
(96) 前掲・関根真隆『奈良朝服飾の研究』十五頁。
(97) 前掲・栄原永遠男『奈良時代流通経済史の研究』七十七頁。
(98) 戸田芳実『日本領主制成立史の研究』（岩波書店、一九六七年）。
(99) この訓読は前掲・戸田芳実『日本領主制成立史の研究』一四三頁による。
(100) 前掲・宮本救『律令田制と班田図』十頁。
(101) 吉川真司「古代但馬の繊維生産と流通」（前掲・『律令体制史研究』）。
(102)『類聚三代格』巻六・公粮事。
(103)『新抄格勅符第十巻抄』。
(104) 勝山清次「平安時代後期の封戸制」（『中世年貢制成立史の研究』、塙書房、一九九五年）一〇一頁。
(105) 前掲・米沢康「越中国の調綿」九十六頁。
(106)『東大寺要録』巻第六・封戸水田章第八「封戸廿一箇国二千七百戸事」。
(107) 前掲・勝山清次『中世年貢制成立史の研究』一一六頁。
(108) 調綿記載の右に「丹付之絹二百疋　代六百石」の注記があり気になる。「丹付之」の意味は不明であるが、封物が綿から絹に変更されたのであろうか。絹は『延喜式』では越中の交易雑物に入っているものの、他に史料がない。「封戸勘記」では近江国の「調絹百四十二疋五丈二尺五寸」、越後国の「調絹百九十二疋」、讃岐国の「調絹百二十二疋二丈二尺五寸」、伊予国「調絹二百四疋五丈二尺五寸」といったところが絹指定で多い国であるが、二〇〇疋を超えるのは伊予国のみである。なお、「丹付之絹二百疋　代六百石」の解釈については吉川真司氏より私信で、「綿から絹へ」という収取実態の変化と関わりがある朱筆の書き付けではないかという有益なご示唆をえた。越中在地における綿と絹の生産のあり方につながる問題であり、今後の重要な検討課題であることがわかった。吉川氏に感謝申し上げる。

(109) 前掲・米沢康「越中国の調綿」九十八頁にすでに指摘がある。

(110) 前掲・勝山清次『中世年貢制成立史の研究』二一〇頁。この問題に関して手工業生産に焦点をあてた先駆的業績に前掲・浅香年木『日本古代手工業史の研究』がある。

(111) 考古学的知見に基づく越中在地の手工業生産に関する成果には、宇野隆夫『考古資料にみる古代と中世の歴史と社会』（真陽社、一九八九年）・『律令社会の考古学的研究　北陸を舞台として』（桂書房、一九九一年）、椭木謙周「古代越中における手工業生産の展開とその背景」（『富山の自然と文化』、富山大学理学部、一九九一年）、岸本雅敏『日本古代の塩生産と流通』（吉川弘文館、二〇二一年）などがある。

四　征夷《せいい》と越中国

はじめに

八世紀の初めから九世紀の初めにいたる約一世紀の間、律令国家は蝦夷《えみし》に対して軍事的な行動を続けた（表1）。目

征夷に関連する負担物資等（数量）…負担国→［物資入先］ ＊個人は省略。征夷年次に向けた事前準備を含む。
器…諸国→［出羽柵］ (100艘)…越前・越中・越後・佐渡→［征狄所］
・釜…七道諸国→［不明］、綵帛（200疋）・絁（1000疋）・(6000屯)・布（1万端）…坂東9国→［陸奥鎮所］
士の器杖…相模・上総・下総・常陸・上野・武蔵・下→［桃生城・雄勝城］
(10000屯）…京庫→陸奥国、綿（5000屯）…甲斐・模→［陸奥国］
(50隻購入）…安房・上総・下総・常陸→［陸奥国］ (200領）…相模・武蔵・下総・下野・越後→［出羽鎮戍］
(600領）…京庫・諸国→［鎮狄将軍之所］、糒（30000準備）…坂東諸国・能登・越中・越後、甲（1000領）尾張・参河等5国→軍所（征東使）、襖（4000領）…東海・山諸国→［征東使］、糒（6000斛）…下総→［軍所］、(10000斛）…常陸→［軍所］、穀（10万斛）…相模・蔵・安房・上総・下総・常陸→［陸奥軍所］
…坂東8国→［鎮所］
粮(35000余斛)…陸奥国→［多賀城］、糒(23000余斛)東海・東山・北陸等国→［陸奥国］、塩…東海・東山・陸等国→［陸奥国］
甲(2000領)…東海道駿河以東・東山道信濃以東の諸国、粮糒（14万斛）…東海道相模以東・東山道上野以東諸国、鉄甲（3000領修理）…諸国、征箭（34500余具）東海・東山二道諸国、軍粮糒（12万斛）…坂東諸国
(鎮兵粮毎年10600斛）…越後→出羽国雄勝城、塩（鎮粮毎年120斛）…佐渡→［出羽国雄勝城］、米(3000斛)越後→［造志波城所］、塩（30斛）…越後→［造志波所］、糒（14315斛）・米（9685斛）…武蔵・上総・下・常陸・上野・下野・陸奥→［陸奥国小田郡中山柵］

・出典は『続日本紀』『日本後紀』『日本紀略』『類聚国史』

四　征夷と越中国

表1　律令国家と征夷

天皇	征夷年次（西暦）	内容	兵士等
元明	和銅2（709）	征夷	遠江・駿河・甲斐・常陸・信濃・上野・陸奥・越前・**越中**・越後
元正	養老4（720）	征夷	（陸奥・石背・石城）、遠江・常陸・美濃・武蔵・越前・出羽、蝦夷
聖武	神亀元（724）	征夷	坂東9国3万人、（行賞者1696人）
	天平9（737）	奥羽直路開削	常陸・上総・下総・武蔵・上野・下野騎兵1000人、陸奥国兵5000人、鎮兵499人、帰服狄俘249人、出羽国兵500人、帰服狄140人
淳仁	天平宝字2～3（758～759）	桃生・雄勝築城	坂東騎兵、鎮兵、役夫、夷俘、浮浪人、郡司･軍毅、鎮兵・馬子（計8180人）
称徳	神護景雲元（767）	伊治築城	軍毅、諸国軍士、蝦夷、俘囚
光仁	宝亀5～6（774～775）	征夷	（行賞者1790余人）
	宝亀7～9（776～778）	征夷	陸奥国軍士2万人、出羽国軍士4000人、（陸奥軍3000人）、下総･下野･常陸騎兵、（征戦有功者2267人）
	宝亀11（780）	覚鱉築城	陸奥国軍士3000人、俘軍
	宝亀11～天応元（780～781）	征夷	坂東軍士、（歩騎数万）
桓武	延暦3（784）	征夷	（準備のみで実施に至らず）
	延暦8（789）	征夷	東海・東山坂東諸国歩騎52800人、（征軍27470人、輜重12440人）、（有功者4840余人）
	延暦13（794）	征夷	10万人
	延暦20（801）	征夷	4万人
	延暦23（804）	征夷	（準備のみで実施に至らず）
嵯峨	弘仁2（811）	征夷	陸奥・出羽両国軍士20600余人（19500余人＋11[illegible]人）、陸奥・出羽両国俘軍各1000人
	弘仁4（813）	征夷	

・鈴木拓也『蝦夷と東北戦争』（吉川弘文館、2008年）を参考に作成した。

的は東北方面への版図の拡大であった。蝦夷とは列島東北部に住んでいる国家の支配に組み込まれていない多様な人々を国家が一括して呼んだ呼称である。[1] 国家の側からすれば蝦夷は征討すべき対象であり、その戦いは「征夷」（蝦夷征討の略であるが、当時の用語）であった。本章では、この征夷において越中国がどのような役割を担っていたのかを探りたいと思う。

これまで越中古代史の研究において征夷の問題は取り上げられ、越中国は征夷における「後方兵站《へいたん》基地」の一つであったと説明されている。[2] しかし、いつの時点で、どのような役割を具体的に担っていたのかという点になると意外と漠然としている。征夷は百年間も継続的に続いたのである。そこで本論考では、『続日本紀《しょくにほんぎ》』などの正史を用いて、征夷をいくつかの段階に分け、それぞれの段階における越中国の役割の内容を確かめ、歴史的変遷をみていく方法をとることにしたい。

1. 和銅二年の征夷と越中国

越中国が最初に対応を迫られた征夷は和銅二年（七〇九）の征夷であった。この征夷は律令国家による最初の征夷でもある。『続日本紀』によれば、陸奥《むつ》・越後二国の蝦夷が「良民」を侵害したため、同年三月、遠江《とおとうみ》・駿河《するが》・甲斐《かい》・常陸《ひたち》・信濃《しなの》・上野《こうづけ》・陸奥・越前・越中・越後の国々から兵士を徴発し、あわせて陸奥鎮東《ちんとう》将軍、征越後蝦夷《せいえちごかい》将軍・同副将軍らを任命し、直ちに東山《とうさん》道・北陸《ほくろく》道の二方面から陸奥・越後に向けて進軍があり、征夷が発動した（三月壬戌条、なお、常陸・陸奥・越後の三国は九月己卯条で補った）。

その後数か月の具体的経過については不明だが、七月になって「蝦狄《かてき》」を討つため諸国から兵器を出羽柵《でわのき》に運送させ（七月乙卯朔条）、越前・越中・越後・佐渡の北陸道四国からは船一〇〇艘《そう》を征狄所《せいてきじょ》に送らせたと『続日本紀』は記している（同月丁卯条）。この記載に続くのは、八月戊申条の征蝦夷将軍佐伯宿祢石湯《さえきのすくねいわゆ》及び同副将軍紀朝臣諸人《きのあそんもろひと》が入朝して「優寵」が加えられたとする記事である。九月には「征狄将軍等」に対して論功行賞が行われ（九月乙丑条）、また従軍兵士に対する「復除」措置が施されている（同月己卯条）ので、八月中には征夷が完了していたことになる。

こうした経過からすれば、最初の征夷の最終局面が日本海側の出羽柵（山形県庄内地方）・征狄所[3]にあったことは確かである。しかも、ここで注目したいのは、北陸道四国から征狄所に船一〇〇艘を送る時点が征夷の完了する前月だということである。北陸道四国の役割がこの征夷の帰趨を左右するほど重要であったと考えられる。

それにしても『続日本紀』の語ることは少ない。何のために船一〇〇艘を征狄所に送り、船を何に使ったのか、具体的には何一つわからない。しかしこの措置を、七世紀における北陸と列島北方との関係史と関連づけると、少し踏み込んだ理解ができると思われる。

そこで遡って、七世紀の阿倍臣比羅夫《あべのおみひらふ》の北方遠征についてみておきたい。

比羅夫の遠征は、七世紀末の越国《こしのくに》（高志国）の三分割以前になされている。比羅夫は越国守《かみ》として遠征にのぞみ、北方日本海側の蝦夷集団と個別的な接触を図って、大和王権のくさびを打ち込もうとした。熊谷公男氏は比羅夫の北征の目的を貢納《こうのう》制支配の点的な拡大を意図したものとされ、八世紀以降の征夷との違いをみている[4]。この遠征において、比羅夫に従い活躍したとされるのが船師《ふないくさ》である。船師は、阿倍氏家記に由来する三記事にみえ、いずれも総括的部分に登場し、阿倍臣に率いられて「蝦夷」「蝦夷国」「粛慎《しゅくしん》国」を伐った主兵力であるかのように記されている（『日《に》本書紀《ほんしょき》』斉明四年四月条・斉明五年三月是月条・斉明六年三月条）。この遠征において船師が重要な役割を果たしていることは確かであろう。船師は「船師一百八十艘」「船師二百艘」と船数と結びつく用語であり、神功《じんぐう》皇后摂政前紀に

「夫興レ師動レ衆、国之大事」（「夫《そ》れ師《いくさ》を興し衆《もろもろ》を動《うごか》すは、国の大事《おほきこと》なり。」）とする師や仲哀天皇九年十月辛丑条の「船師」の使用例を参考にすれば、船の師つまり船の軍団であると理解できる。後世の水軍とは区別する必要があるが、船に乗って移動する兵士集団という意味で広く水軍とみなしてよいだろう。船数には誇張があると考えられているが(5)、中国では旅を五〇〇人の軍隊、五旅を師とすることから(6)、その例にならった数かもしれない。試しに計算してみると、二五〇〇人（一師）の軍隊で一船乗員数約十二人から十四人ぐらいとなる。古代では遣唐使船など外洋航海が可能な中国形構造船（ジャンク形構造船）は特殊であり、刳《くり》船や準構造船が一般的に使用され(7)、規模的には挟杪《かじとり》（梶取）一人水手《かこ》十人の計十一人で八十石の米を運漕《うんそう》した例もあるので(8)、一船の乗員数として無理はない。

遠征軍の主体は能登臣馬身龍《のとのおみまむたつ》（斉明紀六年三月条）のような越国在地の豪族に率いられた国造《くにのみやつこ》軍ないし評造《こほりのみやつこ》軍であった(9)。越地域の豪族の中には、古墳時代、日本海沿岸に発達していた潟湖《せきこ（かたこ）》を拠点にして海人《あま》集団を率い、日本海域で海上交易などを行いながら勢力を誇った〝海に君臨する王者〟がいたと指摘されている(10)。国造軍ないし評造軍には在地の豪族が率いる海人集団も含まれていたに違いない。また米沢康が指摘するように(11)、能登の優れた造船技術が基盤にあったと考えられる。

こうした越国の水軍の北方遠征参加という歴史をふまえれば、和銅二年七月丁卯条の記事は、比羅夫の北方遠征と同じく「水軍による海路からの進攻という方法がとられた(12)」と理解するのが適当である。先の試算にあてはめると、一〇〇艘で一二〇〇人から一四〇〇人規模の水軍である。越国の地域的実態(13)である越前・越中・越後の三か国が対象とされたことも裏付けになる。比羅夫の北方遠征に参加した越国の水軍の経験を生かした動員を想定することはさほど無理ではない。征夷軍と比べられることの多い征隼人《はやと》軍の編成について、軍団外にある郡司《ぐんじ》が率いる国造軍が参加していたとする指摘も参考になる(14)。和銅初年における最初の征夷では、越国の水軍の伝統をふまえた北陸の関わりが考えられ、その中で越中国は旧越国の越前・越後及び北辺の佐渡とともに征夷に際して「水軍の発進基地」としての役割を担っていた可能性が高い。

これ以降、北陸と征夷との関わりは変化し、同じく越地域の国々であっても征夷との関係は異なってくる。果たして越中国はどのような役割を担っていくのか。次節以下でみていきたい。

2. 陸奥・出羽間の連絡路開設

天平五年（七三三）十二月、出羽柵が最上川《もがみがわ》河口（山形県酒田市付近）から雄物川《おものがわ》河口の秋田村高清水《たかしみず》の岡（秋田市寺内）に遷《うつ》され（『続日本紀』同年十二月己未条）、日本海側の出羽方面では蝦夷経略の前線が北方に延びた。この出羽柵はのちに秋田城となる。陸奥地方に対して、出羽方面で著しく延びたのは、日本海沿岸の要衝にある蝦夷を海路から攻撃鎮定《ちんてい》するという作戦がとられたためと考えられている[15]。たとえ陸路に障害があったとしても日本海から陸地に到達し、柵を築くことは可能であり、〝点的〟・〝飛石的〟な拠点の拡大は容易であった。日本海側の征夷においては、日本海海路の存在によって北陸道諸国の兵力や物資を効果的に投入することができていたといえる[16]。

しかし、北陸道から北方へ、東山道《とうさんどう》ないし東海道《とうかいどう》から東方へという征夷の基本的な両道作戦において、後者の東方にあたる陸奥側での征夷に際して北陸が十分に関わり得なかったことも事実である。ところが、この状況を一変させる出来事が天平年間にあった。陸奥・出羽間の連絡路開設である。

天平九年正月、陸奥按察使《あぜち》大野《おおのの》朝臣《あそん》東人《あずまひと》は、雄物川上流の男勝《おがち》（雄勝）村を征して陸奥国から出羽柵に達する直路を開くべきことを奏《そう》し、それが受け入れられ、藤原《ふじわらの》朝臣《あそん》麻呂《まろ》を持節《じせつ》大使にして雄勝村の征夷が開始された（『続日本紀』同年正月丙申条）。そして、すでに多賀柵《たがのき》から陸奥国賀美郡《かみ》の色麻柵《しかまのき》に移っていた陸奥鎮守《ちんじゅ》将軍でもある大野東人が同柵で軍を整えて雄勝村征討に向かい、あわせて直路建設に取りかかった（同年四月戊午条）。征討軍は、或いは石を砕き樹を伐りながら、或いは谷を埋め峯をけずりながら、その日のうちに出羽国最上郡玉野《たまの》の大室駅《おおむろのうまや》に到り、その間八十里（約四十二キロメートル）の道を新開することに成功、さらに八十里北上して賊地内の比羅保許山《ひらほこ》まで進んだ（同上）。おそらく新道の開設は三月中のことであろう。(17) しかし、降り積もった深い雪に阻まれ、雄勝村まで五十余里を残して軍は引き返し、四月十一日には東人は多賀柵に帰還した（同上）。

　結局、このとき雄勝村の征討は叶わず、比羅保許山から先、出羽柵までの直路の建設もならなかったのであるが、ここで見逃してはならないのは陸奥国色麻柵から出羽国大室駅までの連絡路は新しく開かれていることである。帰還後の東人の麻呂への報告によれば、「従㆓賀美郡㆒至㆓出羽国最上郡玉野㆒八十里、雖㆓惣是山野形勢険阻㆒、而人馬往還無㆓大艱難㆒。」（「賀美郡より出羽国最上郡玉野までの八十里は、惣《すべ》て是《こ》れ山野の形勢険阻《けむそ》なれども、人馬の往還、大なる艱難《かんなん》無し。」）と、新道が開通して形勢険阻な奥羽山脈を人馬が容易に横断できるようになった成果を誇っている（同上）。従来その意義は十分にとらえられていないのではなかろうか。当時政府は、征夷の効果を高めるために、陸奥・出羽間の緊密な連絡を必要としていたとされ、(18) その意味ではこの陸奥・出羽間の連絡路開設のもつ意義は大きい。

　ところで、出羽国大室駅は丹生《にゅう》川上流の山形県尾花沢《おばなざわ》市丹生・正厳《しょうごん》付近に比定されている。(19) この大室駅は、直路を開くために陸奥側から軍が進んできたときに、当時出羽守であった田辺史《たなべのふひと》難波《なにわ》が軍団の兵士五〇〇人と帰服の蝦夷一四〇人を率いて合流のため待ち合わせたところでもある（『続日本紀』天平九年四月戊午条）。当時出羽国府《こくふ》は依然として庄内《しょうない》地方にあったと考えられ、(20) 出羽国の軍は最上川の水系（水路ないし水路沿いの陸路）を遡上する形で大室駅に到達したと想定できる。すでに最上川水系が重要な交通路であった可能性があろう。

この最上川の水系が古代においてきわめて重要な交通路であったことは、いわゆる水駅《すいえき》の存在からも指摘できる。坂本太郎によれば、水駅とは渡津や港ではなく、令制下に存在した水陸相兼ねる駅であった。[21] すなわち唐制にならい川に沿っておかれ、陸路の往来に使う馬と共に船も配され、水路を上下する駅船の継替場所となっている駅である。同氏は、そのような水駅の実例として、『延喜式』兵部省式・諸国駅伝馬の記事中にある出羽国の野後《のじり》・避翼《さるはね》・佐芸《さき》・白谷《しらや》の四駅をあげ、それらを最上川の水路に沿った駅とみなし、[22] 最上川が羽越《うえつ》山脈を横切り庄内の平野に出るまでの峻険《しゅんけん》な山路をさけて水路が用いられていたとする魅力的な説を唱えている。この説は征夷との関連で改めて評価する必要があると思う。水駅は出羽国に限定されないという説もあるが、[23]『延喜式』に明確な形で水駅の存在を記すのは出羽国のみであるという事実は重い。辺境である出羽国のしかも最上川沿いに水駅は限られているのである。そこに固有の歴史的背景があると考えるべきである。

このように最上川水系が重要な交通路であったことを確認した上で、先にふれた陸奥・出羽間の連絡路の問題に戻りたい。

先の四水駅でもっとも最上川上流にある水駅は野後である。比定地は北村山郡大石田《おおいしだ》町駒籠《こまごめ》であるが、[24] この大石田は奥羽山脈を水源とする朧気《おぼろけ》川、丹生川（野尻川）が最上川に合流する地点に位置し、近世には大石田河岸《かし》として栄えたところである。[25] 大室駅の比定地から至近の距離にあたる。つまり大室駅にまで到達すれば、出羽国府までは野後から最上川の水系が利用可能となる。船を使った場合、最上川を下りそのまま日本海に出ることもできる。当然ながら逆ルートも考えられ、日本海から最上川を遡上し、[26] 野後から大室駅に出、軽井沢越《かるいざわごえ》[27]で陸奥へ向かうことが可能だと考えられる。

こうした交通運輸の条件整備は征夷における新たな軍事的展開を生み出していくことにもなる。このルートを使えば出羽側での征夷において坂東《ばんどう》や東国の兵士や軍事物資をすみやかに送ることができるようになり、また逆に陸奥の征夷においても、これまで日本海側の征夷で重要な役割を果たしてきた北陸道諸国から兵士や軍事物資の調達が可能となる。ここに陸奥側での征夷においても北陸道諸国が兵站となりうる交通運輸の条件が初めて生まれたと考えられる。そうであるならば、越中国にとってもこの連絡路開設は大きな意味を持ったことになる(28)。

そこで、実際、こうした陸奥・出羽間の連絡路の開設が越中国の役割にどのような変化があったかを確かめるために、次に三十八年戦争と越中国との関係についてみていきたい。史料的には、和銅二年に次いで征夷と関わって越中国が登場する時期である。

3．三十八年戦争と越中国

①伊治公呰麻呂《これはりのきみあざまろ》の乱と越中国

三十八年戦争とは、征夷将軍文室《ふんやの》朝臣《あそん》綿麻呂《わたまろ》の言「自㆓宝亀五年㆒。至㆓于当年㆒。惣卅八歳」(『日本後紀』弘仁二年閏十二月辛丑条)に基づく歴史名辞であり、宝亀五年(七七四)の海道《かいどう》の蝦夷による桃生《ものう》城攻撃に端を発した交戦から弘仁二年(八一一)の征夷の完了までの連続的な征夷にともなう動乱状態を指す。この長期化した動乱は東北を大戦争状態におき(29)、北陸道諸国をも巻き込んでいった。

この戦争中、越中が最初に関わった征夷が伊治呰麻呂《これはりのあざまろ》の乱にともなう征夷である。まず、この征夷と越中国との関係をとらえていきたい。

宝亀十一年三月、蝦夷の拠点であった胆沢《いさわ》の地を攻撃するための覚鱉《かくべつ》城造営にあたっていた蝦夷出身の陸奥国伊治

(30)郡大領伊治呰麻呂が反乱をおこし、徒党を率いて、同じく造営にあたっていた牡鹿《おしか》郡大領道嶋大楯《みちしまのおおたて》や按察使紀朝臣広《きのあそんひろ》純《すみ》を殺害した（『続日本紀』同年三月丁亥条）。これをきっかけに征夷が発動したのであるが、注目したいのは乱勃発にともない多賀城が賊徒によって襲われ、長年蓄えてきた兵器や軍粮《ぐんろう（りょう）》（兵士食糧）が略奪され、さらに放火されていることである（同条）。この多賀城炎上による被害は、多賀城跡の発掘調査によってかなり広範囲に及んでいることが確認されている。(31)ここで征夷のための武器や軍粮が一挙に失われたことも十分に考えられる。これ以後の経過をみると、坂東や東海道・東山道・北陸道の諸国から軍粮や武器等を陸奥に集中する努力がなされており（五月丁丑条「糒《ほしいい》」・七月癸未条「甲《よろい》」・七月甲申条「襖《あお》」「坂東軍士」「糒」）、それらの確保が律令国家の大きな課題としてあったことを意味している。なお、「糒」は米を蒸して乾燥させた保存食料、「甲」は鎧、「襖」は綿入りをした上衣である。この多賀城での武器・軍粮の略奪や城の焼失後に、征夷に関わって越中国は登場するのである。

今少し詳しく見ていこう。

征夷は、宝亀十一年五月、征東《せいとう》使と鎮狄《ちんてき》将軍が同時に任じられ、「分レ道征討。期日会レ衆」（「道を分《わか》ちて征討せしむ。期日《ごにち》、衆を会《つど》へて」）、すなわち太平洋側（陸奥）と日本海側（出羽）の両方から征討する作戦をとってはじまった（『続日本紀』同年五月己卯条）。これは、伝統的な両道作戦をとりつつも、陸奥・出羽両国一体的に征夷にあたらせようとするものであり、主戦場である陸奥を出羽側から積極的に支援させる作戦であることを示している。京庫及び諸国に収蔵する甲六〇〇領《りょう》を征夷軍に供給する際、その送り先が鎮狄将軍の所であったのは(32)（五月辛未条）、出羽側からの支援作戦を如実に現している。その支援の内容としては、武器だけではなく軍粮の供給をあげることができる。同年十月己未条の征東使への勅をみると、征東使が今年征討をしない理由として「未レ儲二城中之粮一」（「城中の粮未だ儲けず。」）と語ったことが記されている。軍粮の供給は征夷の死命線であったのである。

しかるに五月には坂東諸国だけではなく、能登・越中・越後に糒三万斛《こく》を備えさせている（『続日本紀』同年五月丁丑条）。糒は湯水に浸せばすぐ食用となるため、兵士の食糧として重要であった。(33) 陸奥側での征夷において軍粮供給地として北陸道諸国が指定されることは、これ以前の征夷ではまったくなかったことである。その点でこの記事はきわめて注目できる。この段階で、律令国家は陸奥側での征夷においても北陸からの軍粮の供給に期待していたといえよう。北陸と征夷との関係史の新しい局面がそこにある。

しかし実際に先の北陸三国から糒が陸奥に輸送されたかは不明である。糒は「路《みち》の便近」、つまり運輸の利便や距離的な近さにより下総《しもふさ》・常陸《ひたち》から調達され、また穀《こく》を相模《さがみ》・武蔵《むさし》・安房《あわ》・上総《かずさ》・下総・常陸からと、糒や穀などの軍粮は坂東諸国からの調達で足りたようである（七月甲申条）。十二月十日の勅《ちょく》（十二月庚子条）によれば、出羽国大室《おおむろの》塞《き》（大室駅を指すか）が賊の要害となっている状況がうかがえ、おそらく陸奥・出羽間の連絡路がうまく機能しない事情がこのときにあったものと思われる。

これまで述べたことをふまえるならば、従来陸奥側での征夷において北陸道諸国から軍粮が供給されなかったが、陸奥・出羽間の連絡路が開設した後、能登・越中・越後三国と陸奥側での征夷との関係が始まり、越中国は軍粮供給国の一国として歴史的に登場するといえよう。

②軍粮供給地としての北陸

宝亀年間の征夷が不調に終わった後、桓武《かんむ》朝の数次にわたる征夷が始まる。延暦三年（七八四）二月には持節征東将軍に大伴宿祢家持《おおとものすくねやかもち》を任じて征夷が企てられた（『続日本紀』同年二月己丑条）。大伴家持は時に六十七歳になっていた。持節とは天皇から節刀《せっとう》を授けられ、軍事指揮権が委ねられたことを意味する。その後、延暦八年三月には征東大使紀朝臣古佐美《きのあそんこさみ》のもと桓武朝第一次の征夷が行われ、多賀城に会集《かいしゅう》した征東軍が賊地に攻め入り、阿弖流為《あてるい》を総師とする胆沢の蝦夷と戦っている（『続日本紀』同年三月辛亥条）。すでにそのための準備は延暦五年から始まっており、延暦七年三月には来年の征夷に備えて軍粮三万五〇〇〇余斛を陸奥国に命じて多賀城に運ばせ、東海道・東山道・北陸道の諸国からは七月までに糒二万三〇〇〇余斛と塩を陸奥国に運搬するよう命じている（『続日本紀』同年三月庚戌条）。ここでも北陸道諸国が陸奥側での征夷における軍粮供給地となっている。

　そもそも征夷において、律令国家はそれを遂行するための人的・物的資源を坂東諸国に大きく依存していた。[34]坂東とは、東海道の「坂東」すなわち駿河《するが》国と相模国の境界の足柄坂《あしがらざか》より東の国々、東山道の「山東」すなわち信濃と上《こう》野《け》の境界の山の碓氷峠《うすいとうげ》より東の国々を指し、具体的には東海道の相模・武蔵・安房・上総・下総・常陸、東山道の上野・下野《しもつけ》の八国が該当する。いずれも遠国《おんごく》であり、中国を含む「東国」よりも限定された地域区分で、陸奥国からすれば「随近《ずいきん》」（距離的に近い）の国々である。実際には、兵士や武器は坂東をこえた国々が負担することもあったが、先にみたように軍粮は「路の便近」が特に考慮され、表1に明らかなように、史料的には陸奥側での征夷では当事国である陸奥国を除くと軍粮供給地の大部分は坂東国であった。

　北陸道の諸国は例外的に対象とされていたことになる。具体的には、（1）宝亀十一年の征夷における能登・越中・越後三国の糒の準備（『続日本紀』同年五月丁丑条）、（2）延暦八年の征夷に向けて北陸から陸奥国への糒と塩の「転運」（『続日本紀』延暦七年三月庚戌条）、（3）延暦二十三年の征夷に向けた越後から造志波城所《ぞうしわじょうしょ》への米と塩の運送（『日本紀略』延暦二十二年二月癸巳条）、である。北陸は、三十八年戦争のほぼ全期間を通じ陸奥側での征夷においても軍粮供給地であったと確認できる。

③北陸への拡大理由

これまで三十八年戦争の研究では軍粮供給地として坂東が取り上げられることは多かったが、こうした事実のもつ独自の意味を考えてこなかった。そこで以下、すでにみた宝亀十一年（七八〇）から翌年にかけての征夷も含め、三十八年戦争中における陸奥側での征夷と北陸との関係という観点から、その意味を考えておきたい。

先にふれたように、そもそも北陸は東北地方の日本海側とは七世紀の比羅夫の時代から関わり深かった。和銅二年の征夷において越前・越中・越後・佐渡の北陸道四国から征狄所に向けて水軍が派遣されたのはその歴史を物語っている。三十八年戦争期間中に出羽国雄勝城に向けて北陸道の国（越後・佐渡）から毎年鎮兵《ちんぺい》粮として米・塩が送られたのも（『日本紀略』延暦二十一年正月庚午条）、出羽地域に対する北陸の役割が継続していることを意味している。

それに対して、陸奥側での征夷において北陸が軍粮供給地として登場するのは、史料にもとづく限り、あくまでも三十八年戦争期間中に限られる。東北大戦争の時代になって、国家は、陸奥を主戦場とする征夷においても北陸を軍粮供給地として取り込んだことになる。そこに征夷と北陸との関係史の新局面があることはすでに指摘した通りである。

それでは、なぜ陸奥側での征夷において北陸が軍粮供給地とされたのか。

律令国家は米のような重貨物を運京させる場合、運搬の便を考慮して畿内を除く近国もしくは運搬に便利な沿海の国を指定していた。(35) 征夷遂行のための重貨物に相当する軍粮も、先に書いたように路の便近を考慮しており、当然ながら対象地域が定められたと考えられる。『類従国史《るいじゅうこくし》』弘仁元年（八一〇）五月辛亥条の（巻八十四政理六公廨）東山道観察使《かんさつし》兼陸奥出羽按察使《あぜち》藤原《ふじわらの》朝臣《あそん》緒嗣《おつぐ》の言に「往年毎㆑有㆓征伐㆒。必仰㆓軍粮於坂東国㆒。」（「往年、征伐ある毎に、軍粮を坂東国に仰ぐ。」）とあるのは、征夷の主戦場が陸奥にあるときに距離的に近い地域として坂東が軍粮供給の対象地域となっていたことを的確にいい表している。ここから北陸が軍粮供給地とされるには陸奥との交通運輸の便が問題になると考えられるが、確かに陸奥・出羽間の連絡路の開設により、日本海からさらに最上川を利用して北陸からの軍粮供給が可能になっていたという交通運輸の条件が存在していたのである。

それとともに征夷に必要とされる軍粮の不足の問題がある。（1）の宝亀十一年の征夷における能登・越中・越後三国の糒の準備について、直接には多賀城に蓄えられた軍粮の略奪や多賀城の焼失による損失という緊急事態が引き金となり、陸奥側での征夷においても北陸が軍粮供給地とされたのではないか、と考えた。

他の例はどうか。（3）の延暦二十三年（八〇四）の征夷に向けて越後から造志波城所へ米と塩が運送されている事例は軍粮の量がきわめて少なく記事も簡単なので事情を不明とするしかないが、（2）の延暦八年（七八九）の征夷に向けて北陸から陸奥国へ糒と塩の転運を命じられているのは、やはり軍粮不足を理由とすることが可能である。つまり、延暦八年の征夷に先だち準備を延暦五年から着々と進めていたが、当時、陸奥や坂東では正倉《しょうそう》が神火《じんか》にあうという事件が頻発しており、同年八月には天皇は国郡司による補塡を命じている（『続日本紀』同年八月甲子条）。陸奥側での征夷遂行にあたって軍粮（この場合は糒と塩）が不足していたことが考えられるのである。[36] 私力による陸奥への軍粮輸送もそうした軍粮の供給不足の中での現象かもしれない。北陸に軍粮供給地が拡大される理由があったといわなければならない。

軍粮の供給不足との関連では、鎮兵粮も取り上げる必要がある。

鎮兵粮については、鈴木拓也氏の研究[37]により解明されている。同氏の研究によれば、鎮兵は城柵の造営や征夷の遂行のために主に東国から派遣された勇健な補強兵である。軍団兵士とは異なって長上勤務が強いられ、前線の城柵《じょうさく》に配備されるのを特色とする。陸奥国では神亀元年（七二四）ころから弘仁六年（八一五）までおかれ（天平十八年から天平宝字元年は中断)、出羽国では陸奥国よりおくれ八世紀末に成立、征夷終結後もおかれる。このような鎮兵制を維持するためには鎮兵の粮食である鎮兵粮が必要であった。

とくに本論考の関心からして重要なのは、陸奥国では三十八年戦争がはじまる宝亀年間から鎮兵が大増員され、三十八年戦争終結とともに減員がなされているという事実である。鎮兵粮は当国の財政(出挙《すいこ》利稲・公田地子《じし》)から支出するのが原則であるが、同氏が指摘されたように、当国では膨大な鎮兵粮をまかないきれない場合があり、必要絶対量の不足分は距離的に近い国が供給していた[38]。三十八年戦争時における北陸からの軍粮供給がすべて鎮兵粮と関連するものか定かではないが、先にふれたように、延暦二十三年の征夷に向けて越後の米、佐渡の塩を鎮兵粮として出羽国雄勝城に毎年運送させることになっており、北陸からの軍粮が鎮兵粮であった明証がある。当時四〇〇〇人程度の鎮兵がいたとされる陸奥国[39]では出羽国以上に膨大な鎮兵粮が必要であったと考えられ、陸奥国の財政破綻状況[40]や征夷にともなう過重な負担に対する坂東の抵抗[41]を勘案すれば、十分に可能性があろう。軍粮供給地が三十八年戦争中に北陸にまで拡大された背景として、こうした鎮兵粮との関連が考えられる。

以上をまとめると、陸奥と北陸を結びつける交通運輸条件があること、北陸までに軍粮供給地が拡大される軍粮の供給不足(その背景に膨大な鎮兵粮の需要)の問題があること、この二点が、三十八年戦争中に陸奥側での征夷においても北陸が軍粮供給地とされた理由と考えられるのである。ただし史料のあり方からすれば、坂東ほどは恒常的な負担ではなく、あくまでも軍粮が不足するときに臨時的に対象とされたに過ぎないことも確かである。「拡大」とした所以である。

④「能登以北」の中の越中国

さて、これまで三十八年戦争と北陸との関係をみてきたが、この期間中、軍粮供給国として具体的に国名が判明するのは、能登・越中・越後・佐渡の四国である。すなわち能登以北の四国のみで、越前の名がみえないことを見逃すべきではない。

三十八年戦争中の越前国はすでに能登を分離している。能登は養老二年（七一八）に越前国から分離して最初の立国をしたが、天平十三年（七四一）に越中国に併合され、天平宝字元年（七五七）に再立国となった。[42] 表1をみれば、三十八年戦争中に越前国の名はなく、かわって対象となっているのが能登国である。能登分離後の越前国が軍粮供給国にならないのは、八世紀初めの征夷と比べると変化である。同じく北陸道の国であっても越前国は除外されたとするのが史料に忠実である。

一方、（1）の宝亀十一年の征夷における糒の準備で佐渡国が入っていないが、その征夷において北陸に期待された軍粮の内容が糒であったからであろう。同国の田積は能登・越中・越後に比べ少なく（『和名類聚抄《わめいるいじゅしょう》』）、「塩の島」[43] 佐渡に期待されたのはあくまでも塩なのである。その佐渡国は延暦二十一年（八〇二）一月に塩百二十斛を毎年出羽国雄勝城に鎮兵粮として運送することになっていることから（『日本紀略』同年一月庚午条）、軍粮供給地であったことは間違いない。ただしその征夷では北陸に期待された軍粮が糒だったので、佐渡は対象にならなかったと考えられる。[44]

表3　北陸の軍粮供給国

国名	軍粮の内容
能登	糒
越中	糒
越後	糒　米　塩
佐渡	塩

従って、三十八年戦争中、北陸道諸国で征夷に際しての軍粮供給地とされていたのは能登以北の四国であり、必要とされる品目や量によっては四国のうちで加減があったものと考えられる（表2）。こうした考えからすれば、表1で「北陸」とするのは、具体的には能登以北の四国のみを指していることになる。越中国はその北陸道能登以北四国の中の軍粮供給国と

しての位置づけだった。(45)

ところで、上記したような三十八年戦争中の越中国の役割と関連する興味深い事実が指摘されている。渡辺晃宏氏は、延喜十年（九一〇）ごろ国司交替《こうたい》の際に作成された公文《くもん》の一部とみられる「越中国官倉納穀交替記《かんそうのうこく》」（石山寺蔵）を分析し、越中国砺波郡意斐《おい》村の不動倉《ふどうそう》では延暦期に稲穀《とうこく》の蓄積に停滞がみられ、八世紀から九世紀にかけての「造都」と「征夷」にともなう雑用支出と関連する可能性を指摘されたのである。(46)この指摘はきわめて注目すべきものだと思う。

越中という地域に即してとらえると、これまでふれてきたように征夷と越中国との関連は強く、とくに三十八年戦争中には軍粮の拡大供給国として陸奥側での征夷にも組み込まれていたと考えられる。こうした征夷と越中国との関係史の観点からしても、渡辺氏の指摘のうち「征夷」との関連性は高い。実際にどの時点での支出であるかは特定できないが、時期的には（2）の延暦八年の征夷に向けて前年に北陸に命じられた糒の供給との関連も考えてよいものと思う。(47)

以上のように、三十八年戦争は越中国を「軍粮拡大供給国」としていた。越中国が征夷にともなう後方兵站基地であったとするにしても、その期間においては、主なる内容は軍粮供給、とりわけ糒の供給の役割を担っていたことになる。

おわりに　―征夷の終焉と日本海―

律令国家の征夷事業は弘仁二年（八一一）の征夷大将軍文室朝臣綿麻呂《ふんやのあそんわたまろ》による征夷で終焉する。すでに延暦二十四年（八〇五）桓武天皇は、時の参議である藤原朝臣緒嗣の意見を採用し、「天下」を苦しめてきた軍事（＝征夷）と造作（＝造都）の両事を中止することを決定していたが（『日本後紀』同年十二月壬寅条）、実際にはもう一回征夷が行われて征夷は終焉したのである。この最後の征夷は坂東や北陸の諸国の人的・物的資源にまったく依存せず、陸奥・出羽両国の兵士と俘囚《ふしゅう》の部隊によってのみ遂行されており、(48)これまでの随近諸国を巻き込んだ征夷のあり方からすれば異質であった。これは、征夷の中止の決定により、陸奥・出羽両国の蝦夷支配が二国の内部問題とされたからにほかなるまい。(49)そこには「天下」に依存しないという国家意思がある。もちろん征夷将軍が発遣されていることから国家的事業としての征夷の形態をとっているが、内実は大きく変質していたといえよう。征夷の終焉により古代越中人にとっての戦争の時代は終わった。

本章では、「征夷」という律令国家と蝦夷との戦争における越中国の役割を史料に基づき分析してきた。その結果、八世紀の初めには「水軍の発信基地」としての役割、八世紀の終わりから九世紀の初めにかけての三十八年戦争の時期には「軍粮拡大供給国」としての役割を担っていたと理解することができるようになった。前者は、海と関わりの深い水軍兵士と造船技術の動員であり、越国の伝統をふまえたものであった。後者は、越中古代社会への律令制の浸透を背景にした軍粮という物の動員である。具体的には越中の豊かな水と広がる大地で生産された米を乾燥加工した糒を負担していた。確かに越中国は征夷の「後方兵站基地」としての役割を担っていたが、このように時期により役割の内容に違いがあったのである。二つの違いは、大和王権の伝統が未だ色濃く残る段階と、律令国家の地方支配が確立している段階という、二つの歴史的段階での役割の違いを現していると考えられ、越中古代史の展開に関わってくる問題である。

征夷における越中国の役割からわかることは、富山湾から船で乗り出せば日本海を通じて日本海側の諸地域とつながっているということである。この〝海の道〟があることで越中から水軍というヒトや糒というモノが東北日本海側へと動くことになったのである。こうした〝海の道〟を通じた人・物・文化の移動と交流が越中の地域性を特色づける重要な要因であることを、この非日常的な出来事からも知ることができる。

注

(1) 鈴木拓也『蝦夷と東北戦争』(吉川弘文館、二〇〇八年)十二頁。
(2)『富山県史 通史編Ⅰ 原始・古代』第四章第三節「征夷軍団と越中」(富山県、一九七六年)など。
(3) 高橋崇は出羽柵と同一とみ、征夷における征夷軍集結の「軍所」と想定している(『律令国家東北史の研究』吉川弘文館、一九九一年)二四〇頁。
(4) 熊谷公男「阿倍比羅夫北征記事に関する基礎的考察」(高橋富雄編『東北古代史の研究』吉川弘文館、一九八六年)。
(5) 丸山二郎「斉明紀における阿倍臣の北進について」(『日本の古典籍と古代史』吉川弘文館、一九八四年)。
(6) 白川静『字通』(平凡社、一九九六年)を参考にした。
(7) 中村太一「古代水上交通に関する基礎的考察」(林陸朗・鈴木靖民編『日本古代の国家と祭儀』雄山閣出版、一九九六年)。石井謙治『日本の船』(創元社、一九五七年)。
(8)『日本三代実録』貞観四年五月廿日条。
(9) 米沢康は国造軍とみている(「律令国家における北陸道の史的意義」『越中古代史の研究』、越飛文化研究会、一九六五年)二三八頁。磯貝正義は「国司→評造の指揮系統で動員された軍隊が遠征軍の主体をなし、一部旧来の国造軍がこれに加わったものと察せられる」とする(『郡司及び采女制度の研究』吉川弘文館、一九七八年)一五〇頁。
(10) 藤田富士夫『日本の古代遺跡13富山』(保育社、一九八三年)八十二頁。藤田富士夫『古代の日本海文化』(中公新書、一九九〇年)一二二頁。
(11) 米沢康「越国守阿倍引田臣比羅夫考」(『北陸古代の政治と社会』法政大学出版会、一九八九年)三十八頁。

(12) 岸俊男「三国湊と東大寺荘園」（三国町史編纂委員会編『修訂　三国町史』国書刊行会、一九八三年）六十一頁。
(13) 米沢康「大化前代における越の史的位置」（前掲・『越中古代史の研究』）。
(14) 山田英雄「征隼人軍について」（『日本古代史攷』岩波書店、一九八七年）一九一頁。
(15) 岸俊男『藤原仲麻呂』（吉川弘文館、一九六九年）二六二頁。
(16) 征夷に限らず日本海側の東北経営において日本海海路が重要な意味をもっていることについては、渡辺育子「律令制下の海上交通と出羽」（『日本海地域史研究』第7輯、文献出版、一九八五年）参照。
(17) 前掲・鈴木拓也『蝦夷と東北戦争』七十六頁。
(18)『栃木県史 通史編2 古代2』第三章第三節「蝦夷との争乱」（土田直鎮執筆）。土田直鎮は同書で、賀美—玉野—比羅保許の百六十里の新道路を開くことに成功したことを高く評価し、「これによって政府は、陸奥地方と出羽地方との連絡を可能とし、東北の経営を有利に展開させることができた」とした。また岸俊男も「東人の遠征によってともかく陸奥・出羽の連絡路が開かれた意義は大きい」とし、その意義を高く評価した（前掲・岸俊男『藤原仲麻呂』二六四頁）。
(19)『古代日本の交通路Ⅱ』（大明堂、一九七八年）第八節「出羽国」（山田安彦執筆）参照。
(20) 今泉隆雄「秋田城の初歩的考察」（虎尾俊哉編『律令国家の地方支配』吉川弘文館、一九九五年）。
(21) 坂本太郎著作集第8巻『古代の駅と道』（吉川弘文館、一九八九年）「水駅考」。
(22) 坂本は前掲の「水駅考」で白谷の比定地については断定を留保され、雄物川沿いの水駅である可能性も残されたが、森田悌「水運について」（『日本古代の政治と地方』高科書店、一九八八年）により最上川沿いに比定してよいものと考える。
(23) 松原弘宣『日本古代水上交通史の研究』（吉川弘文館、一九八五年）第四編第一章「水駅について」。
(24) 新野直吉『日本古代地方制度の研究』（吉川弘文館、一九七四年）三九二頁。
(25) 横山昭男『近世河川水運史の研究』（吉川弘文館、一九八〇年）。『最上川』（山形県総合学術調査室、一九八二年）。
(26)「義経記」には北国落ちの源義経が清川《きよかわ》（東田川郡立川町〈現庄内町〉）から合海《あいかい》（新庄市本合海《もとあいかい》）まで川船で遡上するようすが記されている。
(27) 初出論文では「鍋越峠越《なべこしとうげごえ》」としたが、木下良（故人）からの私信で、尾花沢《おばなざわ》市の銀山温泉から宮城県小野田《おのだ》町（現、加《か》美町《み》）の軽井沢《かるいざわ》にあった近世の番所跡までの道が古くこちらの方が適当である旨ご教示を受け、訂正した。陸奥国加美郡と出羽国村山郡を奥羽山脈を越えて結ぶ街道を宮城県では「軽井沢越最上《もがみ》街道」、山形県では「軽井沢越仙台街道」と呼び、「銀山越《ぎんざんごえ》」とも俗称されるようである（渡辺信夫監修『東北の街道―道の文化史いまむかし―』、無明舎出版、一九九八年）。

(28) なお、天平宝字三年には大室駅から雄勝城を通って秋田城に通じる道が開通したと考えられ（前掲・岸俊男『藤原仲麻呂』二六六頁）、陸奥出羽間の連絡路は複線化し、連絡は充実した。その意味は別途考えなくてはいけないが、越中国を含む北陸と陸奥の征夷との関係からいえば、天平九年における連絡路開設の意味がより大きいものと考える。

(29) 平川南「東北大戦争時代―東北の動乱―」（高橋崇編『古代の地方史　第6巻奥羽編』（朝倉書房、一九七八年）。

(30)『続日本紀』には「上治郡」とあるが、『公卿補任』には「伊治郡大領」とみえ、多賀城出土漆紙文書（一〇二号）は「伊治城」を「此治城」とすることから、「伊治郡」ないし「比治郡」の誤りと考えられている。

(31) 石松好雄・桑原滋郎『大宰府と多賀城』（岩波書店、一九八五年）。

(32) 律令国家の下では諸国の正倉等から「粮」を五〇〇石以上（「倉粮五百石以上」）支出する場合には、太政官内の議政官が発議し天皇の裁可をえることが必要であった（公式令論奏式条）。朝廷の祭祀、国家予算、官職の統廃合、除名、国郡の廃置、兵馬一〇〇匹以上の差発などと同様、国家の大事・重事の一つである。この点については、早川庄八「律令制と天皇」（『日本古代官僚制の研究』岩波書店、一九八六年）が詳しい。この「粮」は、同条集解の朱記に「問、倉粮其意何、答、米糒等、不云糙入也」とし、また論奏式の適用例として同条義解が「為充軍粮、用其国正税之類」とすることから、粮には正税を用いて調製する米・糒があり、それらが軍粮の内容としてあることがしられる。朱記説に従えば、令制本来では糙（穀）そのものは含まないことになるが、実際には軍粮として穀がみえ、その他塩もある。穀・塩が論奏事項であったかは不明であるが、ここでは軍粮の具体的な内容として、米・糒・穀・塩の四つを考えておきたい。いずれも重貨である。

(33) 糒は「閑処者給レ米。要処者給レ糒。」（『続日本紀』宝亀十一年七月戊子条）とあるように、米とは区別され、とくに要処に輸送される予定のものであった。

(34) それにふれた文献は数多いが、とくに前掲・平川南「東北大戦争時代―東北の動乱―」（『古代の地方史　第6巻奥羽編』）、西山良平「古代国家と地域社会」（岸俊男編『日本の古代15　古代国家と日本』中央公論社、一九八八年）、平野卓治「蝦夷社会と東国の交流」(鈴木靖民編『古代王権と交流1　古代蝦夷の世界と交流』名著出版、一九九六年)を参考にした。
(35)早川庄八「律令財政の構造とその変質」(『日本古代の財政制度』名著刊行会、二〇〇〇年)九十八頁。
(36)神火事件が蝦夷問題と深い関わりがあることをはやくに指摘されたのは塩沢君夫であったが(「八世紀における土豪と農民」『古代専制国家の構造』御茶の水書房、一九五八年)、平川南氏も「物資および兵士などの供給源ともいえる坂東諸国などにおける広範囲の人びとの抵抗」の一つとしてとらえ、そのような抵抗は「征討事業の続行を不可能にするものである」とする(前掲・平川南「東北大戦争時代―東北の動乱―」『古代の地方史　第6巻奥羽編』)。
(37)鈴木拓也『古代東北の支配構造』(吉川弘文館、一九九八年)。
(38)『続日本紀』延暦二年四月辛酉条は坂東八国が穀を鎮所に運送したと記している。
(39)前掲・鈴木拓也『古代東北の支配構造』八十二頁。
(40)前掲・鈴木拓也『古代東北の支配構造』第二部第一章「陸奥・出羽の公出挙制」。
(41)前掲・平川南「東北大戦争時代―東北の動乱―」『古代の地方史　第6巻奥羽編』。
(42)一国として分離・独立した国が再併合される場合、旧管国に戻るのがふつうであるが、能登は旧管国ではない越中国に含められたことはきわめて異例であり(米沢康「越中国をめぐる二、三の問題―律令国郡制との関係を中心として―」前掲・『北陸古代の政治と社会』)、能登と越中を結びつける共通の基盤があったと考えられる。
(43)岸本雅敏「律令制下の塩生産」(『考古学研究』一五四号、一九九二年)。同『日本古代の塩生産と流通』(吉川弘文館、二〇二一年)一八八頁。
(44)なお、これまで北陸道の国である若狭についてはふれることがなかった。征夷に関わって同国の名が全く出てこないからである。ここで若狭と征夷との関係について若干述べておきたい。若狭は大和王権の段階から海産物を供献してきた伝統があり、律令制下でも「御調塩」「御贄」の貢進国として、志摩国と同様、小国でありながら特殊の役割を担わされていた(狩野久「御食国と膳氏」『日本古代の国家と都城』、東京大学出版会、一九九〇年)。この若狭地域では製塩遺跡が多数見つかっており(北陸古代手工業生産史研究会編『北陸の古代手工業生産』、桂書房、一九八九年)、塩生産国であったことを裏付けている。舘野和己氏はこの若狭の塩が征夷のための軍事物資としても使われた可能性を指摘されているが(「若狭の調と贄」小林昌二編『古代王権と交流3　越と古代の北陸』、名著出版、一九九六年)、積極的にそれを証明する史料は見あたらない。軍粮供給国として若狭は一度も出てこないのである。やはり岸本雅敏氏がとらえたように(前掲・岸本雅敏「律令制下の塩生産」(『考古学研究』一五四号))、同じ北陸でも西端の若狭は都へ向けての調塩の生産に励み、東端の佐渡では東北へ送る塩の生産に精を出していた、と塩の動く方向の逆転をみる方が適当だと考える。

(45)なお、米(穀)・塩・糒はいずれも重貨(重い貨物)で、運搬量にもよるが輸送に苦労する物資である。越中が負担した糒は乾燥させているのでやや軽いと思われるが、やはり重貨であろう。こうした重貨の物資が「能登以北」の北陸道四国から東北へ運ばれていたことに関して、『延喜式』主税上・位禄貨には次のような興味深い規定がある。

凡五位已上位禄。給二諸国一者。東海道駿河以東。東山道信濃以東。北陸道能登以北。山陰道伯耆以西。給二運賃一。自余諸国及在国司者。不レ在二此限一。

五位以上の貴族に対する位禄を諸国の正税から穀(米)を支給することになり決められた規定であるが、京から遠い国の場合は支給された穀の運賃を給することになっている。注目したいのは北陸道では「能登以北」がそのラインなのである。北陸道では越中国を含めて「能登以北」の国が京へ向けては米のような重貨の運搬が大変だったことを意味している。先にみたように東北への重貨の運搬は「能登以北」の四国であった。物の重量や目的地までの距離・方法で異なってくる思われるが、北陸道では能登が一つの分岐点であったようである。

(46)渡辺晃宏「平安時代の不動穀」(『史学雑誌』第九十八編第十二号、一九八九年)。

(47)その場合、おそらく穀を糒にして移出したのであろう。軍粮として供給する目的で、糒を製造させている例は『続日本紀』宝亀十一年五月丁丑条にある。

(48)『日本後紀』弘仁二年三月甲寅条、同年五月壬子条。

(49)熊谷公男氏は蝦夷支配の変質ととらえている(「平安初期における征夷の終焉と蝦夷支配の変質」『東北学院大学東北文化研究所紀要』第二十四号、一九九二年)。

第Ⅱ部　立山と越中

一章「中世の飢饉と立山信仰」の初出は『富山県［立山博物館］研究紀要』第二十七号（二〇二一年）である。十五世紀後半における立山信仰の動向を探っている。論旨を明確にするため「4．十五世紀後半における立山信仰の動向」を追加し、立山信仰の庶民化の動きを強調した。富山県のシンボルである立山は一〇〇〇年以上の歴史を持つ信仰の山でもあった。日本人の精神の基層にふれる立山信仰は豊かな文化を育み、戦乱・災害・飢饉が頻発した中世という時代においても立山地獄観を背景にした猿楽能「善知鳥」のような優れた芸術を生み出した。その歴史的な意味を立山信仰の核心にある「死後の救済」や「死者供養」の問題に焦点をあて、死と隣り合わせの時代にあって身内の死に悲しむ遺族の視点から考えてみたものである。日本人が生きていく上で死者の供養や鎮魂が重い課題であることは東日本大震災があらためて浮き彫りにしたが、それが本稿の問題関心につながっている。

二章「冷泉為広の〈タテ山ミユ〉」は新稿である。冷泉為広は室町時代後期から戦国時代にかけて活躍した公家・歌人である。延徳三年（一四九一）に越中を旅し、越中の地名や名所を記録してくれた。古代の家持の場合は万葉歌であったが、為広は日記に越中を記録した。見過ごされそうなメモ書き程度の記録でしかないが、越中や立山の歴史にとって時代の定点となる一次情報を含んでいる。本稿では、為広が日記に記した〈タテ山ミユ〉をめぐり、二、三の考察をした。海からの立山遠望、立山の読みと変化、謎の「アクワウシ」、冷泉為広及び同行した細川政元の立山観など、基本的で興味深い問題を扱った。

付論「守り伝えられた立山古文書」も新稿である。中世の立山信仰を解明する上で立山古文書は基本史料である。

立山山麓の宿坊集落であった芦峅寺・岩峅寺には南北朝時代以来の古文書が今日まで残され、私たちが簡便に利用できることは有難いことといわねばならない。私が勤務した立山博物館でも展示や研究に大いに活用してきた。貴重な古文書を守り伝えてきた先人の努力にはいくつか特筆すべき点があり、記録として残しておく必要があると思い執筆した。とくに戦国時代以来、地元で厳重な文書取り扱いが行われてきたこと、現代において一民間企業が古文書を翻刻した古文書集を刊行し文化財指定の追い風になったこと、の二点に紙幅を割いた。地域の宝である古文書を将来にわたって守り伝えていくためにはこうした先人の取り組みに学ぶことが必要である。

一　中世の飢饉と立山信仰

はじめに

日本の中世は飢饉《ききん》が頻発した時代であった。飢饉は風水害・旱《かん》害・冷害・虫害などの自然災害を原因とするが、農作物が極度に不作となり食糧不足をまねくため、時として大量の死者を発生させる。飢えで亡くなる餓死者はもとより、抵抗力の弱った人びとに悪疫《あくえき》が襲い死に至る病死者も増える傾向にあった。また大飢饉ともなれば、身内の死に目に会う遺族が続出した。飢饉には多くの人びとを死者や死と向き合わせる現実があった。

峰岸純夫氏は中世の自然環境と飢饉との関連を重視し、次のように中世史を時期区分している(1)。

①中世初期（十一世紀後半〜十二世紀）温暖の時期、稲作の北上、大開墾の時代、荘園公領制の成立。
②中世前期（十三世紀）寒冷化の時期、飢饉・凶作の頻発。
③中世中期（十四世紀〜十五世紀前半）一定の温暖化、生産条件の一定の回復。
④中世後期（十五世紀後半〜十六世紀）寒冷化の時期、生産条件の悪化、飢饉の頻発。荘園公領制の解体。

これは生産力という視点から提示された時期区分であるが、中世の信仰や宗教を考える場合にも参考になると考えている。峰岸氏は上記の時期区分を提示した論考の中で「②の中世前期に成立した浄土真宗・日蓮宗などが、④の中世後期に飛躍的に発展をみるということは、死後の救済の問題と関係し、自然環境の悪化問題と深く関わりをもつと思われる」(2)と記し、飢饉と「死後の救済」の問題、言い換えれば飢饉と信仰・宗教との関連を考えることは今後の中世史研究の検討課題の一つであるとした。

また、『災害と生きる中世』で災害が中世社会に与えた影響や災害と闘う中世の人びとの姿を描き出した水野章二氏は、「災害・災難への対応から、多種多様な信仰が生まれたのであり、災害の歴史は神仏に対する信仰創出の歴史でもあった」(3)と記し、神仏に対する信仰が生まれる要因として災害や飢饉をとらえる必要性を指摘している。

本稿では、こうした飢饉・災害と信仰との関連を考える研究視角を立山信仰史研究の立場から受けとめたいと思う。特に洛中だけで八万二〇〇〇人を超えるという死者を出した中世最大の飢饉である寛正《かんしょう》大飢饉に注目し、この大飢饉によって中世京都の人びとが直面した「死後の救済」の問題に立山信仰がどのように関わるのかを史料的に検討する。中世の立山信仰については未だ不分明のところが多いが、その作業を通して十五世紀後半における立山信仰のひとつの動向を明らかにしたい(4)。

1．寛正大飢饉と死者

〔この世の地獄　この世の餓鬼《がき》〕

十五世紀後半に起きた寛正大飢饉は中世の飢饉で最大のものであった。長禄三年（一四五九）から翌年にかけて各地を旱害、風害、水害、冷害、蝗《こう》害などが繰り返し襲い、全国的に大凶作が生じたことを原因とする。寛正二年（一四六一）に入ると食糧不足が全国に拡大し、戦乱の影響もあって大量の流民が流れ込んでいた洛中では、餓死者・病死者合わせて八万二〇〇〇人を超えるという未曾有の被害がみられた。この影響は多方面に及び、飢饉の余波は数年続いた。

寛正二年における洛中の状況については当時の僧侶の日記が生々しく伝えている。

○『新撰長禄寛正記《しんせんちょうろくかんしょうき》』寛正二年[5]

・同年ノ春ノ比《ころ》ヨリ、天下大キ飢《やわ》シ又疾疫《しつえき》悉《ことごと》クハヤリ世上《せじょう》三分之二餓死ニ及、骸骨《がいこつ》衢《ちまた》ニ満テ道行人アワレヲモヨヲサスト云コトナシ

○『碧山日録《へきざんにちろく》』寛正二年二月晦日[6]

・自㆓四条坊橋上㆒見㆓其上流㆒、流屍《ながるるしかばね》無数、如㆓塊石《かいせき》㆒磊落《らいらく》、流水壅塞《ようそく》、其腐臭《ふしゅう》不㆓可当㆒也、東去西来、為㆓

之流涕寒心《りゅうていかんしん》一、或曰、自二正月一至二是月一、城中死者八万二千人也、

○『大乗院寺社雑事記《だいじょういんじしゃぞうじき》』寛正二年五月六日[7]

・自二去冬一至二三月比一京中人民飢死《うえじに》之輩毎日五百人、或三百人、或六七百人、惣而《すべて》不二知其数一云々

・死人悉以四条・五条之橋下ニ埋レ之、一穴ニ千人・二千人云々、此外東西於二所々一死人不二及取埋一分、又不二知其数一云々

○『経覚私要鈔《きょうがくしようしょう》』寛正二年[8]

・(正月二十九日)恵林房《えりんぼう》云、京都乞食町々ニ死去事、不二知其数一、日夜朝暮餓死スル間、取捨事無レ之、仍自二一条一至二九条一、自二朱雀《すざく》一至二朱雀(ママ)一、東西南北ノ京中死人満溢《まんいつ》、嗚呼《ああ》何ナル年哉、自二長禄四年冬一至二寛正二年春一、於二京中一死者幾千万哉

・(三月二十六日)諸国者共成二乞食《こつじき》一、京都へ上集、自二去年十月比一洛中表(充カ)満不二知幾千万一云事、自二正月一日一自二室町殿(足利義政)一被二引施行《せぎょう》五六日一、然而餘多之間、早被レ止レ之、其後願阿《がんあ》ト云者、勧衆《ごんじゅ》人六角堂(頂法寺)ノ北ニ一町分仮屋ヲ打テ入二置乞食一、毎日二ケ度粥《かゆ》・味曽津(噌汁)ヲ引之処、食之死者共毎日三百人五百人云々、仍廿日計《ばかり》沙汰之、令二退屈一止了、其内ニ営之願阿弟子二人死去了、又願阿モ万死一生病之間、弥閣之、施行者第一慈悲、然如レ此在之間、一業所レ感者共」依二業力《ごうりき》一令二餓死一之処、垂二慈悲一施行哀背二冥慮神慮《みょうりょしんりょ》一歟《か》之由謳哥《おうか》云々、此死人共五条河原ニ堀ヲ掘テ三町計埋云々、京少路ニモ所々被レ埋之、凡先代未聞之由風聞、但有二先例一之由申云々、可レ尋二其年号一歟

いずれもよく知られた史料であるが、ここから浮かび上がるのは洛中の悲惨な状況である。概略次のようにまとめることができよう。

飢餓の拡大に加えて疫病も蔓延して、寛正二年一月・二月のわずか二か月間で八万二〇〇〇人を越える死者を数えた。毎日数百人と亡くなっていく中で、衢《ちまた》には骸骨《がいこつ》が満ち、四条橋や五条橋の下をはじめ洛中の所々には無数の死者が埋葬されている。賀茂川《かもがわ》をみると、無数の屍《しかばね》が流れ出し、腐臭がただよう有様だった。飢えで苦しむ人びとに室町殿《むろまちどの》（室町幕府八代将軍足利義政《あしかがよしまさ》）や願阿弥《がんあみ》による施食《せしょく》も行われていたが、あまりにも数が多く、長く続かなかったようである。

洛中はまさに「この世の地獄　この世の餓鬼」の様相を呈していた。しかも大量の死者が発生しただけではなく、洛中の多くの人びとが遺族となり、死者や死の問題に直面していた。

なお、飢民の救済にあたった願阿弥は時宗《じしゅう》の勧進聖《かんじんひじり》である。[9] 永らく流失したまま放置されていた五条大橋を架け、南禅寺仏殿を再興し、応仁の乱後には清水寺《きよみずでら》を興するなど洛中の社会事業に献身的に尽くした人物である。『碧山日録』寛正二年二月十七日条には「彼越之中州人也、其家世業漁蚕」とあり、[10] 越中の出身で生家は漁撈と養蚕を生業としていたらしい。『臥雲日件録抜尤《がうんにっけんろくばつゆう》』寛正二年三月三日条には「願阿弥筑紫《つくし》人也」ともあるので、[11] 確たることは不明である。

〔追善供養を願う遺族〕

前節で取り上げた『碧山日録』の寛正元年三月十六日条に次のような記事がある。『碧山日録』の作者である東福寺《とうふくじ》の禅僧雲泉太極《うんせんだいきょく》が知り合い禅僧である春光《しゅんこう》のところへ行った帰りに遭遇したエピソードである。洛中の遺族が「この世の地獄　この世の餓鬼」という極限状況の中で、死者や死とどう向き合ったのかを知る貴重な資料である。

○赴二春公之招一、日落而帰、時歴二六条街一、有二一老婦一、抱レ子亟《しばしば》呼二其名一、数レ声連続、遂放レ声哭《こくす》之、余因見レ之、其子已死、母慟仆《なげきふす》レ地、路人問曰、何許《いずこ》人、曰、河州《かしゅう》流民也、三年大旱《たいかん》、稲粱《とうりょう》不レ登《みのら》、県官酷虐、索《もとめ》レ租不二少貸一也、若不レ出者遭二刑戮《けいりゃく》一、繇是流二離它《た》州一、餬口乞食《ここうこつじき》、然而此子不二得給一、形餒《だい》心勦《そう》、殆至二此極一也、語而已大哽噎《こうえつ》、余乃出二嚢中嚫金《のうちゅうしんきん》之余一、与レ之曰、汝以二此金貲一一男以窆《ほうむ》レ之、余必帰二吾房一而授二三帰五《さんきご》戒《かい》一以二安名《あんみょう》一、且薦《すすむ》二彼冥祐《めいゆう》一云、母喜之、

この難解な史料については今谷明氏の見事な現代語訳[12]があるので、参考に引用しておきたい。

夕暮れになっての帰り途、六条通を歩いていると、一人の老婦人がいた。子を抱きかかえ、名を呼んでいるのだが、子は答えない。ついに婦人は声を放って泣きだした。私が近寄ってのぞくと、子はすでに死んでいた。母は慟哭《どうこく》して道路につっぷした。通りかかった人が婦人に「どこの国から来られたか」と問うた。婦人が答えて、「河《かわ》内《ち》から参りました。流民でございます。かの地は昨年夏からひでり続きで、穀物が稔りませず、加えて守護代や

郡代などお役人の誅求《ちゆうきゆう》も酷《ひど》く、課役をもとめるばかりで猶予してくれぬのでございます。貢《みつ》ぎを出さないと、刑罰にかけられます。いたしかたなく、この都にやって参り、乞食《こつじき》いたしておりますが、それでもこの子に満足に食わせてやれないのでございます。食をもとめて奔走いたしましたが、とうとうこんなことになってしまいました」。こう婦人は語り終えて、またしゃくりあげた。私は即座に懐中からあり金をはたき、婦人に与えて、「些少《さしよう》だが、この金で御子息のとむらいをなさい。私は寺へ帰って三帰五戒《さんきごかい》を授け、御子息の菩提《ぼだい》をとむらい、冥福《めいふく》を祈りましょう」と告げたところ、母は非常に喜んだ。

飢饉の中で河内国から洛中に流れてきたものの、子供を死なせてしまい悲嘆にくれている母親の話である。見るに見かねた太極は、亡くなった子供を弔うための費用を出してやり、寺で亡くなった子供に三帰五戒を授けて菩提を弔《とむら》い、死者の冥福を祈ることを母親に約束したところ、母親は喜んだという。原文をよく読むと、弔いの費用は一男を雇い墓穴を掘って手厚く葬るためのものであり、寺での供養には仏教に帰依《きえ》する三帰五戒を授けるだけではなく「安《あん》名《みよう》」が含まれている。安名とは一般に受戒《じゆかい》した者に与えられる名前のことを指し、宗派によっては戒名・法名と呼ばれる。仏門に入った証《あかし》であるが、ここでは仏弟子《ぶつでし》としての名前を与えるといった意味であろう。子供に先立たれた母親は、亡くなった子供が成仏《じようぶつ》し、さらに仏弟子にしてもらえることで安心したのである。母親は死後に子供の亡霊《ぼうれい》が迷わず、また地獄や餓鬼道《がきどう》に堕《お》ちたとしても苦しまないよう、僧侶による葬送と、死者の追善供養《ついぜんくよう》による救いを願っていたと考えてよいだろう。

かつて西野和美氏は寛正大飢饉を生き延び得た京都の民衆には死者への追善要求が切実にあったという重大な事実を指摘した。(13) この事実は重視すべきであり、太極の約束が亡き子供に対する母親の追善供養の願いに応えるものだと理解すればわかりやすい。

この母親の願いが特別なものではなく、当時洛中の人びとに広く見られたことは、幕府や五山《ござん》が民衆の追善要求に対応して餓鬼を追善供養する施餓鬼《せがき》を営まざるを得なかったとする西野氏の論証で裏付けられているが、次の『碧山日録』寛正二年二月晦日条の記述も根拠になると考えている。

〇『碧山日録』寛正二年二月晦日(14)

余曰、以レ何知レ此乎、曰、城北有二一僧一、以二小片木造八万四千卒堵《そと》一、一々置二之於尸骸《しがい》上一、今余二千云、

太極が八万二〇〇〇人という死者数はどのようにしてわかったのかをある者に尋ねたところ、「城北《じょうほく》の一僧が、小片木で八万四〇〇〇の卒堵《そと》（卒塔婆《そとば》）を造り一体一体屍骸《しがい》の上に置いていったが、今二〇〇〇を余すだけになったと言っている」との返答があったとしている。言うまでもなく日本での木製卒塔婆はすべて葬送と追善供養を目的としており(15)、死体に卒塔婆を置いていく行為の背景には広汎な人びとの追善要求があると考えられる。飢饉による悲惨な状況の中で、洛中には先の母親のように子を亡くしても十分な葬送や供養もできず悲嘆にくれるしかなかったような遺族が多くいたのである。

2. 亡者《もうじゃ》の行き先としての立山地獄と追善供養

〔中世立山地獄説話の流布〕

ところで、洛中の遺族たちは飢饉で死んだ亡者はどこへ行くと考えていたのであろうか。ここに立山地獄の問題が出てくることになる。

立山は古くから地獄のある霊山《れいざん》として全国に知られ、立山信仰の根幹にはつねに生前の罪業によって亡者が立山地獄に堕ちるという立山地獄観があった。十一世紀前半頃の成立と考えられる仏教説話集『本朝法華験記《ほんちょうほっけげんき》』第百二十四話に「日本国の人罪を造《つく》りて、多く立山地獄に堕在《だざい》す」（「日本国人造罪。多堕在立山地獄」）(16)とみえ、十二世紀の成立と考えられる『今昔物語集《こんじゃくものがたりしゅう》』にも「日本国の人、罪を造て、多く此の立山の地獄に堕《お》つ」(17)とあることはよく知られている。地獄が現実世界の延長線上の山中にあるという日本人の山中他界観(18)を基層にして、亡者が立山山中の立山地獄に堕ちるという認識は平安時代後半までにあったことを示している。

次は、そのような認識を示す『今昔物語集』巻第十四第八話「越中国書生妻堕二立山地獄一語」のあらすじである。

越中国の書生《しょしょう》の妻が死に立山地獄に堕ちた。三人の子供たちは母のことを思い立山地獄に行ったところ母の声が聞こえてきた。母は「私は前生《ぜんしょう》で罪を造り、人に物を与えなかったことで、この地獄に堕《お》ちて苦しみを受け続けている」と言った。子供たちは何とか母の苦しみを取り除いてあげたい。母は「一日に法華経《ほけきょう》一〇〇〇部を書写《しょしゃ》供養することでこの苦しみから遁《のが》れることができる」と続けた。「一日に一〇〇〇部を写経するなんてできない」、子供たちは泣きながら家に帰って父に語った。父は「実に哀れで悲しいことなのだが、法華経一〇〇〇部は力が及ばない。ただひたすら誠意の限りを尽くして、精一杯書くことにしよう」と言って、まず三〇〇部ばかりの書写を企てた。いつしか国司の耳に入り、国司は慈悲心《じひしん》から隣の国々にも協力を呼びかけてくれたので、一〇〇〇部の書写供養をすることができた。その後、長男の太郎の夢に母が現れ、「私は功徳《くどく》によって、地獄を離れて忉利《とうり》天《てん》に生まれ変わることができた」と告げ、空に昇っていったところで目が覚めた。その後、太郎はこの夢のお告げを多くの人に語ったとのことだ。

亡者の女人《にょにん》は立山地獄に堕ちている。遺族である父親らの行為は一種の追善供養にあたり、亡者は追善供養によって地獄から忉利天へ転生《てんしょう》できた。忉利天は、地獄・餓鬼《がき》・畜生《ちくしょう》・修羅《しゅら》・人間・天の六道《ろくどう》世界のうち人間界の上に位置する天界《てんかい》の一つで、世界の中心に聳《そび》える須弥山《しゅみせん》の頂にあり、中央の喜見城《きけんじょう》には帝釈天《たいしゃくてん》が住まう。清浄な楽の世界として説明される。

こうした亡者が立山山中の立山地獄に堕ち、遺族らの追善供養によって地獄の苦しみから亡者が救われるという説話は、『今昔物語集』の巻第十四第七話「修行僧至二越中立山一会小女語」、巻第十七第二十七話「堕二立山地獄一女蒙二地蔵助一語」にもみえる。巻第十四第八話では越中国書生の妻が亡者であるが、巻第十四第七話では近江《おうみ》国蒲生《がもう》郡の娘、巻第十七第二十七話では京七条辺りに住む娘となっており、立山のある越中に限らず近江・京からの亡者も立山地獄に堕ちている。また巻第十四第七話の亡者の娘は、遺族が追善供養の一種である法華経の書写供養を行ったことで観音菩薩《かんのんぼさつ》の助けを得ることができて忉利天に転生し、巻第十七第二十七話では遺族が地蔵菩薩《じぞうぼさつ》を造り法華経書写を行って追善供養をすることにより亡者の娘を苦しみから救おうとしている。

このように『今昔物語集』には、京に限らず各地の亡者が立山地獄に堕ちるという説話がいくつかみえ、亡者の行き先として立山地獄が考えられていたことがうかがえる。しかもこのような古代立山地獄説話は「修行僧が立山山中の立山地獄に堕ちた亡者に出会い、亡者が地獄での苦しみを訴えて救いを求める。僧の伝言によって立山地獄に堕ちたことを知った遺族らが追善供養によって亡者を救う」といった筋書きになっており、遺族の追善供養による救済を必ずともなっていることが特徴である。

中世に入っても、立山地獄説話が勧進聖などの唱導《しようどう》により流布し、京都をはじめ広く知られていたことがわかっている。それを裏付ける史料として、フリーア美術館所蔵『地蔵菩薩霊験記《じぞうぼさつれいげんき》』、『清涼寺縁起《せいりようじえんぎ》』、謡曲《ようきよく》『善知鳥《うとう》』を挙げることができる。以下この三つの史料を、『今昔物語集』に載せる古代立山地獄説話と区別して中世立山地獄説話と呼ぶことにする。

それぞれ内容を確認していくことにする。まずフリーア美術館所蔵『地蔵菩薩霊験記』第二話である。

○フリーア美術館所蔵『地蔵菩薩霊験記』第二話詞書《ことばがき》(19)

一、地蔵講結縁の人にかはりて苦を受給《うけたまふ》事。

修行者延好《えんこう》、越中の立山にのぼりて、一夜とゞまり侍りけるに、丑時許《うしどきばかり》にかげのごとくなる人来《きたり》て、かなしみなくこゐあり。延好、あやしみ思て「誰人ぞ」とゝへば、しのびあえぬけしきに答やう、「もとは平の京七条西の桐院《とういん》、ひんがしむき北のはし一といふひらかどの家のむすめなり。父母・兄弟、みな、いまにあり。我、果報つたなくして、わかくして命をうしなひ、罪業《ざいごう》ふかければ、此山の地獄におちたり。我、生前に人のさそひによりて、祇陀林寺《ぎだりんじ》の地蔵講《じぞうこう》の聴聞《ちょうもん》をふたゝびしたりしより外《ほか》、うへたり善根《ぜんこん》なし。この地獄には、夜も昼も三度くるしみをうくるなり。一には、たかきほむらにむせびこがるゝ事、すみのごとし。二には、劔《つるぎ》の山をのぼりくだる事、骨肉もみなとけぬ。三には、鬼来て人をうつしもとのかず、三百六十四なり。このうち、地蔵講結縁《けちえん》二度の聴聞に、あまりに地蔵の悲願のたうとくおぼえしかば、『いかならんよまでも、地蔵をたのみたてまつらん』と深ちかひたりしゆへに、二の苦をば地蔵のかはりてうけ給ふ。鬼にうたるゝ事、いまだのがれず。骨とほりて、其苦たえがたし。我、生たりし時、あさゆふむかいひてかほをつくろひし鏡ありき。いま我おとゝのもとに侍り。それをさゝげて、地蔵菩薩を供養して、この苦をたすけ給へと、父母につげてたまへ。生々世々にいかにも恩を報じたてまつらん」と申けり。

大意は次の通りである。

修験者《しゅげんじゃ》の延好《えんこう》が越中立山に禅定《ぜんじょう》登山したところ、すすり泣く亡者の声が聞こえてきた。「そなたは誰か」と尋ねると、「京七条西洞院《にしのとういん》の東北の端にある家の娘である。父母兄弟もそこに住んでいる。私は前世の報いで若くして死んでしまい、罪業《ざいごう》が深かったのでこの立山地獄に堕ちた。生前に人の誘いのままに中御門《なかみかど》京極《きょうごく》にあった祇陀《ぎだ》林寺《りんじ》での地蔵講《じぞうこう》の聴聞《ちょうもん》に二度ばかり参加したことあるぐらいで、他にこれといった善根《ぜんこん》がない。地獄では昼夜となく三度の責め苦を受けている。一度目は、高く燃えさかる炎に焦がされ、炭のようになる。二度目は、劔《つるぎ》の山を繰り返し登り下りするもので、骨肉が粉々になってしまう。三度目は、鬼が来て、笞《むち》で三百六十四回も打つ。

このうち前二つは、地蔵講に二度聴聞し地蔵菩薩と結縁《けちえん》した縁《えん》をたのみ、地蔵菩薩《じぞうぼさつ》にこれからもずっとおすがりすると誓ったので、地蔵菩薩が苦しみを代わって受けてくれた。しかし鬼に打たれる苦しみからは逃れることができず、耐え難い苦しみを受け続けている。生前私が使っていた鏡が家にあるので、その鏡を捧げて地蔵菩薩を供養し私を助けて欲しい、と父母の許《もと》へ行って伝えてもらいたい」と言った。

フリーア美術館所蔵『地蔵菩薩霊験記』は、明治四十年（一九〇七）にアメリカ・デトロイトの実業家フリーアが横浜のサムライ商会を経営していた野村洋三から買い求めたもので、以来、ワシントンD.C.にあるフリーア美術館に所蔵されている。[20] 地蔵菩薩の霊験を主題とする絵巻で、紙本著色《しほんちゃくしょく》、法量は三十・五×全長一四三一・九センチメートルである。制作時期は鎌倉時代の十三世紀中葉ないし十三世紀後半とされている。[21] 第一話〜第六話までの六つの霊験譚《れいげんたん》で構成され、第二話には上記の詞書のほかに、説話の展開に従う形で「娘の訴えを聞く延好」「火炎に焼かれる地蔵菩薩」「剱の山の苦を受ける地蔵菩薩」「鬼に笞で打たれる娘」の四画面が大和絵で色彩鮮やかに描かれている。第二話の詞書・絵は、立山地獄を舞台とする中世立山地獄説話の資料であるだけではなく、立山信仰史を解明する上での超一級の史料である。

京都の娘とその遺族の話である。娘は罪業が深く立山地獄に堕ちた。亡者の行き先は立山地獄である。「剱の山」は剱岳を彷彿とさせる。この話とほぼ同様の説話は『今昔物語集』巻第十七第二十七話にあることから、古代立山地獄説話の系譜を引いていることは明らかである。鎌倉時代に古代立山地獄説話が引き継がれ、亡者が生前の罪業によって立山山中の立山地獄に堕ちるという考えは根強くあったことが裏付けられる。また立山地獄に堕ちた亡者の苦しみを遺族が追善供養によって救うとする話の筋も引き継がれている。

〔『清涼寺縁起』にみえる立山餓鬼道〕

続いて中世立山地獄説話として『清涼寺縁起』巻六を取り上げる。

○『清涼寺縁起』巻六(22)

同御宇《ぎょう》、当寺近所小渕郷《おぶちごう》に道善《どうぜん》と申者侍けり。十四名のぬしたり。彼者死去して四十九日にあたる日の事にや。越中立山に参詣《さんけい》の僧あり。婆堂《うばどう》の前にて一人の入道《にゅうどう》に行あひぬ。語て云。某《なにがし》は山城《やましろ》国葛野《かどの》郡嵯峨《さが》庄《しょう》小渕郷と申所の名主《みょうしゅ》道善と申者也。我釈迦堂《しゃかどう》の近所に居住しながら釈尊《しゃくそん》にも帰依《きえ》申さず。十四名のぬしたる間施《ほどこし》を過分にうけていま餓鬼道《がきどう》に生て飢渇《きかつ》のくるしみたへがたし。願者御僧を憑《たの》み申。嵯峨の釈迦堂へ参給ひ御慈悲憐愍《れんびん》にて彼堂より三四町辰巳《たつみ》の方におはして小渕の道善の家と御尋ありて妻子に告て給はるべし。某が知行《ちぎょう》十四名あり。一名より上米一石宛《あて》釈迦堂へまいらせ大仏供《だいぶく》を備へ百味《ひゃくみ》の飯食を調て法華八講《ほっけはっこう》を執行《しゅぎょう》ならば飢渇の苦患《くかん》を除くべし。証拠には是をたてまつるとてきたるかたびらの袖をときて彼僧にあたへかきけすやうにうせにけり。此僧奇特のおもひをなし天性慈悲の者にて立山よりすぐに当寺にまいり彼家に尋ねゆきて委細にぞ語られける。妻子ども件のかたびらの袖をみてをのをの涙をながし疑ひなしとていひしがごとくに弔《とむらい》をぞなしける。其後小渕住人善光寺《ぜんこうじ》へまいり立山参詣せしに又道善まみへつつ彼弔により鬼道を出離《しゅつり》する事をえたりと。咲《えみ》をふくみよろこべるけしきみえてうちうせむ。今にいたりて十月十五日ごとに彼弔の儀式たへずとなむ。

大意は次の通りである。

京都嵯峨《さが》の清涼寺に近い小渕郷《おぶちごう》の名主道善《みょうしゅどうぜん》が亡くなって四十九日にあたる日のことである。立山に参詣した僧が婆堂《うばどう》の前で道善の亡者に出会った。亡者は僧に対し、生前の罪業により堕ちた立山餓鬼道での苦しみは堪え難いので、家に残る妻子のところへ行って法華八講《ほっけはっこう》を執行するように告げてほしいと言い、証拠にと着ていた帷子《かたびら》の袖《そで》を僧に預けた。僧はすぐに道善の家を尋ねて委細《いさい》を妻子に語ると、妻子は帷子の袖をみて涙を流すとともに、ただちに追善の弔いを行った。その後、小渕の住人たちが善光寺参《ぜんこうじまい》りのついでに立山参詣をした際、道善の亡者に出会い、亡者は「弔いによって鬼道《きどう》を離れることができた」と言い、笑みを浮かべる様子をみせて消えた。今に至るまで毎年十月十五日には弔いの儀式が行われている。

『清涼寺縁起』は京都嵯峨にある清涼寺の由来を伝えるもので、釈迦堂《しゃかどう》縁起ともいう。全六巻から成り、絵を欠く第六巻にこの話が出てくる。成立は第六巻第二十段に「今至永正十二乙亥歳」とあるので永正十二年（一五一五）と考えられている。

冒頭の「同御宇《ぎょう》」は後円融院《ごえんゆういん》（一三八二〜九三）の時代を指しているが、当時の史実である確証はない。ただし説話中に立山参詣の僧と亡者が出会った場所として「婆堂」が出てくるのは注目される。立山山麓にある旧宿坊集落芦《あし》峅寺《くらじ》では古くから媼尊《うばそん》が祀《まつ》られ、地元で厚く信仰されてきた[23]。江戸時代には六十九体あったとされる媼尊像は十四体が現存している。十四体の媼尊のうち三体は中世の南北朝期ないし室町時代の造像であると考えられ、特に歴史的に重要なのは坐像の底部に墨書で「永和元年六月日　式部阿闍梨□□」と記されている一体である（永和元年は一三七五年）。南北朝期には嫗尊が信仰されていたことは明らかである。『越中立山古文書』所収の享徳二年（一四五三）「順成下知状」[24]にみえる「葦峅堂」は、同時期の史料[25]によって「祖母堂・地蔵堂・炎魔堂三ヶ所」の総称であることがわかっているが、祖母堂の「祖母」は「うば」（姥）や「婆」に通じることから、十五世紀中葉には芦峅寺に嫗尊を祀る嫗堂が存在していた可能性は高い。最古の嫗尊の造像時期と考え併せると、少なくとも『清凉寺縁起』巻六の説話は永和元年以降の事実を踏まえていると考えられるが、史料的には「祖母堂」の語がみえる十五世紀中葉以降の事実を反映しているとするのが穏当であろう。したがって「婆堂」も「うばどう」と読んでおきたい。

この説話では、道善なる人物が釈迦堂のそばに住まいながら釈尊《しやくそん》に帰依をせず、名主に対する施《ほどこし》を過分《かぶん》にうけていたことを業因《ごういん》として、死後に立山山中の立山餓鬼道に堕ちたことになっている。法華八講は滅罪《めつざい》の経典とされる『法華経』八巻を第一巻から一巻ずつ八回に分けて講義し賛嘆《さんたん》する法会《ほうえ》で、死者の追善供養のために行われた。[26]亡者が堕ちた場所は立山地獄ではなく立山餓鬼道になっているが、生前の罪業により死後に亡者が立山山中に堕ちること、遺族の追善供養により苦しみを軽減できるといった立山地獄説話の基本的構造には共通性があるので、中世立山地獄説話の範疇に入れるべきだと考えている。亡者の堕ちる先として、地獄から同じく三悪道《さんあくどう》（悪趣《あくしゆ》）である餓鬼道へ広がりをみせていくのが中世立山地獄説話の特色とすることもできよう。特に餓鬼道は常に飢えと渇《かわ》きに苦しむ世界であり、飢饉が頻発する中世という時代にあって立山地獄説話に一層のリアリティを与える効果があった。

この節では、中世立山地獄説話としてフリーア美術館所蔵『地蔵菩薩霊験記』と『清凉寺縁起』巻六を取り上げた。立山山中に立山地獄があること、亡者の行き先に立山地獄があること、さらに地獄での亡者の苦しみは遺族の追善供養で救うことができること、といった立山地獄説話の基本的構造が中世にも引き継がれていることを確認してきた。併せて、『清凉寺縁起』巻六から亡者の堕ちる場所としては立山地獄だけではなく、同じく悪趣である立山餓鬼道が出てくる点を中世立山地獄説話の特色であるとした。

3．仙洞御所で演じられた猿楽能「善知鳥」

〔「善知鳥」の初見〕

次に謡曲『善知鳥』を取り上げる。

中世の立山信仰を研究しようとする場合、立山地獄に堕ちた亡者をシテとする謡曲『善知鳥』は欠かせない資料である。久保尚文氏は「中世人の立山地獄観―謡曲・狂言を素材として―」において、謡曲『善知鳥』を鋭く分析し、中世後期における立山信仰の変質を指摘した。(27) この先駆的な業績には学ぶべきところが多い。本節では、寛正大飢饉の影響をみるという別の視点から、謡曲『善知鳥』に注目する。

謡曲『善知鳥』の成立時期については諸説があって定まっていない。(28) しかし次の『親元日記《ちかもとにっき》』の記事は成立の下限を示している。

○『親元日記』寛正六年二月二十八日(29)

廿八日　丙午　旦　曇　天晴

御院参《ごいんざん》御供一番　能観世《かんぜ》　已前廿三日目録十番内志《じ》ねん居士《こじ》ナシ仍テあたちかハら有

其外　うとふ　かつらき　名取老女《なとりろうじょ》　野々宮　養老

以上十五番

『親元日記』は室町幕府政所執事《まんどころしつじ》を世襲する伊勢《いせ》氏の被官《ひかん》（のち政所代《まんどころだい》）である蜷川親元《にながわちかもと》の日記である。(30) 応仁の乱前後の社会情勢などを記し、貴重な史料となっている。

ここは、寛正六年（一四六五）二月二十八日、室町殿八代将軍足利義政が後花園院《ごはなぞのいん》の仙洞御所《せんとうごしょ》に参上し、同御所において観世座《かんぜざ》による仙洞能《せんとうのう》が開催されたとする記事である。足利義政が後花園院の仙洞御所に院参《いんさん》して開催した仙洞能は寛正五年から応仁二年（一四六八）までに七回あり、演者のみならず演目も幕府側が決め、幕府主催の開催であったとされている。(31)

この記事の「うとふ」は、世阿弥が確立した夢幻能《むげんのう》の一つと考えられている「善知鳥」（烏頭）のことで、「善知鳥」が上演されたことを示す初見の史料である。

『親元日記』同年二月二十三日条(32)によれば、予め用意されていた仙洞能の演目は、十番（「鵜羽《うのは》」「八島《やしま》」「夕顔《ゆうがお》」「檀《だん》風《ぷり》」「砧《きぬた》」「杜若《かきつばた》」「放下《ほうか》」「自然居士《じねんこじ》」「誓願寺《せいがんじ》」「重荷《おもに》」）と、七番（「芦刈《あしかり》」「頼政《よりまさ》」「名取老女《なとりのろうじょ》」「江口《えぐち》」「野々宮《ののみや》」「葛城《かつらき》」「明恵上人《みようえしようにん》」）の十七演目であった。ところが、十番のうちの「自然居士」は「安達原《あだちがはら》」に変更となり、七番のうちの「頼政」「江口」の二演目が省かれ、「芦刈」は「うとふ」に、「明恵上人」は「養老《ようろう》」に変更して演じられたようである。

この史料から、寛正六年に猿楽能「善知鳥」が上演されていたことが知られるので、その台本である謡曲『善知鳥』も同年までに成立していたことになる。

この時の仙洞能を観劇した者の詳細は不明であるが、少なくとも当事者の室町殿足利義政と後花園院は観劇していたと推測され、日記に記録した蜷川親元も出席していた可能性があろう。いずれにしても寛正六年、洛中の仙洞御所内で猿楽能「善知鳥」が貴顕《きけん》を前にして上演されたという事実がもつ意味は大きい。

〔謡曲『善知鳥』の立山地獄観〕

それでは、貴顕が観劇した「善知鳥」はどのようなストーリーなのか、台本である謡曲『善知鳥』の内容を確認したい。(33) なお、善知鳥は東北地方沿岸部などに生息する海鳥の一種で、能の曲目として使われている。

謡曲『善知鳥』のあらすじは次の通りである。

ある旅僧《たびそう》が陸奥外《むつそと》が浜《はま》へ行く途中、越中の立山地獄で禅定《ぜんじょう》修行をした。悪趣の険路を下山の途中、一人の不思議な老人に呼び止められた。老人は僧に簑笠《みのがさ》を渡して言った。もし外が浜に行くのであれば、昨秋死んだ猟師の妻子の家にこの菅笠《すげがさ》を届けて供養してもらって欲しいと頼み、証拠にと自分の着ていた麻衣《あさぎぬ》の片袖《かたそで》を引きちぎって渡した。旅僧は約束通り猟師の妻子を訪ね、立山で会った老人の片袖を渡した。かたみの着物には片袖がなく、持参した袖とぴったり合った。妻子は驚きつつも、簑笠を手向《たむ》けて僧と共に供養した。すると、猟師の亡霊がやつれ果てた姿で現れ、わが子を懐かしがって近よろうとするが、生前善知鳥の子鳥を捕った前世の報いで近づけない。猟師は殺生《せっしょう》の所業《しょぎょう》のあさましさを知り、生前のように鳥を捕るさまをして見せ、その報いの地獄の苦しみを見せて、救いを求めつつ消え失せた。

陸奥国の猟師であった亡者の行き先は立山地獄である。旅僧から亡者の願いを聞いた遺族は地獄での苦しみから救うため形見の蓑笠を手向けて追善供養《ついぜんくよう》を行う。前節で取り上げてきた立山地獄説話の内容を引き継いでいることがわかる。ただし謡曲『善知鳥』の場合は亡者の地獄での苦しみからの救いまでは展開していかないが、この点については説教《せっきょう》・唱導と猿楽能の違いがあるように思われ、「世阿弥は、勧進興行の場にかけられた多くの地獄劇や修羅劇を二場型の亡者供養劇すなわち複式夢幻能として、地獄性を薄めながら一般的な心の劇として様式化、昇華させた」とする松岡心平氏の複式《ふくしき》夢幻能論は大いに参考になる。(34) いわば芸術を優先させ説教臭さを後退させたからと考えられよう。(35)

寛正六年の仙洞御所において足利義政や後花園院など貴顕を前にして猿楽能「善知鳥」が上演された。この事実を通して、この世の地獄としての立山地獄の存在と、立山地獄は亡者の行き先であること、さらに地獄での亡者の苦しみは遺族の追善供養で救うことができること、といった立山地獄説話の基本的構造をなす立山地獄観が、この時点までに貴顕を含め洛中の人びとに共有されていたと言える。(36)

〔寛正大飢饉の衝撃と立山地獄観の浮上〕

次に、寛正六年に仙洞御所で夢幻能「善知鳥」が演じられたことの歴史的な意味を考えていきたい。

寛正大飢饉の影響は寛正二年以降にも及んでおり、ようやく終息をみたのは寛正五年（一四六四）であったと考えられている。この年の四月、将軍足利義政の主催で三日間にもおよぶ勧進猿楽《かんじんさるがく》の興行が洛中・糺河原《ただすがわら》において行われたことは古来有名である。この勧進猿楽は、将軍足利義政と正室日野富子《ひのとみこ》、義政弟の足利義視《よしみ》のほか皇族・公家・守護大名・寺社が参加し、庶民にも開放されて、大勢の洛中の人びとが見物した一大興行であった。田端泰子氏は「糺河原の勧進猿楽は、公方から庶民まで広く愛好された芸能・猿楽能を庶民にも開放する形式で、野外で大々的に興行することによって、将軍家の権威を示し、寛正の大飢饉からの回復を宣言し、人心の一致をはかる文化政策であった。文化によって人心の収攬がはかられ、それは成功した」と述べ、寛正大飢饉との関係からその歴史的意義を明確にしている。[37]貴顕を含め洛中の人びとに寛正大飢饉の与えた衝撃はそれほど大きかったのである。

仙洞御所での猿楽能「善知鳥」の上演はその翌年のことであった。先にふれたように、その時上演されたのは十五演目であった。その中で遺族の追善供養により亡者を地獄の苦しみから救うという筋書きが明白にみえるのは「善知鳥」のみである。何故演目を変更してまで「善知鳥」を入れる必要があったのだろうか。一節でみてきたように、寛正大飢饉によって洛中は「この世の地獄　この世の餓鬼」の様相を呈していた。その悲惨な極限状況の中にあって、洛中の遺族たちは追善供養による亡者の救済を強く願っていた。幕府や五山も民衆の追善要求に応えざるを得ない状況であった。貴顕の人びとや僧侶などにも身近な人の死に直面した人も多数いたと考えられる。[38]そうした追善の願いの高まりを背景として、猿楽能「善知鳥」が演目に入れられたと考えると理解しやすい。

これまで指摘したように、中世立山地獄説話の流布によって、立山は亡者の堕ちる立山地獄のあるところであり、遺族が亡者の追善供養を行えば地獄での苦しみから救えるといった考えは広く共有され、洛中の人びととの意識の底流にあったと考えられる。寛正大飢饉は、洛中の人びとに追善供養による救済という宗教意識を高めさせ、ひいては追善供養との結びつきが強い立山地獄観を改めて想起させた出来事であった。寛正六年に仙洞御所で猿楽能「善知鳥」が演じられた背景には、こうした洛中における寛正大飢饉の衝撃による立山地獄観の浮上があったと考えられる。寛正大飢饉ほどではないにしても、応永二十八年（一四二一）の飢饉など多くの死者が発生するたびに立山地獄観が浮上したに相違ないが、寛正大飢饉の衝撃ははるかに大きいものであった。中世後期の立山信仰を考えていく場合、こり「立山地獄観の浮上」の問題をふまえる必要があろう。

4. 十五世紀後半における立山信仰の動向

寛正六年以降の立山信仰関係史料を繙くと、立山や立山地獄に対する京都の僧侶・公家・武家の関心の高まりがみてとれる。次の『親元日記』寛正六年五月廿七日・廿九日条(39)はその最初の事例になる。

『親元日記』寛正六年五月廿七日

廿七日、癸酉、自レ暁雨、午晴、

聖護院之杉坊　号二積善院一　就二北国修行禅定一武庫御挙状事、御所望之間、如二彼御注文一被レ遣之、

聖護院之積善院北国御修行候、其辺路次事候、自然之時宜可レ有二存知一候、若又相応之御用など被レ仰候者、無二相違一様ニ可レ被二申付一候、尚々別而無二疎略一者、可レ為二悦喜一候、恐々―、

五・廿六　蜷川越中入道へ　―宗(貞)　是ハ越中国滑川事也、

同一通立山尊教院ニ　是ハ非二御被官久当方被レ申通仁一也、依レ為二申次一野依主計副状在レ之、

此外者依レ仰私之折紙也、

一通清水入道方　親元同　江州海津荘事也、

一通満月坊江ヘ　親元　越中国日比・中村・野尻事也、但賀州津幡ニ居住云々、

一通越中国宇波保ヘ　中西折紙進レ之、御代官也、

一通同国水橋江野依主計進レ之、御代官ハ桃井信州也、依二申次一如レ此、
以上此分調、依レ仰以二親元書状一積善院江進レ之、

『親元日記』寛正六年五月廿九日
廿九日、乙亥、天晴、例日（中略）
聖護院之積善院、先日自二武庫一北国所々江為二被レ遣御状一、御礼光臨、

仙洞御所で猿楽能「善知鳥」が上演されてからわずか約三か月という時点において、京都・聖護院《しょうごいん》の杉坊《すぎのぼう》という僧侶が立山禅定《ぜんじょう》を目的とした北国修行《ほっこくしゅぎょう》の計画をしていたことがわかる貴重な史料である。

杉坊は本史料にしか史上に現れない人物である。積善院《しゃくぜんいん》を号することから聖護院門跡《もんぜき》を補佐する院家《いんげ》の僧侶であったと考えられる。積善院は室町時代に宮中や将軍家で聖護院が行う五壇法《ごだんほう》（五大明王《ごだいみょうおう》を安置し息災《そくさい》・調伏《ちょうぶく》などを行う密教の修法《しゅほう》の一つ）などに従い、熊野三山奉行《さんざんぶぎょう》を務めた有力院家である。(40) 当時は興雅《こうが》の代で、一代前の良讃《りょうさん》は「杉坊」と号している。(41) 興雅がその号を受け継いでいた可能性があるが、杉坊を興雅とみなす明証はない。聖護院は本山派《ほんざんは》修験《しゅげん》の拠点であることから、杉坊も修験に関わりの深い僧侶であることは確かであろう。

廿七日条では、北国修行へ出向くにあたり杉坊がかねて所望していた政所《まんどころ》執事《しつじ》伊勢貞宗《いせさだむね》（「武庫《むこ》」）の挙状《きょじょう》（推挙状）を注文通り発給し終えたことを記し（二行目）、以下、発給した貞宗挙状の内容及び挙状その他の文書の宛先などを覚《おぼえ》として付記している。日記の作者である蜷川親元《にながわちかもと》は当時貞宗の被官《ひかん》としてあり、こうした文書《もんじょ》発給を扱う立場にあったと考えられる。廿九日条の記事は、親元の取り計らいに対して杉坊が親元の許に御礼の挨拶に来たことを記し

ている。挙状は広く推薦・取次・紹介などのために提出する文書をさし、(42) 中世には関所や渡《わたり》を通過するには幕府関係者など有力者の挙状を必要であった。挙状を提示すれば、路次《ろじ》道中においてさまざまな便宜をえることができた。杉坊が幕府実力者の挙状を求めたのは北国修行を円滑に行うためである。

文書の宛先は、蜷川越中入道《にながわえっちゅうにゅうどう》（「越中国滑川事《なめりかわ》」）、立山尊教院《たてやまそんきょういん》、清水入道《しみずにゅうどう》（「江州海津荘事《ごうしゅうかいづのしょう》」、江州は近江国《おうみ》）、満月坊《まんげつぼう》（「越中国日比《ひび(み)》・中村《なかむら》・野尻事《のじり》」）、越中国宇波保《うなみのほ》、（越中国）水橋《みずはし》、である。ためしに京よりの路次順に地名を並べ替えると、江州海津荘―（越中国日比・中村・野尻・宇波保）―水橋―滑川―立山、となろう。海津荘は京と北陸の敦賀《つるが》を結ぶ琵琶湖水運の要津《ようつ》があった荘園、日比は射水郡の氷見、中村は射水郡の上庄川《かみしょうがわ》流域に広がっていた阿《あ》努荘《ぬのしょう》のうち、野尻は砺波郡の野尻保《のじりのほ》、宇波保は射水郡の同地に比定されている。新川郡の水橋、滑川はともに北陸道沿いの交通の要衝で、水橋には常願寺川を渡渉《としょう》する渡があり、滑川は北陸道から立山参詣路《さんけいろ》への重要な分岐点になっていた。(43) 以上の越中国内の場所はいずれも幕府御料所《ばくふごりょうしょ》ないし幕府政所管轄下にあったと考えられている。(44) 日比・中村・野尻・宇波保をどのような順・事情で立ち寄ったのかは不明であるが、日比・中村・野尻の事については賀州津幡《がしゅうつばた》（賀州は加賀国）に居住する「満月坊」（山伏《やまぶし》か）宛てに書状が出されているので北陸道を使って越中に入って野尻に向かうことが考えられ、中世の交通のあり方からすれば野尻からは小矢部川舟運《しゅううん》を利用して日比・中村・宇波保に向かう行程であったと想定される。(45) 地理的方向性を考えれば、そこでの用件を終えた後、水橋・滑川・立山に向かう行程であったのだろう。

史料は「北国修行」に「禅定《ぜんじょう》」と明確に注記しており、また右記したように水橋・滑川・立山と辿るルートを想定しうるので、杉坊の北国修行の目的が立山禅定にあったと考えるのが自然である。少しく問題となるのは他の史料にまったくみえない「立山尊教院」の理解である。貞宗挙状の発給先が滑川の代官とされる「蜷川越中入道」宛と立山尊教院宛の二か所のみであるという事実を勘案すると、立山尊教院は立山禅定を実現する上で鍵を握る存在であったということになる。場所の特定は困難であるが、おそらく立山入峯《にゅうぶ》（修行のため高山《こうざん》に入ること。峰入《みねい》り）に大きな権限をもつ立山信仰関係の寺院であろう。

それでは立山への直線ルート沿いにはない日比・中村・宇波保が行程に入っているのはなぜか。必ずしも立山禅定と結びつける必要がないと思う。『親元日記』寛正六年四月廿六日条をみると、仁和寺領《にんなじりょう》阿努荘中村の年貢の事について幕府に善処を求める記事がある。(46) この記事を基にすると北国修行に際して杉坊が幕府から荘園や御料所の支配などに関わって何らかの依頼を受けていたからと考えるのが穏当である。

杉坊の北国修行・立山禅定は寛正六年中に実際に行われたと考えられるが、同年七月には、二条《にじょう》派《は》歌人であり当時加賀国金劔宮《きんけんぐう》の住僧《じゅうそう》としてあった堯恵《ぎょうえ》が善光寺《ぜんこうじ》（信州《しんしゅう》）への参詣の旅の途中、水橋渡《みずはしのわたり》で乗った舟から立山を眺望し（『善光寺紀行』(47)、文明十八年（一四八六）年には聖護院門跡《もんぜき》の道興《どうこう》が立山禅定修行を行った際に立山地獄巡りをし（『廻《かい》国雑記《こくざつき》』(48)）、同年、堯恵は再び越中を訪れ立山参詣をしている（『北国紀行』(49)）。延徳三年（一四九一）には公家の冷泉為《れいぜいため》広《ひろ》が幕府管領細川政元《かんれいほそかわまさもと》とともに越後へ行く途中、富山湾の舟上から立山を眺めたことを日記に記している（『為広越後下向《げこう》日記』(50)）。これらは寛正大飢饉後の出来事であるが、京都の僧侶・公家・武家の立山・立山地獄に対する関心の高まりを示している。

越中在地でも、文正元年（一四六六）六月に越中守護代の神保長誠《じんぼながのぶ》が立山山麓の信仰集落である芦峅寺《あしくらじ》に祖母堂《うばどう》・地蔵堂《じぞうどう》・炎魔堂《えんまどう》を造営するため十貫文《じっかんもん》を寄進し（「神保長誠料足寄進状《りょうそくきしんじょう》」(51)）、さらに応仁の乱の時期になると、立山堂舎の造立や立山参詣路・宿坊《しゅくぼう》の整備を進める動きが目立つようになる。文明三年（一四七一）には越中国人《こくじん》の土肥将《どいまさ》真《まカ》が芦峅寺の立山衆徒《しゅうと》らに対して、毎日功徳湯《くどくゆ》を沸かし往来者の便宜を図るよう求め、土地を寄進している（「土肥将真下地《したじ》寄進状」)[52]。また乱後の文明十五年（一四八三）には、寺社勧進《かんじん》の活発化の中で立山勧進が行われている[53]。これらの史料は寛正大飢饉後に立山参詣者が急増し、立山復興の動きが顕著になっていることを示していよう[54]。と同時に、土肥将真の寄進状に田地寄進の理由として「為二七世《しちせい》父母《ふぼ》法界《ほうかい》衆生《しゅじょう》一」すなわち父母先祖の菩提《ぼだい》を弔《とむら》うためとあることも勘案すると、立山信仰に先祖《せんぞ》供養《くよう》の教えが強まり、近世庶民仏教へ向けた庶民化の動きも芽生えていたと考えられる。

総じて、史料的には寛正大飢饉後に立山信仰の活発化がはっきりしてくる。「立山地獄観の浮上」の問題と合わせ、一五世紀後半は立山信仰史上において大きな画期であったのである。

おわりに

本稿での主な論点をまとめておく。

(1) 中世の信仰や宗教を考える場合、災害や飢饉との関係を考えなくてはいけない。死後の救済の問題と関わるからである。その場合、死者や死後の救済に直面した遺族の宗教意識が焦点となる。特に、飢饉や戦乱が頻発した中世後期は信仰や宗教の変動期であり、立山信仰史研究でも注目する必要がある。

(2) 寛正大飢饉によって洛中は「この世の地獄　この世の餓鬼」の様相を呈し、洛中の人びとの多くが遺族となり、死者や死の問題に直面した。遺族は追善供養による救済を強く願っていた。

(3) 古代から立山山中には立山地獄があり、亡者の行き先として考えられてきた。立山地獄に堕ちても遺族の追善供養により救済できるという考え方と結びついていた。中世にもこうした立山地獄説話の基本的構造をなす立山地獄観は引き継がれていた。

（4）寛正六年に洛中の仙洞御所で猿楽能「善知鳥」が上演された。貴顕を含め当時の洛中の人びとの意識の底流には立山地獄観があったが、寛正大飢饉は遺族を中心とする洛中の人びとに追善供養による亡者の救済という宗教意識を高めさせ、追善供養との結びつきが強い立山地獄観を洛中の人びとに改めて想起させる出来事であった。「善知鳥」上演の背景には、こうした寛正大飢饉の衝撃による立山地獄観の浮上があったと考えられる。中世後期の立山信仰を考えていく場合、この「立山地獄観の浮上」の問題をふまえる必要がある。

（5）寛正大飢饉後に京都の僧侶・公家・武家の立山や立山地獄に対する関心の高まりがみられる。越中在地でも立山参詣者が急増し、立山復興の動きが顕著になってくる。また立山信仰に先祖供養の教えが強まり、近世庶民仏教へ向けた庶民化の動きも芽生えていた。史料的には寛正大飢饉後に立山信仰の活発化がはっきりしてくるわけで、「立山地獄観の浮上」の問題と合わせ、十五世紀後半は立山信仰史上において大きな画期であったといえる。

注

（1）峰岸純夫『中世　災害・戦乱の社会史』（吉川弘文館、二〇〇一年）Ⅰの「二　自然環境と生産力からみた中世史の時期区分」「四　中世後期の二つの歴史像―飢饉と農業の発展―」。

（2）前掲・峰岸純夫『中世　災害・戦乱の社会史』四十頁。

（3）水野章二『災害と生きる中世　旱魃・洪水・大風・害虫』（吉川弘文館、二〇二〇年）三十三頁。

（4）本稿で扱う越中関係の史資料は『富山県史　史料編Ⅱ　中世』（富山県、一九七五年）に収録されている。
（5）『群書類従』第二十輯・合戦部。なお、国文学研究資料館新日本古典籍データベース『新撰長禄寛正記』を閲覧した。
（6）大日本古記録『碧山日録』上（岩波書店、二〇一三年）。
（7）増補続史料大成『大乗院寺社雑事記』二（臨川書店、一九七八年）。
（8）史料纂集『経覚私要鈔』第五（続群書類従刊行会、一九八五年）。
（9）願阿弥については、今谷明『中世奇人列伝』（草思社、文庫版二〇一九年）「願阿弥」、下坂守『描かれた日本の中世―絵図分析論』（法藏館、二〇〇三年）第二章「中世的「勧進」の変質過程―清水寺における「本願」出現の契機をめぐって―」を参照されたい。
（10）前掲・大日本古記録『碧山日録』上。前掲・『富山県史　史料編Ⅱ　中世』七七〇番。
（11）大日本古記録『臥雲日件録抜尤』（岩波書店、一九六一年）。前掲・『富山県史　史料編Ⅱ　中世』七七二番。
（12）前掲・今谷明『中世奇人列伝』一七九・一八〇頁。
（13）西野和美「室町中期京都における飢饉と民衆―応永二十八年及び寛正二年の飢饉を中心として―」『日本史研究』二七五（日本史研究会、一九八五年）。
（14）前掲・大日本古記録『碧山日録』上。
（15）『日本民俗大辞典』上（吉川弘文館、一九九九年）「卒塔婆」（伊藤唯真執筆）。
（16）日本思想体系『往生伝　法華験記』（岩波書店、一九七四年）。
（17）新日本古典文学大系『今昔物語集』（岩波書店、一九九三―九九年）。以下の『今昔物語集』の説話も同じ。
（18）五来重『日本人の地獄と極楽』（人文書院、一九九一年）。
（19）『続日本の絵巻23　山王霊験記　地蔵菩薩霊験記』（中央公論社、一九九二年）。
（20）『別冊太陽　日本のこころ269　フリーア美術館　アメリカが出会った日本美術の至宝』（平凡社、二〇一九年）。
（21）前掲・『別冊太陽　日本のこころ269　フリーア美術館　アメリカが出会った日本美術の至宝』解説。山本聡美「フリーア美術館所蔵「地蔵菩薩霊験記」第一話の主題―女性の罪業としての嫉妬と諍い―」『早稲田大学大学院文学研究科紀要第

65輯』（二〇二〇年）。
(22) 早稲田大学図書館所蔵「清凉寺縁起」（安政二年慧厳写）古典籍総合データベース。
(23) 媼尊については富山県［立山博物館］平成21年度特別企画展展示解説書『立山の地母神　おんばさま』（同、二〇〇九年）及び平成二十九年度特別企画展展示解説書『うば尊を祀る　立山・芦峅寺から諸国へ』（同、二〇一七年）を参照されたい。
(24) 木倉豊信編『越中立山古文書』（立山開発鉄道、一九六二年）「蘆峅寺文書」二番文書。芦峅寺の芦は蘆・葦にもつくる。「蘆峅寺文書」は芦峅寺一山会が所蔵している。
(25) 前掲・木倉豊信編『越中立山古文書』「蘆峅寺文書」四番文書の文正元年（一四六六）「神保長誠料足寄進状」
(26) 法華経の滅罪性については五来重「庶民信仰における滅罪の論理」『五来重著作集第九巻　庶民信仰と日本文化』（法藏館、二〇〇九年）参照。
(27) 久保尚文「中世人の立山地獄観―謡曲・狂言を素材として―」『越中中世史の研究　室町・戦国時代』（桂書房、一九八三年）第三章第三節。
(28) 謡曲『善知鳥』の成立時期については、伊藤喜良『日本中世の王権と権威』（思文閣出版、一九九三年）Ⅱの「第三章　中世後期の雑芸者と狩猟民―「善知鳥」にみる西国と東国―」に整理がある。
(29) 内閣文庫本『増補続史料大成　親元日記』。宮内庁書陵部所蔵資料目録画像公開システムの『蜷川親元日記』（江戸中期写）では、「うとふ」は「烏頭」となっている。
(30) 蜷川氏はもともと鎌倉期の御家人の系譜を引く越中の有力土豪で、室町時代にも越中の蜷川に所領を有し勢力を保っていた。南北朝期に庶子家が上洛して足利尊氏に仕えて以来、幕府政所執事伊勢氏の被官となり、親元の代には伊勢貞親・貞宗のもとで将軍家の家産を司った。越中在地の蜷川氏との関係も維持されたようである。蜷川氏については、久保尚文氏の『越中中世史の研究　室町・戦国時代』（桂書房、一九八三年）及び『越中富山　山野川湊の中世史』（桂書房、二〇〇八年）参照。
(31) 池田美代子「中世後期の猿楽―天皇・院・室町殿との関係―」（『お茶の水史学』56号、二〇一二年）。

(32)前掲・内閣文庫本『増補続史料大成　親元日記』。
(33)日本古典文学大系『謡曲集』下（岩波書店、一九六三年）。
(34)松岡心平『中世芸能講義　「勧進」「天皇」「連歌」「禅」』（講談社学術文庫、二〇一五年、原本は二〇〇二年）六十頁。
(35)片袖幽霊譚についてふれておく。片袖幽霊譚とは室町時代以降の怪異譚・奇異譚にみられる「亡者が旅の人の前に現れて、遺族へ追善供養などの伝言を頼み、確かに出会ったという証拠として自分の着物の片袖をとって渡す」といった筋書きの話であり、主に国文学や芸能史の方面ではやくから注目され研究が進められてきた。近年の成果に堤邦彦氏の『江戸の怪異譚　地下水脈の系譜』（ぺりかん社、二〇〇四年）第一部第二章Ⅳ「片袖幽霊譚の展開—唱導から文芸・民談へ」がある。中世では立山地獄説話にみられることが多く、謡曲『善知鳥』のほか、先の『清涼寺縁起』巻六などが主なものである。中世史家の伊藤喜良氏は、謡曲『善知鳥』にみられる片袖幽霊譚には中世という時代が生み出した意識や思想がみられるとしている（前掲・伊藤喜良『日本中世の王権と権威』二三九頁）。
(36)久保尚文氏は前掲論文「中世人の立山地獄観—謡曲・狂言を素材として—」（『越中中世史の研究　室町・戦国時代』）で「越中立山の地獄は能作者ばかりでなく、観衆にとっても周知の世界であったと考えられる。そうでなくては『善知鳥』の上演は当初から成立しえなかったと思われる」（一八六頁）と述べているが、私も同じ認識である。
(37)田端泰子『足利義政と日野富子』（山川出版社、二〇一一年）三十一頁。
(38)先に挙げた『経覚私要鈔』寛正二年三月二十六日条をみると、飢民に施食を行っていた願阿弥の弟子二人が亡くなり、願阿弥自身も万死一生の重病に罹ったことが知られる。悪疫も蔓延した極限状況を象徴している。
(39)前掲・内閣文庫本『増補続史料大成　親元日記』。
(40)首藤善樹『修験道聖護院史要覧』（岩田書院、二〇一五年）二七〇頁。
(41)前掲・首藤善樹『修験道聖護院史要覧』二七二頁。首藤善樹『修験道聖護院史辞典』（岩田書院、二〇一四年）一〇四頁。
(42)小川信「挙状」『日本歴史大事典１』（小学館、二〇〇〇年）。
(43)立山参詣路については、石原与作「立山参詣路の変遷」『越中史壇』一〇号（越中史壇会、一九五七年）・富山県教育委員会編『富山県歴史の道調査報告書—立山道—』（富山県郷土史会、一九八一年）・『富山県史　通史編Ⅱ　中世』（富山県、一九八四年）第五節二交通「立山街道」参照。

(44) 地名については、日本歴史地名大系第一六巻『富山県の地名』（平凡社、一九九四年）・『富山県地名大辞典　増補』（角川書店、一九八七年）・久保尚文『越中中世史の研究　室町・戦国時代』（桂書房、一九八三年）・同『越中富山　山野川湊の中世史』（桂書房、二〇〇八年）を参考にしている。

(45) 中世の越中では小矢部川の中流域の蓮沼から河口部の六渡寺までの舟運が発達し、北陸道の主要ルートになっていた。富山県教育委員会編『富山県歴史の道調査報告書―北陸街道―』（富山県教育委員会、一九八〇年）及び久保尚文前掲『越中中世史の研究　室町・戦国時代』二八二頁参照。

(46) 前掲・内閣文庫本『増補続史料大成　親元日記』。前掲・『富山県史　史料編Ⅱ　中世』八一三番。

(47)『群書類従』紀行部。前掲・『富山県史　史料編Ⅱ　中世』八一八番。

(48)『大日本史料』第八編之十八。前掲・『富山県史　史料編Ⅱ　中世』九九三番。

(49)『大日本史料』第八編之十八。前掲・『富山県史　史料編Ⅱ　中世』九九二番。

(50) 財団法人冷泉家時雨亭文庫編『冷泉家時雨亭叢書第六十二巻　為広下向記』（朝日新聞社、二〇〇一年）。為広の立山遠望については次章参照。

(51) 前掲・木倉豊信編『越中立山古文書』蘆峅寺文書四番。前掲・『富山県史　史料編Ⅱ　中世』八二五番。

(52) 前掲・木倉豊信編『越中立山古文書』蘆峅寺文書五番。前掲・『富山県史　史料編Ⅱ　中世』八五八番。

(53) 文明十五年（一四八三）に蜷川親元が三条西実隆に「立山勧進帳」の清書を依頼している（続群書類従完成会『実隆公記』巻一之下の同年三月廿九日条）。立山勧進については、日和祐樹「立山信仰と勧進」（山岳宗教史研究叢書10『白山・立山と北陸修験道』、名著出版、一九七七年）参照。

(54) 十五世紀後半における動きを「立山参詣者の急増」「立山の復興」ととらえることについては木倉豊信「立山の歴史―両峅の変転を中心に―」（『立山　その自然と文化』立山開発鉄道、一九五六年）に学んでいる。

二　冷泉為広《れいぜいためひろ》の〈タテ山ミユ〉

はじめに

冷泉為広は室町時代の後期から戦国時代にかけて活躍した公家・歌人である。最初に略歴を記すと、宝徳二年（一四五〇）に冷泉家《れいぜいけ》第五代為富《ためとみ》の子として生まれ、文明九年（一四七七）従三位《じゅさんみ》、文亀元年（一五〇一）正二位《しょうにい》、永正三年（一五〇六）権大納言《ごんのだいなごん》、翌年民部卿《みんぶきょう》を兼ね、永正五年五十九歳で出家、大永六年（一五二六）に能登七尾に下《げ》向《こう》し、同地で没した。享年七十七歳。家学の歌道を伝え、宮中・幕府などの歌会に加わって歌壇にも重きをなした[1]。

為広は延徳三年（一四九一）の三月から四月にかけて京より越後に下向し、その行き帰りに越中を通過している。応仁の乱が終わってから十三年余、為広四十二歳のときである。この旅路については旅日記「為広越後下向日記」が残されており、旅程・地名や眼にした名所などが詳しく記されている[2]。越中の旅路の部分をいちはやく紹介された小《こ》葉《ば》田《た》淳《あつし》が「その地域において、重要な史実を提示し、また示唆するものがあろう。」と述べられているが、まさしく越中史に裨益《ひえき》するところ大なる史料である。とくに地名については当時確実に存在していたことがわかり、歴史の中で〝定点観測〟ができる貴重な情報となっている。

到着・宿泊所
沼(「蓮沼ノ遊佐加賀館ニ一宿、 主一献張行、朝夕同之、京兆へ礼 申、拙者ニモ馬・太刀ニテ礼アリ、 面ス」)
ウシ津(放生津)(「ハウシ ノ」「普照院(「能建時ノ内」)ニ一 (「神保一献張行」)
津(「小津ニテ椎名所旅宿也　雑 同之」)
呂アリ」)
崎(「宮崎成福寺ニ一宿也、椎名 」)
庵川」)イトヒ川(「此所ニテ 寺ト云寺一宿也、上杉ヨリ迎人 等アリ、雑掌同之」「ムカヒニ一 テ寺」)

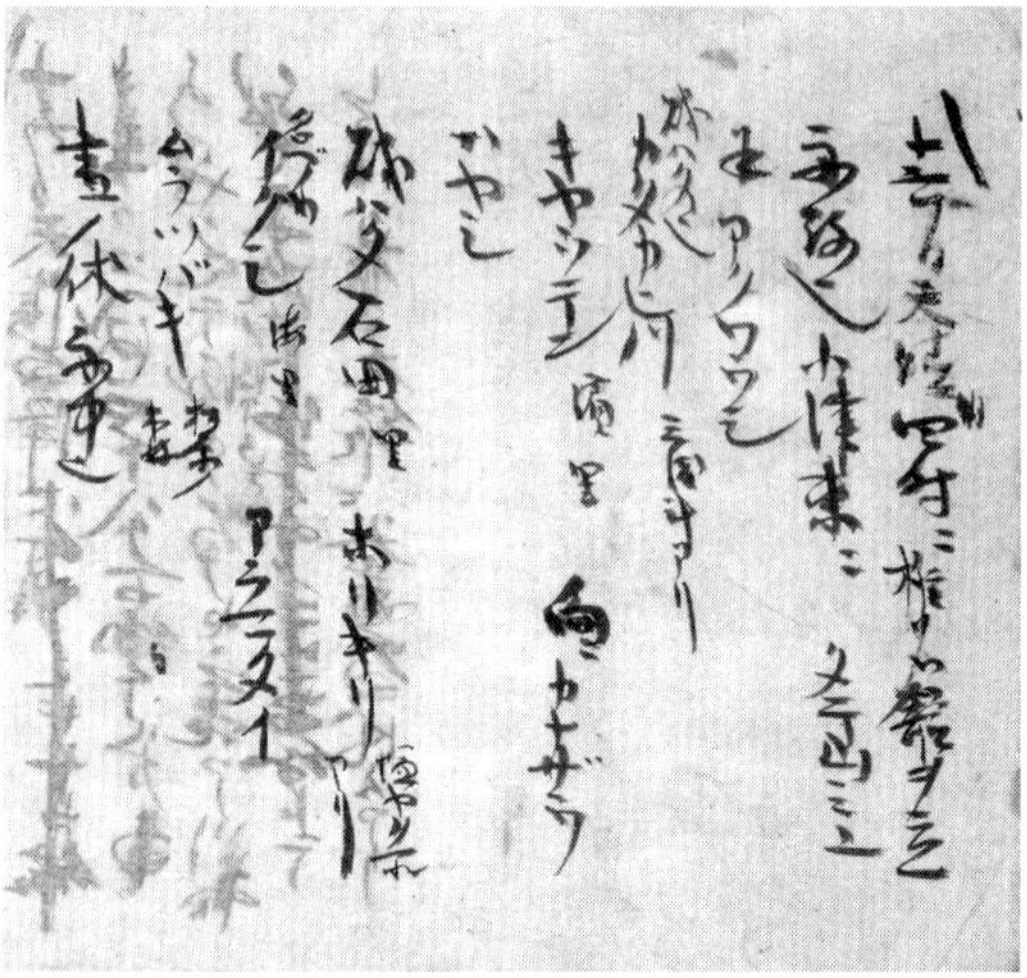

「為広越後下向日記」(公益財団法人冷泉家時雨亭文庫所蔵)
にみえる〈タテ山ミユ〉

為広が加賀から越中に入ったのは延徳三年の三月十二日のことであった。往路では六日間越中の旅路を楽しんでいる。旧暦では春の時期である。復路では越後から四月十二日に入り、七日目に加賀へ向かう。この約二週間の越中の旅路において、為広は日記に〈タテ山ミユ〉と記し、立山を遠望した。写真はその部分である(3)。

本稿では為広の下向日記に記されたこのごく短いメモ書きをめぐって、いくつか考察をする。

1. どこから立山を遠望したのか

冷泉為広の越中の旅路をまとめたのが表1と表2である。表1が往路、表2が復路である。小葉田淳の釈文を冷泉家時雨亭《しぐれてい》

二　冷泉為広の〈タテ山ミユ〉

表1　冷泉為広の越後下向旅程表（往路越中関係）　延徳3年（1491）

〈往路〉

月	日	出立所		通過・遠望	昼休所	通過・遠望
3	12	キヤウカク所（「天晴、四時ニキヤウカク所ヲ立テ」）		マスヅミ里－石坂－サイ川－山ザキ里・橋－アサ野－柳橋－ミシバラ－モリモト橋・川－（左ニ遠望）宮ノコシ浜－フクベ－オホタ－中条里－アサダ－アラヤ橋・里	竹ノ橋（「般光院」「昼休也、里名也、川ハナシ」）	（「路ノ左ニ池」）クリカラ（「ニ、ウキ旅ヲシツノヲタマキクリラヤ跡ハ昔ノ人の面影」）－（「クカラ也」）不動堂（「坂遠シ」「此枕石加州・越前ノ国堺也」）－「ノ左ニフタガミ山ミユ」－（「左并ニ」）ハニフノ八幡（「平家人落所アリ、其ノ時ノ城ノ跡等アリ－（「右ノ谷越ニ」）ワシノオイ道－キタグロ坂－南ロ坂－葵カ塚－セキヤグミノ木森－ヒノ宮河原
	13	蓮沼（「天晴、遊加館ヲ四時ニ立、舟付マテ遊佐弥九郎来」）	舟路	（「縄ニテ引、又ハ、カイニテコク也、蓮沼ヨリ舟也」）蓮沼川－シユメイ川－ユスリギ山（「南遠クイハウセンミユ」「山寺也」）－フクマチ里－カモ山ノフタツ城－モト丶リ山－サミ里－サガ野里－ハツカ川－フタカミ山（「権現　里・花　里ノ前ヲ舟ニテトヲル、遠ミ花・里」）－一ノ宮－六ドウジ－オホタ浜（「左ニ遠クヒラトテ嶋ニ森ミユ」）－オホノ浦コ渡里－横浜－ハウシ津－ナコ浦・里		
	14	ハウシ津（「自暁雨降、ハウシ津ノ普照院ヲ立」）		アラヤ（「フシ権現ノ御トヒアル社アリ」）－エビエ－メウシン橋－ネリアヒ（「此所ニゴフク山トテアリ、アラヤヨリネリアヒノ間ニ、順礼観音三十三所クハンシヤウ申」）－イハウ－アシアラヒ里－ウチテ里－シバクサ－ヨカタ里－イハセ渡（「大河アリ、里」）－カミイハセ	ナカエノ木里（「昼ノ休観音寺ト云寺也」）	ヒカタイ－クロザキ－ハシ（「里、渡舟ニ乗」）－ナリ川里－ナカ川里－ツガウ－タカツカ－オイケ－ハヤツキ川（「渡守アリ
	15	小津（「天陰、雨降、クロヘ河四十八ケ所侍ケルカ、雨水ハヤクシテ渡事如何由京兆申、然者舟路ノ波アラキ由侍トテ今日ハ椎名館ニ各逗留ス、				
	16	小津（「天晴、明四時ニ椎名館ヲ立、舟路也、小津東ニタテ山ミユ并アクワウシ」）	舟路	（「磯ハタ也」）カタカヒ川（「三渡計アリ」）－キヤウテン浜・里（「向ニカナザウ」）－ハヤシ－磯ハタ石田里－ホリキリ（「塩ヤク所アリ」）－（「クロベノ内」）イグシ海・里－アラマタイ－ムラツバキ（「松原ノ森」）	舟中（「昼ノ休舟中也」）	クツガタ（「惣ヘ椎名雑掌」）クロヘノ河原ミユ－ミノサワ－ヨシ原ノ浜－ハタ－横山－カスガ－ロヘノ河ヲ皆過」）－ウサカ宮－ミヤザキ
	17	宮崎（「微雨、四頃ニ成福寺ヲ立」）		サカイ（「里、川ヨリ越中サカヒ、越後国ニナル也」）－市ブリ里－山ノシタ（「磯ハタ、山キハ」）－水オツル滝－ヲヤシラス－カサバミ（「里少シ」）－トナミ里	ウタ（「辻堂、昼休也」）	（コレマテ山ノ下ノ中、（「ワシ駒カヘリトテ坂アリ」）－クロハ－アフミ－クロビメ－テライ－タウミ－スワ－ヒメ川（「舟、此川海トツ也」）－妙カウサン（「山昔モユル山也」）－テラ嶋里

叢書の釈文と影印で確認して訂正・追加し、記載事項を漏れなくまとめた。往路が詳しく、復路があっさりしているのが一目瞭然わかるが、往路の旅路では、現在と共通する地名が多く見出され、驚く。不明の地名や読み取れない文字もあるが、ほとんどが小葉田によって比定されているので、参照されたい。

さて、該当の部分は往路の三月十六日の箇所にある。その二日前の十四日に為広は小津《をづ》（魚津の古名）の椎名《しいな》の館《やかた》に入っている。椎名氏は室町・戦国期に新川郡守護代として越中東部に勢力を有した一族で、その居館は富山湾に近い北陸道沿いに築かれた小津城（魚津城）にあったと考えられている。[4] 翌日雨に降られ黒部川の四十八《しじゅうはち》ケ《か》瀬《せ》の流れがはやく、海の波も荒くなったので舟での移動をあきらめ、椎名の館でもう一泊することになった。黒部四十八ケ瀬の急流は交通の難所であった。[5] 為広の同行者に「京兆《けいちょう》」すなわち細川政元《ほそかわまさもと》がいたが、相談して逗留《とうりゅう》を決めている。そもそも為広の越後下向は、日記に「細川右京大夫諸国名所トモ一見シ侍ラントテイサナハレケレバ」とあるように当時幕府の第一の実力者であった右京大夫《うきょうだいふ》細川政元に誘われ同道したものであった。[6] 政元には政治的な意図もあったと考えられている。[7]

そして十六日、日記には「天晴、明四時ニ椎名館ヲ立、舟路也、小津東ニ　タテ山ミユ并アクワウシ」と記している。前日の雨が上がり晴れたようである。「明四時」は今日の時間でいえば十時頃である。椎名の館を出発して、舟路で宮崎へ向かった。出発間もなく、小津の東の方向に立山がみえたとする。

つまり、為広は魚津の近くの富山湾に浮かぶ舟の上から立山を遠望したということになる。雨上がりの晴れた空に海から見る立山連峰のパノラマは格別の美しさがあったであろう。為広は海から立山を遠望したのであった。おそらく為広には感動があったと思われる。

到着・宿泊所
崎
津
ウシ津（「興福寺一宿也」）
沼
本（「森本ノ万徳院一宿也」）

二　冷泉為広の〈タテ山ミユ〉

表2　冷泉為広の越後下向旅程表（復路越中関係）　延徳3年（1491）

〈復路〉

月	日	出立所		通過・遠望	昼休所	通過・遠望
4	12	イトイ川	舟路	（「天晴、舟ニテ昼ノヤスミ」「イトイ川ヲ立テ、ミヤサキ一宿也」）		
	13	宮崎	舟路	（「天晴、舟也、昼ヤスミ舟也」「ミヤサキヲ立テ、ヲ津ノ椎名館ニ一宿」）		
	14	小津（「雨降ニヨリ椎名所ニ逗留」）				
	15	小津	舟路	（「天晴、舟路也、昼ヤスミ舟中也」「椎名所ヲ立テ、ハウシ津ヘ付也）		
	16	ハウシ津	舟路	（「及晩雨少降、昼休八日市也、吉祥寺也、蓮沼ヘ付也」）		
	17	蓮沼（「雨降、一日逗留）				
	18	蓮沼		（「蓮沼ヲ立テ賀州竹ノ橋昼休）		

海からではなく平地からの立山遠望については、古くは大伴家持《おおとものやかもち》や大伴《おおともの》池主《いけぬし》の立山讃歌があり、中世の室町時代のものとしては次の三例が知られている。

寛正六年（一四六五）七月、二条派《にじょうは》の歌人であり当時加賀国金劔宮《きんけんぐう》の住僧《じゅうそう》としてあった堯恵《ぎょうえ》（常光院《じょうこういん》）が、善光寺への参詣《さんけい》の旅の往路、奈呉《なご》から舟で水橋の渡まで行き、「かくて立山の千巌《せんがん》に雪いと白くみえたり」と記し、「あきのきる　衣や寒き　雲のぬき　雪の立山　やま風そふく」と詠じているが（『善光寺紀行』）[8]、おそらく平地から立山を遠望した光景であった。[9]堯恵は文明十八年（一四八六）に、もう一度越中に来ている。そのときには飛驒《ひだ》から越中に入り、「立山のふもとを過て、越中の国にうつりぬ」と記し、「むかし誰　なつより道を　たて山の　雪に消せぬ　あとハ残れる」の和歌一首を詠じているが（『北国紀行《ほっこくきこう》』）[10]、やはり平地からの立山遠望であった。もう一例は万里集九《ばんりしゅうく》である。長享三年（一四八九）五月に越後から越中に入った万里集九は黒部四十八ヶ瀬を渡ったのち滑川《なめりかわ》に行くまでの間に「三日、以二余糟毛馬一、献二府吏之轡田一、立山独有レ雪」と記している（『梅花無尽蔵《ばいかむじんぞう》』）[11]。自分の糟毛《かすげ》の馬を人に献上するくらいであるから、陸路を馬で移動していたのであろう。集九の立山遠望は馬上からであったと考えられる。

このように古代・中世の史料には平地からの立山遠望しかなく、海からの立山遠望を記したものはこの冷泉為広の〈タテ山ミユ〉のみである。近世の紀行文や詩文には海からの立山遠望が好んで取り上げられ多く残されているが、[12]中世のものはこの一例に限られる。見落としがなければ、「海からの立山遠望」を記した初見史料ということになる。越中史においてきわめて価値のあるメモ書きであろう。

2. 立山の読みと変化

立山をどう読むのかという基本的な問題は実は難しい。古代においては万葉仮名で「多知夜麻」(『万葉集』巻十七・四〇〇〇など)と発音しているので「たちやま」と読んでいたことは確かであるが、いつから「たてやま」と読むようになったのか。

高瀬重雄は次のように書いている。[13]

立山は、いまタテヤマと呼ばれている。しかし古くはタチヤマとよんでいたらしい。『万葉集』には「多知夜麻」とかかれており、『蜻蛉《かげろう》日記』は「倒るるにたち山」という諺をのせている。『堤中納言《つつみちゅうなごん》物語』の「よしなしごと」の条にも「たち山」とある。『枕草子』は「いりたちやま」記し、『奥義抄《おうぎしょう》』も『八雲御抄《やくもみしょう》』にも「たち山」または「たち」と記されている。すくなくとも奈良時代から平安時代にかけてはタチヤマとよんでいたのであろう。

また廣瀬誠は次のように記している。[14]

当時（奈良時代…引用者註）、立山はタチヤマと言った。タチヤマがタテヤマに変わった時期は明確ではないが、室町時代の堯恵の紀行がタテヤマと書き記した最初の確実な文献だ。「立山はもともとタテヤマだったのだ。よそ者の家持がまちがえてタチヤマと書いたのだろう」と言った人があるが、実証をともなわぬ無責任な放言だ。院政時代の『梁塵秘抄《りょうじんひしょう》』にも「たちやま」と仮名書きされ、鎌倉時代の『地蔵菩薩霊験縁起《じぞうぼさつれいげんえんぎ》絵巻』の詞書《ことばがき》の立山にも「たちやま」のルビがついている。帯刀と書いて古代はタチハキと訓んだが、後世はタテハキと訓んだ。タチからタテへの転訛を示す一例で、立山の訓み方の変化の有力な参考になるであろう。

立山の読みについてはこの両者の考え方が通説となっている。つまり奈良時代から平安時代にかけては「たちやま」と読まれ、鎌倉時代にもその読み方が続く一方、室町時代になって「たてやま」と読む例が出てくるというとらえ方である。私は文献史学の立場から両者の説明には納得がいき、通説を支持したい。両者は挙げていないが、為広の〈タテ山ミユ〉は編纂物ではない日記にたまたま記載された一次史料であるだけに史料的価値は格段に高い。室町時代に「立山」が「たてやま」と読まれていたことは確実である。もっと限定すれば堯恵の和歌にみえる「たて山」の例を含めて、十五世紀の応仁の乱の前後には「たてやま」の読みが一般化していたとすることができる。

周知のように史料に出てくる「立山」がどこを指しているかについては劔岳、立山連山（連峰）、雄山などの諸説があり、時代による変遷も考えられているところである。(15) 私は「たちやま」から「たてやま」への読みの変化の背景には、おそらく立山信仰における阿弥陀《あみだ》信仰や修験道《しゅげんどう》の展開があり、近世の立山曼荼羅《たてやままんだら》（口絵1の立山曼荼羅吉祥坊本《きっちょうぼうほん》を参照）に描かれる立山本峰《たてやまほんぽう》が立山信仰の中心となっていくことと関連があると考えているが、これについては今後の立山信仰史研究の深化に俟《ま》ちたいと思う。

ただここで指摘しておきたいのは、為広が記した「タテ山」は立山連峰全体を指すのではなく、特定の山を指しているのではないかということである。これまで問題にされることはなかったが、為広の〈タテ山ミユ〉には続きがあって「并アクワウシ」とある。為広は「タテ山」とともに魚津沖の富山湾上から「アクワウシ」も遠望しているのである。これは為広が記した「タテ山」がどこを指しているかについて一つの手掛かりになると考えている。

「アクワウシ」は謎である。「タテ山」と並べて遠望しているのだから、立山連峰のどこかを指していることは間違いない。音韻からすると黒部川源流域にある「赤牛岳」が候補である。あくまでも参考だが、明治三十八年の国語調査委員会編『音韻調査報告書』(16)によれば、明治期の富山県内では字音の「クヮ」「グヮ」と「カ」「ガ」と区別があり、「火事」「喧嘩」「銀貨」「会」「観音」などの「火」「嘩」「貨」「会」「観」を「クヮ」「クヮイ」「クヮン」と拗音《ようおん》に発音し、「絵画」「外国」「本願」などの「画」「外」「願」を「グヮ」「グヮイ」「グヮン」と拗音に発音していたようである。いわゆる合拗音《ごうようおん》にあたり、「アクワウシ」は現地の越中人の発音をふまえて表記したものかもしれない。

試しに「赤牛岳」を調べてみると、廣瀬誠が次のように記しているのがわかった。

水晶岳の北に長々と延びた山稜突端の山が赤牛岳。名のとほり山体赤く、牛が踏んばったやうな悠大な姿だ。越中古図には、たいてい赤牛岳を赤絵具で塗って、その特異性を強調してゐる。神秘的な山として畏敬されてゐたのだ。赤牛三吉とも呼ばれてゐたが、三吉は山鬼であらう。(東北地方には山鬼を祀って三吉大明神と唱へてゐる例がある。)偶然これに安永四年(一七七五)の盗伐者三吉捕縛の印象が加はって、よけい三吉の名を強めたのであらう。この赤牛岳は、水橋・滑川間の北陸線車窓からよくみえる。薬師岳とスゴウの頭の間の鞍部(スゴウ乗

越）に高々とのしあがって、その不屈の面構へを、日本海から吹きつける風に打たせてゐる。(17)
黒部川源流には赤牛岳といふ山があるが、この山も神秘の山として畏敬されてきた。『越中志徴』の著者森田柿園は宝徳二年の異変があった山も、礪波・婦負の牛岳ではなく、新川の赤牛岳だとしてゐる。越中には、呉西にも呉東にも牛にちなむ霊山があったわけだ。(18)

簡潔ながら有益な情報が盛り込まれている。廣瀬誠は赤牛岳が古くから神秘の山として畏敬されてきたとしている。たしかに十九世紀初頭（文化年間）の古絵図を見ると赤牛岳が赤く彩色されている（口絵2）。三吉大明神《みよしだいみょうじん》は秋田で信仰されている三吉大権現《みよしだいごんげん》・三吉様《さんきち》のことである。柳田国男は『山の人生』で「秋田方面の山鬼《さんき》もともと山中の異人の汎称《はんしょう》であったらしいが、後には太平山上に常住する者のみをそういうことになり、ついには三吉大権現とも書いて、儼然《げんぜん》として今はすでに神である。」と書いている。(19) 赤牛岳が古くから特別視されていたことは確実であろう。

宝徳二年（一四五〇）の異変とは、『康富記《やすとみき》』（室町時代の公家である権大外記《ごんのだいげき》の中原康富《なかはらのやすとみ》の日記）の次の記事である。(20)

（宝徳二年七月十六日条）
越中国奇異事
十六日戊戌　晴陰、後日人々語説、今日於二越中国一、有二不思議一、大風大雨之中、牛嶽《ウシガタケ》ト云所ヨリ光物出、其体雲中、鬼形有レ之、

指レ艮飛行、其間十里許也、山河草木悉、損失云々

次のように訳せる。

後日に人々が語り説いたことである。今日、越中国で不思議なことがあった。大風が吹き、大雨が降る中、「牛嶽」と云うところより「光物」が出て（その体《てい》は雲の中に「鬼形」をしている）、艮《うしとら》（北東）の方向へ飛行した。その距離は十里ばかりである。その間の山河草木はことごとく損失したと云う。

いかにも不思議な話である。何らかの自然現象が生じた可能性があるが、詳細は不明である。右の引用部分を国立国会図書館のデジタルコレクションの『康富記』で確認すると追記であることが判明し、「越中国奇異事」も後から付けた見出しである。当時の京中都人の間で特筆すべき伝聞として広まっていた話であったのだろう。中原康富は「後日人々語説」とわざわざ注記をし、日記に書き込んだのであった。同年八月九日条にもほぼ同じ伝聞を記し、「指レ艮飛行」には「越後ニアタル」と注記し、被害については「其路跡草木山河人屋悉以二枯渇一、作毛無二一粒一、不二知幾十里一云々」とより具体的である。[21]

この『康富記』が記す宝徳二年に越中国で起きた異変を『越中志徴』は婦負郡の牛岳ではなく、新川郡の「赤牛ケ嶽」の項目に引用する形で赤牛岳とする説を唱え、[22]先にみたように廣瀬誠が支持した。私はその可能性は高く、「アクワウシ」は赤牛岳を指していると考えている。廣瀬は「赤牛岳は、水橋・滑川間の北陸線車窓からよくみえる」とし、実際に山のことをよく知る地元の人に聞いても水橋・滑川の海沿いから赤牛岳が見えるようである。[23]富山湾の沖合い

においても眺望の位置によっては見えたものと推測する。この宝徳二年の異変のことを為広が知っていたので赤牛岳に眼をやり、日記に記したのではなかろうか。赤牛岳が当時修験の山であった確証はまだつかめていないが、廣瀬誠が三吉大明神との関連を示唆し、また後にふれるように為広と同行していた細川政元は修験道に傾倒し、随員には山伏もいたという。神秘の山とされる赤牛岳を眺めたとすることは一つの仮説としては成り立つと思う。「アクワウシ」を「赤牛岳《あかうしだけ》」と解することが認められるならば、「タテ山」は立山連峰全体ではなく、特定の山を指していることになる。広大な立山連峰の中でも「タテ山」と「アクワウシ」に特に眼を注いだことの意味は考えられなければならない。面白い問題である。

3．名所としての立山　修験の山としての立山

冷泉為広の旅路の一つの目的は諸国の名所を見ることにあった。日記を見ると越中では、「タテ山」（立山）のほか「フタガミ山」（二上山）・「オホノ浦」（大野浦）・「ナコ浦」（奈呉浦）・「ハヤツキ川」（早月川・延槻川）・「カタカヒ川」（片貝川）など家持の万葉歌に出てくる万葉故地を意識しており、「クリカラ」（倶利伽羅）・「ハニフノ八幡」（埴生八幡《はにゅうはちまん》）・「イハウセン」（医王山《いおうぜん》）など中世において知られるようになった名所にも関心を寄せていたことがわかる。堯恵の場合は寛正六年（一四六五）の越中の旅路において「砺波山」・「布勢海」・「田子浦」「奈呉」・「立山」などで和歌を作っているが、田子浦《たごのうら》の和歌の作歌註に「彼家持卿興遊をのべ侍し田子のうらはいずくならんと尋侍れども、さだかにこたふる人も侍らず」と記すので、明らかに万葉故地の巡拝に関心があったことは確かだろう。為広も万葉故地を見ることを楽しみにしていたことがうかがえる。ともに「立山」を遠望しているが、単に越中の〈名所〉という

だけではなく、立山には特別の思いを持って見ていたようである。

影印版《えいいんばん》をみると、「小津東ニタテ山ミユ」の部分の「小津東ニ」と「タテ山ミユ」の間が一字分間隔が空いている。公文書ではないので闕字《けつじ》とは考えにくいのであるが、他の下向日記の影印版も確認してみると、「為広能州《のうしゅう》下向日記」の十一頁（二オ）の「国津神」の前一字分が空いている。公家の習性として敬意の意識が表出していると考えることもできるのではないか。立山讃歌を歌った家持に対する敬意か、立山に対する敬意か、何らかの敬意の意識があるように思われる。その場合は、〈名所〉としての立山の過去に対する敬意か、あるいは能登の国津神《くにつがみ》の例を重視するならば、立山権現《たてやまごんげん》に対する敬意の可能性もある。

その点に関連して興味深い事実が明らかにされている。為広に同行している細川政元は幕府の実力者であるが、修験道に凝《こ》っていた。末柄《すえがら》豊氏の研究によると、(24)延徳三年の越後下向の随員に「山伏大輔」なる人物がおり（『蔭凉軒《いんりょうけん》日録《にちろく》』延徳三年三月三日条）、出発前には全員山伏の身なりで随従するとの風聞もあった（『同』延徳三年二月十一日条）。さらに当時東北地方における聖護院《しょうごいん》系（本山派《ほんざんは》）修験組織の一大拠点をなしていた奥州白川《おうしゅうしらかわ》の結城《ゆうき》氏を訪ね、そののち関東へ行き山内上杉《やまのうちうえすぎ》氏と提携する目的があったらしい。奥州下向は「諸国巡礼」（『後法興院記《ごほうこういんき》』延徳三年二月十三日条）、山内上杉氏との提携は明応《めいおう》の政変の下工作であった（実際には将軍足利義材《あしかがよしき》からの帰還要請があり、奥州及び関東下向は中止になった）。また政元の下向ルートは五年ほど前に聖護院門跡《もんぜき》の道興准后《どうこうじゅごう》の辿った道と一致し、山伏を案内に立てて修験道のルートを利用している。

この末柄氏の研究により、同行する政元の目的は「細川右京大夫諸国名所トモ一見シ侍ラントトテイサナハレケレバ」と為広が記すこととは裏腹に政治的意図が濃厚であったことになる。五年前に同じ北陸路を通った道興の目的の一つが本山派に属する地方在住の檀那《だんな》や山伏らの動向を把握することにあったと考えられており、(25)政元の〝修験者の道〟

を利用した下向にも諸国の修験者との関係強化をめざす意図があったと考えるのは自然である。越中史の研究においても久保尚文氏が、八槻《やつき》文書（福島県東白川郡棚倉《たなぐら》町の八槻都都古別《つつこわけ》神社所蔵）の検討から北陸道が本山派の山伏や八槻修験者（奥州熊野修験の先達《せんだつ》）などが利用した〝修験者の道〟である実態を明らかにしている(26)。

こうした政元と同行する為広に修験の山である立山、立山権現を祀る霊山立山に対する敬意があったと類推することはできよう。修験の山である「ユスリギ山」（石動山）・「イハウセン」（医王山）の名を記すところにも修験道との関わりを見出せ、「アクワウシ」もその候補であることは先にふれた通りである。

しかし政元と為広の間には微妙な意識の違いもあったのではないか。先にふれたように為広は万葉故地を意識しており、家持の立山讃歌を通し、かつて「多知夜麻」と読まれた〈名所〉としての立山に対する敬意も重ね合わせていたとすべきであろう。

おわりに

本稿では冷泉為広が「為広越後下向日記」に記した〈タテ山ミユ〉をめぐり二、三の考察をした。

奈良時代に越中守として赴任した大伴家持は土地讃《ぼ》め、国讃めの歌として立山《たちやま》の賦《ふ》を作り、神々しく聳《そび》え立つ立山を越中国のいわば〈名所〉として都人に伝えた。家持が越中の〈名所〉として立山を詠んだ影響は後代に及び、室町時代に越中を巡歴した尭恵は万葉故地を訪ね歩いた際に家持の立山歌を意識した歌を作った。尭恵と同時代の冷泉為広は京より越後へ下向の途中、越中の小津で乗り込んだ舟の上から立山を遠望し〈タテ山ミユ〉と感慨深く日記に記した。

この記述は、「海からの立山遠望」として史料的な初見であり、十五世紀に立山が「たてやま」と読まれていたことをはっきりと示す貴重な史料である。また、為広が記した〈タテ山ミユ〉には、〈名所〉としての立山に対する敬意だけではなく、修験の山としての立山に対する敬意もあると考えられ、十五世紀後半、応仁の乱前後の立山の状況をうかがう上でとても興味深い。

注

(1)『国書人名辞典　第四巻』(岩波書店、一九九八年)及び財団法人冷泉家時雨亭文庫編『冷泉家時雨亭叢書第六十二巻　為広下向記』(朝日新聞社、二〇〇一年)解題参照。

(2)前掲・財団法人冷泉家時雨亭文庫編『冷泉家時雨亭叢書第六十二巻　為広下向記』。越中の部分は一九八六年に小葉田淳が『富山史壇』第九十二号で紹介した。

(3)前掲・公益財団法人冷泉家時雨亭文庫編『冷泉家時雨亭叢書第六十二巻　為広下向記』影印四十六頁「為広越後下向日記一九ウ」。影印の掲載にあたっては公益財団法人冷泉家時雨亭文庫に許可をえた。

(4)日本歴史地名大系第一六巻『富山県の地名』(平凡社、一九九四年)「魚津城跡」一八七・一八八頁。

(5)為広より前の長享三年(一四八九)五月に黒部四十八ケ瀬を渡った万里集九《ばんりしゅうく》は『梅花無尽蔵《ばいかむじんぞう》』に次のように記している(市木武雄『梅花無尽蔵注釈』第二巻、続群書類従完成会、一九九三年、一五二頁)。

二日。渡二黒部四十八処之急流一。

黒部山深、雪水多。分二成四十八条河一。共持二大竹一竿一渡。毎二過レ路人一先説レ波。

また、文明十八年（一四八六）に小津まで来た常光院《じょうこういん》堯恵《ぎょうえ》は黒部四十八ケ瀬の大洪水に見舞われ、『北国紀行《ほっこくきこう》』に次のように記している（『大日本史料』第八編之十八。『富山県史　史料編Ⅱ　中世』、富山県、一九七五年、九九二番）。

　長雨なおはれ（晴）やらす、四十八ケ瀬とやらむをハる〳〵とみわたせる（見渡）に、をつ（小津）と云所に侍りて、

　四十あまり　八のせなから　長雨に　ひとつうミとも　なれる比かな

なお、これには伏線があって、堯恵が約二十年前に越中を来訪したときには「折節天気心よく晴て、四十八ケ瀬も名のみして侍り」と拍子抜けするほど穏やかな流れであったらしく（『善光寺紀行』寛正六年七月、『群書類従』紀行部、前掲・『富山県史　史料編Ⅱ　中世』八一八番）、二度めの越中来訪で四十八ケ瀬の急流を実感したのであった。黒部四十八ケ瀬に関しては、奥田淳爾「黒部四十八ケ瀬と親不知子不知」（『富山史壇』第一一一号、一九九三年）が参考になる。

（6）前掲・財団法人冷泉家時雨亭文庫編『冷泉家時雨亭叢書第六十二巻　為広下向記』解題一二六頁。
（7）末柄豊「細川政元と修験道―司箭院興仙を中心に―」（『遙かなる中世』第十二号、一九九二年）。
（8）『群書類従』紀行部。前掲・『富山県史　史料編Ⅱ　中世』八一八番。
（9）廣瀬誠もそうみている。廣瀬誠『立山のいぶき―万葉集から近代登山事始めまで』（シー・エー・ピー、一九九二年）一三六頁。
（10）『大日本史料』第八編之十八。前掲・『富山県史　史料編Ⅱ　中世』九九二番。
（11）前掲・市木武雄『梅花無尽蔵注釈』第二巻一五三頁。
（12）前掲・廣瀬誠『立山のいぶき―万葉集から近代登山事始めまで』Ⅱ「中近世立山の風景―文学を中心に―」。
（13）高瀬重雄『古代山岳信仰の史的考察』（名著出版、一九八九年）二三六頁。
（14）前掲・廣瀬誠『立山のいぶき―万葉集から近代登山事始めまで』二十三頁。
（15）前掲・高瀬重雄『古代山岳信仰の史的考察』二三五〜二三七頁。

（16）国立国会図書館デジタルコレクション・『音韻調査報告書』（国語調査委員会編、一九〇五年）本編四〇〇・四〇一頁。
（17）廣瀬誠『立山黒部奥山の歴史と伝承』（桂書房、一九八四年）四〇七頁。
（18）廣瀬誠『越中萬葉と記紀の古伝承』（桂書房、一九九六年）三八二頁。
（19）柳田国男『山の人生』（角川学芸出版〈角川ソフィア文庫〉、二〇一三年）一四七頁。初版は大正十五年（一九二六年）に郷土研究社から出版されている。
（20）『増補史料大成第三十九巻　康富記三』（臨川書店、一九六五年）一八九頁。前掲・『富山県史　史料編Ⅱ　中世』七一九番に採録されている。国立国会図書館デジタルコレクションでも確認した。
（21）前掲・『増補史料大成第三十九巻　康富記三』一九六頁。なお同日条は『富山県史　史料編Ⅱ　中世』に採録されていない。
（22）森田柿園『越中志徴』（石川県図書館協会編、富山新聞社、復刻版一九七三年）六一五頁。
（23）滑川市在住の吉田達郎氏から有益なご教示を賜った。吉田氏および滑川市立博物館の近藤浩二館長に記して感謝申し上げる。
（24）前掲・末柄豊「細川政元と修験道―司箭院興仙を中心に―」。
（25）牛山佳幸「文明一八年（一四八六）七、八月の堯恵と道興」（『地方史研究』三八二、二〇一六年）三十九頁。なお、道興は文明十八年から翌年にかけて北国・東国を巡歴し、紀行『廻国雑記』を遺している。巡歴の途中、白山禅定、立山禅定をし、立山地獄巡りもしている。
（26）久保尚文『越中中世史の研究　室町・戦国時代』（桂書房、一九八三年）第一章第二節「神保氏の支配領域―八槻文書の紹介と検討―」及び第三章第一節「室町期越中交通史の一考察―熊野修験者との関係を中心として―」。

付論　守り伝えられた立山古文書

はじめに

立山信仰の宿坊《しゅくぼう》集落であった芦峅寺《あしくらじ》と岩峅寺《いわくらじ》（ともに富山県立山町）には中近世の史料が現存し、立山信仰や立山文化を今に伝えている。主な古文書《こもんじょ》（狭義）・古記録《こきろく》・古絵図《こえず》は、その歴史的価値から昭和四十年（一九六五）に富山県文化財保護条例に基いて富山県指定文化財（有形文化財）に指定されている。越中史や日本山岳信仰史を解明する上で欠かせない史料である。

『図説富山県の文化財（県指定編）』（富山県教育委員会、一九六六年）によれば、指定当初の史料は「越中立山芦峅寺古文書」（芦峅寺一山会《いっさんかい》）は古文書三二七通・古記録五十六冊・古絵図一舗《ほ》、「越中立山岩峅寺古文書」（岩峅寺雄山神社）は古文書四八一通・古絵図三十五舗（古記録は含まず）であった[1]。

そのうち古文書の大部分は木倉豊信《きくらとよのぶ》によって翻刻《ほんこく》され、指定前の昭和三十七年に立山開発鉄道株式会社から『越中立山古文書』として刊行されている。内訳は、芦峅寺の旧衆徒社人《しゅうとしゃにん》で組織している芦峅寺一山会の共有文書三〇〇通余りと、岩峅寺座主《ざす》であった延命院《えんめいいん》に伝わり岩峅寺雄山神社の所蔵となっている文書約四〇〇通で、その多くは藩政期のものであるが、中世の古文書も三十通足らず含まれている。
木倉はこの中世の立山古文書の意義について、『越中立山古文書』の解説「立山古文書について」で次のように「横綱格の文書」と記している（三四三頁）。

現存する両寺の文書は、唯今は量において岩峅寺、質において芦峅寺が目を惹く。特に岩峅寺が僅かに「立山《たてやま》寺《じ》領針原公文帳《はりわらくもん》」一冊と佐々成政《さっさなりまさ》の寄進状《きしん》（岩一、三）を除けば、すべてが加賀藩政との関係を示す文書であるのと違い、芦峅寺は、藩政期のものが大部分を占めるとはいえ、南朝の年号ある正平八年を筆頭として、中世文書が二四、五通にも及び、とかくこの時代の文書に乏しい富山県では、横綱格の文書が在地するのは、誠に貴重といいたい。

また、『越中立山古文書』には収載されなかった古記録類（芦峅寺史料）は廣瀬誠《ひろせまこと》・高瀬保《たかせたもつ》により翻刻され、『越中立山古記録』第一巻〜第四巻として平成元年（一九八九）から四年にかけて同じく立山開発鉄道株式会社から順次刊行されている。(2)

このような紙を素材とする史料がたび重なる戦乱や社会混乱で紛失せず、地震・水害・火災・虫害・カビ害などの災害から長年にわたって守られてきたのは稀有のことといわねばならない。のみならず古文書散逸《さんいつ》の危機に直面している現代社会においても、(3)立山古文書は文化財に指定され県民の共有財産として保存活用されている。失われていく史料が膨大にあるなかで立山古文書は比較的恵まれた環境におかれているといえよう。

本論では、この貴重な史料である立山古文書について、今日まで守り伝えられてきた事情を探っていく。一つは古文書を保存してきた地元の歴史的な取り組み、もう一つは現代社会における企業の文化支援事業である。本論を通じ、立山古文書は決して偶然に残ったのではなく、古文書を守り伝えようとした先人の努力があってはじめて現存していることがみえてくるだろう。

なお、本論では「古文書」を前近代に作成された古い史料という広い意味で使用するが、古記録や古絵図と区別される古文書といった場合は特定の対象へ意思を伝達するために作成された文書の意味である。『越中立山古文書』の「古文書」はこの狭義の意味である。

1．地元での厳重な文書取り扱い

最初に立山古文書を保管する地元の取り組みをみよう。

芦峅寺では藩政期に宿坊の衆徒社人からなる自治組織の一山会が組織され、一切の宗教儀礼や行政が一山会を通じて行われた(4)。日々作成される文書や藩・領主などから発給された文書は共有文書として整理・管理され、代々伝えられた。立山古文書はそうした共有文書のうちである。

芦峅寺一山会の古文書が最初に文化財保護の対象となったのは昭和三十一年のことであった。昭和二十八年に制定された富山県文化財保護規則第三条による指定である(5)。その当時富山県文化財調査委員として指定に尽力していた木倉は、同文書が地元で現代まで保管されてきた事情を次のように紹介した(6)。

文書の方は、桐《きり》材で作った長い箱に錠《じょう》のある一方開《いっぽうびら》きの扉をつけ中には引出しがあってこれを格納する。この箱

現存する文書箱　芦峅寺大仙坊所蔵

はさらに麻縄《あさなわ》作りの網でおおい、その両端を結んで非常搬出に便する特異な形式で、保管は常に一山《いっさん》の役頭職《やくがしらしょく》が当り、閲覧には三人以上の衆徒《しゅうと》が立会い、格納の際は施錠の後閲覧の日時・理由・立会者などを明記の上密封するという厳重なもので、これがあるが故に保たれて来たといいたい。

この点に関しては、直接に古文書の保存に携わった佐伯幸長《さえきゆきなが》の貴重な証言が残っている。同氏は、明治四十二年（一九〇九）に芦峅寺の宿坊《しゅくぼう》の一つである大仙坊《だいせんぼう》に生まれ、雄山神社宮司、芦峅寺一山役頭職を務めている。昭和四十八年に出版した『立山信仰の源流と変遷』（立山神道本院）に次のようにある（二九四頁・二九五頁）。

佐々成政《さっさなりまさ》寄進状《きしんじょう》紛失事件があって以来芦峅寺一山に於て昭和の今日まで厳重なる掟《おきて》として左の一事が定められたのである。
一山長官箱《ちょうかんばこ》御《ご》印箱《いんばこ》開封《かいふう》の際は衆徒社人《しゃにん》三人立会《たちあい》たるべき事。開読《かいどく》終れば三人捺印連署《なついんれんしょ》して封印《ふういん》する事
これは此《こ》の私まで守られてきている。…一山の者が三人立会せねば開封できないという厳制《げんせい》が今日の一山文書を守護してきた。

こうした地元での保管・閲覧に係る文書の厳重な取り扱いが災害や人為的なミスなどから古文書の散逸を防いできたことは間違いない。そこには古文書を守り伝えようとした先人の知恵と工夫がみられるといえよう。(7)

文書取り扱いルールを定めるきっかけとなった「佐々成政寄進状紛失事件」とは、佐々成政（陸奥守《むつのかみ》）が芦峅寺に下した四五〇俵の寄進状を焼失した事件である。事件については延宝二年（一六七四）八月十五日付の書上《かきあげ》に記され、(8)佐伯幸長も前掲書で説明している。(9)実際に佐々成政寄進状が発給された時期は不明であるが、同じく佐々成政が立山仲宮寺《ちゆうぐうじ》（芦峅寺）に堂舎《どうしや》の造営・仏供燈明《ふつくとうみよう》のため寺領を安堵《あんど》する旨の寄進状を天正十二年（一五八四）霜月《しもつき》に発給しているので、(10)その前後のものと推測できる。焼失はそれ以降、先の書上に従えば、天正十六年（一五八八）に前田利家《まえだとしいえ》が立山仲宮寺の衆徒・社人宛に媼堂《うばどう》へ一〇〇俵の土地を寄進するまでの間のことであった。(11)芦峅寺では南北朝《なんぼくちよう》時代から戦国時代までの武将などが発給した証拠文書を大切に残してきたのであるから、この佐々成政寄進状の紛失事件は大きな衝撃であったと考えられる。

芦峅寺の場合は重要文書の焼失がきっかけであったが、厳重な取り扱いルールを定め何百年と文書を守り伝えてきたことは必ずしも特殊な事例とはいえず、日本の古い歴史を持つ町や村では同様なことが一般的にみられた。管見の限りでも宮本常一《みやもとつねいち》が紹介した対馬《つしま》の伊奈《いな》村（現長崎県対馬市）の例、網野善彦が紹介した佐渡の金泉《かないずみ》村（現新潟県佐渡市）の例がある。(12)

芦峅寺を含めこれらの事例に共通しているのは、寄合《よりあい》で掟を定め、開封・閲覧に長老（役頭職）・総代・年寄衆《としよりしゆう》等の立ち会いを必要としていることである。いうまでもなく自治の歴史との関連性が強い。厳重な文書取り扱いルールが定められた時期は判然としない場合が多いが、町や村が歴史的に自治組織を成立させて以降のことと考えられ、芦峅寺のように中世後期ないし戦国期に遡る村や町もあったであろう[13]。

立山古文書が守り伝えられてきた背景に村の自治を基盤にした地元での厳重な文書取り扱いがあったことをみてきた。数百年間このルールが維持されてきたことに驚きがあるが、自治の力がそれだけ持続的で強固であったからと考えられる。ここでは芦峅寺の場合を取り上げたが、現存する古文書のあり方からして岩峅寺にも同様の先人の努力の歴史があったと推測される。

2．企業メセナと『越中立山古文書』の刊行

次に現代社会における企業の文化支援事業である。今日でこそ企業メセナ（メセナは文化支援を意味するフランス語）は珍しくないが、メセナ元年ともされる平成二年（一九九〇）よりはるか以前に文化支援に積極的な企業が富山県にあった。立山開発鉄道株式会社である。同社は立山文化に関する文化支援事業（以下、立山文化支援事業と略す）を昭和三十一年（一九五六）から行っている。

〔立山開発鉄道の立山文化支援事業〕

立山開発鉄道株式会社（略称ＴＫＲ）は昭和二十七年（一九五二）四月一日設立の地元企業である（ただし創業記念日は前年十二月二十四日、資本金二五〇〇万円、富山市新桜町）。現在の立山黒部貫光《かんこう》株式会社の前身にあたる。富山県は同年三月に全国に先がけて「富山県総合開発計画」を策定し（県知事は高辻武邦《たかつじたけくに》）、立山山岳地帯総合開発計画

を組み入れた。同社はその実行会社であり、「立山山岳地帯に近代的交通施設を整備」[14]することを目的とした。初代社長の佐伯宗義《さえきむねよし》（一八九四—一九八一）は、はやくから立山開発と一体に「立山の真姿《ますがた（しんし）》」を解明し世間に紹介する必要性を唱えていた。「真姿」は真の姿の意味（「立山の真姿」を今日流行の表現にすると「シン・タテヤマ」しなろうか）で、佐伯が好んで使用していた用語である。昭和三十一年七月に同社が発行した『立山　その自然と文化』（立山開発鉄道株式会社・富山地方鉄道株式会社）[15]の「はじめに」でこの用語を用い、佐伯は次のように書く。

近年本地帯に至る平坦《へいたん》電車線の延長、鋼索《こうさく》鉄道の新建設、自動車道路の一部竣工、更に右道路の延長、ホテル施設の整備並びに資源開発の機運と相俟《ま》って、各種交通は日に月に飛躍的に増大する情勢にあるが、本地帯は標高一〇〇〇米《メートル》より三〇〇〇米に及び、気象現象においても動植物の分布並びにその生態においても、その他地質構造等においても、平地における常識を以って律し得ざるものも多々あるので、多数登山者に対して一は正しき立山観光の栞《しおり》とし、一は災害防除の一助にもと、あまねく江湖《こうこ》に立山の真姿を紹介せんと企画した処《ところ》、各分野に亘《わた》り権威ある諸先生の絶大なる協力を得て本書を成すことを得ましたことをここに厚く御礼申し上げると共に大方諸賢の御清鑑《ごせいかん》を得られるならば幸いとするものである。

なお当社としてはこれを以って足れりとするものではなく、今後更に現に散佚《さんいつ》し煙滅《えんめつ》に瀕《ひん》する立山文化文献の整理印行、その他立山地域に関する貴重にして有益なる研究の助成紹介等についても考慮を払わんとするものである。

＊「散佚」…散逸。行方がわからなくなること。　「煙滅」…跡形もなく消えて無くなること。

この『立山　その自然と文化』は「立山の真姿」を紹介するために同社が行った最初の立山文化支援事業であった。さらにこの時点で「今後更に現に散佚し煙滅に瀕する立山文化文献の整理印行、その他立山地域に関する貴重にして有益なる研究の助成紹介等についても考慮を払わんとする」としていた立山文化支援事業はその後実現し、同社によって継承されていった。次はその具体的な事業経過である。

昭和三十一年（一九五六）七月	『立山　その自然と文化』		
昭和三十四年（一九五九）二月	『霊峰立山』	（佐伯幸長著）	
＊昭和三十七年（一九六二）十二月	『越中立山古文書』	（木倉豊信編）	創立十周年記念出版
＊平成　元　年（一九八九）九月	『越中立山古記録』第一巻	（廣瀬誠編）	創立三十五周年記念出版
＊平成　二　年（一九九〇）四月	『越中立山古記録』第二巻	（高瀬保編）	〃
＊平成　三　年（一九九一）十月	『越中立山古記録』第三巻	（廣瀬誠編）	〃
＊平成　四　年（一九九二）五月	『越中立山古記録』第四巻	（高瀬保編）	〃

このうち＊が立山史料関係で、その最初が『越中立山古文書』であった。いずれも周年記念の事業であるが、当時同社の取締役会長時であった佐伯は「はじめに」で刊行の意図を記している。

思うにわが社の事業地域は、悉皆《しっかい》立山の大神《おおかみ》のしろしめす山川草木《さんせんそうもく》の間にあり、事業の経営においても、その神威《しんい》を畏《おそ》れかしこみ、神聖《しんせい》の護持《ごじ》と伝統の継承に心をいたしつつあるところであるが、今回創立十周年の記念の一つとして、立山開山《たてやまかいざん》以来千数百年にわたり、先賢相享《せんけんあいう》け相継《あいつ》ぎ伝承せられた古文書《こもんじょ》の印行《いんこう》を企画した次第である。

幸いにして、多年本資料を研究せられ、その意義を顕揚《けんよう》せられつつある富山県文化財調査委員木倉豊信《きくらとよのぶ》氏に其の文書の解読をはじめ編集と校閲《こうえつ》まで委嘱《いしょく》し、関係者の理解と協力を得て、ここに本書を上梓《じょうし》し得たことを厚く御礼申し上げる次第である。

今や立山の開発は新しい黎明《れいめい》を迎えんとしつつあり、本書は些々《ささ》たる冊子であるが、広く篤学《とくがく》の士《し》の研究により、更に立山の歴史的真姿を闡明《せんめい》にし、より正しき認識のもとに、優れたる立山の大自然が新しい時代の神人冥《しんじんみょう》合《ごう》の道場となるに至らば、望外《ぼうがい》とするところである。

それにしてもなぜ立山文化支援であったのか。

この点について、元立山黒部貫光株式会社取締役社長の金山秀治《かなやまひではる》氏に聞き取りを行い、確かめることができた（二〇二一年四月二日、同社会議室）。金山氏は、昭和三十年から衆議院議員であった佐伯宗義の議会秘書を六年余り務め、昭和四十六年には同社企画調整部長、同五十六年に常務取締役、同六十一年に専務取締役、平成五年には同社（一九六四年設立）ならびに立山開発鉄道株式会社・立山貫光ターミナル株式会社（一九六七年設立）・立山黒部サービス株式会社（一九九〇年設立）の取締役社長に就任されている。佐伯宗義と立山開発鉄道（のち二〇〇五年に立山黒部貫光と合併）の事業のことをもっともよく知る人物である。

金山氏によれば、芦峅寺で代々立山の神に仕える宮司《ぐうじ》の家に生まれた佐伯宗義は立山に対する尊崇《そんすう》の念を終生忘れなかったという。それゆえ「立山の開発や保護はたんに物見遊山の観光を目指すものであってはならず、事業の経営において霊山としての立山の歴史と文化をふまえ、その伝統の継承に心をいたす必要がある。文化のない観光は何の意味もなく、深みがない。」との信念を持ち、立山黒部アルペンルートの建設と併行して立山文化の研究助成や普及など立山文化支援事業にも力を入れたそうだ。根底には広く郷土文化発展の考えがあり、佐伯は文化のよき理解者であった。

この佐伯の精神は死後も生き続けている。昭和六十一年に立山黒部貫光、立山貫光ターミナル、立山開発鉄道の社長を兼務した高田秀穂《たかたひでほ》（一九一四―二〇〇二）は徹底した佐伯イズムの継承者であった。立山開発鉄道株式会社創立三十五周年記念として刊行された『越中立山古記録』四巻（一九八九～一九九二年）は高田が佐伯宗義の立山文化支援事業を引き継ぎ実現させたものである。さらにその後も、立山黒部貫光株式会社などによって立山文化支援事業は継承されていった。平成十三年佐伯有頼少年像の呉羽山《くれはやま》展望台での建立[16]、平成二十五年雄山神社峰本社《おやまじんじゃみねほんしゃ》旧社殿の立山室堂ターミナル遙拝殿での復元[17]はその代表的な事業である。

〔異彩を放つ『越中立山古文書』の刊行とその意義〕

立山文化支援事業の中で異彩を放つのが『越中立山古文書』の刊行である。一般の人には近寄り難い古文書集の刊行とはいかにも地味な事業である。なぜ佐伯は『越中立山古文書』の刊行を十周年記念事業にしたのか。

私は刊行を決意させた背景と理由を次のように考えている。

『越中立山古文書』が刊行された昭和三十年代は文化財保護が進んだ時代であった。富山県では昭和三十八年に富山県文化財保護条例が制定されるが、三十五年から三十七年にかけて立山信仰に関わる史跡や古文書等の調査が行われている。[18]それに基づき四十年に「越中立山芦峅寺古文書」・「越中立山岩峅寺古文書」が富山県文化財に指定されたことは先に記した通りである。この動きのなかで『越中立山古文書』の最終的な編集作業が刊行の年である三十七年九月から始まっている[19]

編集者に委嘱された木倉は、三十一年の段階で次のように記していた。[20]

県内には、立山に関するものに雄山神社、岩峅寺社壇《しやだん》の文書がある。（中略）戦後私の触目《しよくもく》した中でも特色があり豊富で、質量共に他を圧している。これらはなるべく速かに保存対策を講じ、分類整理あるいは修理を加え、重要なものは巻子《かんす》に纏《まと》め公開に使したい。それにしてもこれは容易なことではないが、印刷して世に頒布することによって学界に貢献し、より多くの人々の協力によって保存を全うしたいものである。

ここで木倉は、立山古文書の保存対策・分類整理・修理・公開の必要を唱え、さらに古文書集の印刷による学界への貢献を提言した。文化財としての歴史的価値を認め、その保存と活用の考えを濃厚に打ち出している。

この木倉の考えと、同年に刊行された『立山　その自然と文化』で佐伯宗義が「今後更に現に散佚し煙滅に瀕する立山文化文献の整理印行、その他立山地域に関する貴重にして有益なる研究の助成紹介等についても考慮を払わんとする」とすることとは符合する。おそらくこの頃における木倉との交誼が『越中立山古文書』の刊行を記念事業とする上で大きな影響を与えていたことは間違いないだろう。両者は将来にわたって貴重な立山古文書を守り伝え、文化財として保存と活用を図る必要があるとの認識で一致し、佐伯宗義は『越中立山古文書』の刊行に十周年記念の文化支援事業としての意義を見出したのだと思う。編集を引き受けた木倉も『越中立山古文書』の「跋《ばつ》」に「私は先に『立

山　その自然と文化』に立山の歴史を解説する機縁に恵まれたことがあり、同社の郷土文化への貢献は、単なる社の宣伝を目睹したものではないことを知っているので、悦んで協力を約したものである。」と記し、はやくから同社の文化支援の姿勢を高く評価し協力を約していた。

いうならば、昭和三十年代の文化財保護の潮流にあって、木倉の立山古文書に対する思いと佐伯の文化支援の心が一つになり『越中立山古文書』の刊行となったということである。

さらに、事業化の前提となる地元の理解と協力がえられたことも大きい。貴重な古文書であればあるほど公開には地元所有者のハードルは高くなるのが通例だからである。

芦峅寺一山の役頭職にあった佐伯幸長と佐伯宗義は同じ芦峅寺出身で、立山に対する尊崇の念はともに強いものがあった。佐伯幸長の著作である『霊峰立山』は立山開発鉄道から刊行され、昭和四十八年に立山神道本院から刊行された『立山信仰の源流と変遷』は佐伯宗義の強い勧めで執筆されている。[21] また『立山信仰の源流と変遷』ではとくに一節を設け、佐伯宗義を「立山中興開創者」とし高く評価している。佐伯幸長は佐伯宗義のよき理解者よき協力者であった。

一方、木倉豊信ははやくから芦峅寺・岩峅寺と信頼関係を築いていた。木倉と立山古文書との関わりは戦前まで遡るが、昭和十四年に芦峅寺一山秘蔵の文書を最初に実見してから昭和四十二年に亡くなるまでの約三十年間、両峅《りょうくら》をしばしば訪れ立山古文書の調査・整理や研究に真摯に打ち込んでいる。[22]『越中立山古文書』の刊行はその成果である。佐伯幸長は『立山信仰の源流と変遷』で「木倉先生は立山にとって忘れることのできない大恩の方である。」「先生と長く御交際したが、御研究ばかりではなく、人格識見ともに実に立派な方であった。」と記し（五六七・五六八頁）、木倉に全幅の信頼をおいていた。岩峅寺とは昭和十七年に岩峅寺の雄山神社の要望で木倉が岩峅寺前立社壇《まえだてしゃだん》の文書を整理して以来、良好な関係があった。[23]木倉が地元との信頼関係を構築していたことが、これまで秘蔵されあまり人の目にふれることがなかった立山古文書の翻刻公開（データのオープン化）を実現させた最大の要因だと考えられる。

さて、これまで立山開発鉄道の文化支援事業として『越中立山古文書』の刊行を取り上げてきたが、刊行の意義はきわめて大きい。同書の刊行からまもなくして立山古文書は富山県指定文化財に指定されている。同書によって立山古文書の歴史的価値が明確となり、指定の追い風になったことは認めざるをえない。文化財として公的に守られる基礎を据えたといえる。また、『越中立山古文書』の刊行からすでに六十年が経過しているが、翻刻公開の古文書集は現在まで立山信仰・立山文化研究に便宜を与え続けている。こうした事業を一民間企業が行ったことに驚くと同時に、研究者として感謝したい気持ちで一杯である。刊行の際に序文を寄せた東京大学史料編纂所長（当時）の森末義彰《もりすえよしあき》（一九〇四―一九七七）は次のように記しているが、「立派な仕事を考えつかれた」という評価は現在でも通用する。

普通ならば会社の宣伝を兼ねた社史とでもいうべきところを、郷土文化の発展と学界への寄与を目標に、このような立派な仕事を考えつかれた佐伯会長に深い敬意を表するとともに、歴史学の研究に携わる者の一人として篤い感謝を捧げる。

同書の刊行が五十年後百年後と後世に残る歴史的偉業であったことは歴史が証明している。

おわりに―古文書を守り伝えるために―

本論では、貴重な立山古文書が守り伝えられてきた事情を先人の努力に焦点をあてて探ってきた。今日では地元の自助《じじょ》に頼るだけでは古文書を守り伝えることが難しくなっている。地域社会が大きく変化する中で、古文書は「地域の宝」であるという認識を共有しつつ、地域住民・県市町村（文化財行政）・企業・大学・博物館・地域史学会などが提携して、いわゆる共助《きょうじょ》や〝新しい公共〟の考え方により保存活用を図ることが喫緊《きっきん》の課題になってきている。立山古文書のように先人の努力で大切に守り伝えられてきた古文書を何としても散逸の危機から救い、将来にわたって守り伝えていくことは私たちに課せられた責務である。

注

（1）『図説富山県の文化財（県指定編）』（富山県教育委員会、一九六六年）一〇一・一〇二頁。

（2）『越中立山古記録』第一巻〜第四巻は桂書房刊の越中資料集成の別巻2『越中立山古記録Ⅰ・Ⅱ』（一九九〇年）・『越中立山古記録Ⅲ・Ⅳ』（一九九二年）に収載された。

（3）国文学研究資料館の西村慎太郎氏は現代社会において直面している古文書散逸の要因として、代替わり、引っ越し、年末の大掃除、災害（火災・水害・虫損・カビ害）、ネットオークションなどのお宝志向、の五つを挙げている（「民間所在資料散逸の要因」『名古屋大学大学文書資料室紀要』第二十一号、二〇一三年）。

（4）高瀬重雄「近世における立山一山の組織と祭礼」『古代山岳信仰の史的考察』（名著出版、一九八九年）。

（5）『教育広報』第七巻第十一号（通巻第七七号、富山県教育委員会、一九五六年）十頁。種別は「古文書」、名称は「越中芦峅寺古書」、数量は「一匣《はこ》」、所在地は「中新川郡立山町芦峅寺」、管理者は「芦峅寺一山会」である。内容については「南北朝から江戸末期に至る古文書古記録が多く中世の社寺経営僧徒の活動資料」との説明がある。なお、昭和三十八年に富山県文化財保護条例が制定されたことにより、富山県文化財保護規則による指定文化財はいったんすべて解除され、新たに指定し直された。本文でふれたように芦峅寺古文書は岩峅寺古文書とともに昭和四十年に新たに指定されている。

（6）木倉豊信「県内の文書記録―特に立山芦峅寺古書について―」（前掲・『教育広報』第七巻第十一号）二十二頁。

（7）『越中立山古文書』に序文を寄せた東京大学史料編纂所長（当時）の森末義彰《もりすえよしあき》もこの衆徒社人三人立会開封の件を特記している。

　この芦峅寺の古文書は、古くから芦峅寺の衆徒佐伯氏一族の手で保管され、長老三人の立会いがないと開かないというきびしい掟が守られてきたので、富山県の人でもほとんど見たことがないという話であった。麻縄であんだ網袋に入れられた文書箱も、いかにも古めかしく由緒ありげであった。

（8）「一山旧記扣」（廣瀬誠編『越中立山古記録』第一巻、一九八九年、二番）。同書二十六・二十七頁に該当部分がある。

（9）佐伯幸長『立山信仰の源流と変遷』（立山神道本院、一九七三年）二八六〜二九五頁。

（10）木倉豊信編『越中立山古文書』（立山開発鉄道、一九六二年）「蘆峅寺文書」二四番文書。

（11）前掲・木倉豊信編『越中立山古文書』「蘆峅寺文書」二六番文書。

（12）宮本常一「対馬にて」（宮本常一『忘れられた日本人』、岩波文庫、一九八四年）十二頁。

　私は老人からいろいろ話をきいている間に、この村には古くから伝えられている帳箱《ちようばこ》があり、その中に区有文書《くゆうもんじよ》がはいっていることを知った。そこでそれを見せてくれないかとたのんでみると、自分の一存ではいかぬという。帳箱には鍵がかかっており、その鍵は区長が保管しているが総代立ち会いでないとあけられないという。それでは二人立ち会いの上で見せていただけないかとたのむと老人は人をやって寄りあいの席から二人をよんで来た。事情をはなすと開けて見せる位ならよかろうと、あけてくれた。…

網野善彦『古文書返却の旅　戦後史学史の一齣』（中公新書、一九九九年）一五二頁。

二十四日は金泉《かないずみ》村の姫津《ひめづ》に入り、漁業組合を訪れた。区有文書は帳箱という箱に大切に保存されており、年寄衆《としよりしゅう》の全員の立ち会いがなければ開けられないとのことで、われわれ三人はしばらくそこで待つことになった。…

(13) 村や町の自治と文書発給との歴史的な関係については、村井良介氏が端的にまとめており、参考になる（村井良介「地域歴史遺産という考え方」奥村弘・村井良介・木村修二編『地域歴史遺産と現代社会』、神戸大学出版会、二〇一八年、四十頁）。

中世後期になれば次第に地方に残される史料が増加してくる。これは各地で自治的な村落や町が発達したことにその一因がある。村落や町は、自身の権利や権益を守るために、その地域の領主権力に文書の発給を要求し、また自治のために村掟を制定するなどした。戦国大名などの地域権力もこうした村落や町を法的主体として認め、これに対して文書を発給するようになった。

(14)「立山開発鉄道株式会社設立の趣意」（『立山黒部貫光二十年史』同社、一九八五年）十二～十四頁。

(15) 同書の内容と執筆者は次の通りである。「立山の概観」（富山県観光協会理事長中田栄太郎）・「立山の地形と地質」（富山大学地理学教室藤井昭二）・「立山の気象」（富山測候所長北出正清・医学博士今堀肇）・「立山の植物」（富山生物学会長進野久五郎）・「立山の動物」（富山大学教授植木忠夫）・「立山の文学」（富山大学教授和田徳一）・「立山の歴史」（富山県文化財調査委員木倉豊信）・「立山の傳説」（立山雄山神社宮司佐伯幸長）。テーマといい顔ぶれといい、今日から見ても充実した立山の総合研究書である。

(16) 金山秀治「廣瀬先生と佐伯宗義」（『回想廣瀬誠先生』刊行会編『回想廣瀬誠先生』、同刊行会、二〇一一年）。

(17) 金山秀治「雄山神社、峰本社の建て替えと復元について」（『近代史研究』第46号、二〇二三年）。

(18)『富山県史　通史編Ⅶ　現代』（富山県、一九八三年）八八二頁。

(19) 立山開発鉄道創立十周年記念出版『創立十周年略誌』（立山開発鉄道株式会社、一九六二年）「年表」。

(20) 前掲・木倉豊信「県内の文書記録―特に立山芦峅寺古書について―」二十二頁。

(21)『立山信仰の源流と変遷』（立山神道本院）の「後記」で執筆を勧められた際のエピソードを明かしている。

何といっても、立山の古今表裏を身を以て体験し、古老長老に直接教導されたものは君以外にない。

そこで、もし君でも老いぼけては立山の表裏一切はわからなくなる。君も、もう年だし、しかも君は正統の史学を学んだわけではないから、本を書けというのは無理かもしれないが、まア文章は下手でもよい。順序は前後してもよい。とにかく君の思う通りのことを書いて、本を作り、後世に残すとともに、一般世人にも、立山は霊山であって物見遊山の山ではないということを宣明してはどうかと思うのだが、君は書いてみる気はないか。

(22) 前掲・木倉豊信編『越中立山古文書』「跋」一〜三頁。

(23) 前掲・『越中立山古文書』「跋」二頁。岩峅寺の雄山神社が木倉に整理の依頼をしたのは、昭和十三年に『埴生護国八幡宮古文書』、昭和十五年に『八尾聞名寺古文書』、昭和十六年に『弥勒山安居寺古文書』と立て続けに優れた古文書集を木倉が発刊した実績があったからと考えられる。

第Ⅲ部　富山近代化と越中

一章「民権前夜の越中青年—新川県から提出された建白書—」の初出は『富山史壇』第一一六・一一七号（一九九五年）に掲載された「新川県時代の建白運動」である。富山県公文書館の企画展「越中の自由民権運動」の準備段階で調査研究したことが基になっている。三十年近く前の旧稿を本書に収めるにあたって、大きく書き改め、タイトルも変更した。今回資料をあらためて見直し再考したところ、新川県時代の越中青年の建白書提出の動きを越中の自由民権運動の前夜として位置づけることができると考え、その視点から文章を整序した。維新の変革期に、国のあり方、地域のあり方を熱き思いで考え行動していた越中青年たちがいたことを知ってほしい。

二章「富山廃県の危機」は、令和四年（二〇二二）の富山近代史研究会公開シンポジウム「近代富山の転換点—富山が動いた時—」の個別報告の準備として執筆したものである（『近代史研究』第46号、富山近代史研究会、二〇二三年、に掲載）。明治三十六年（一九〇三）に突如持ち上がった富山廃県の問題は従来あまり取り上げられることがなかったが、富山県一四〇年の歴史において重要なターニング・ポイントであるとした。廃県の危機に際して当時の富山県民がとった行動と考え方には、置県以来の越中の自然風土に根ざした地方自治意識の成熟がみられる。

三章「越中七大河川と鉄道架橋」も新稿である。富山近代化は氾濫を繰り返す川との闘いであった。治水治山の必要性が分県運動の引き金となり、大正期には工業化のため豊富な川の水を利用して電源開発に活かす「転禍為福」の発想が生まれたことはよく知られている。交通運輸においても、常願寺川・黒部川などの大河川に架橋し豊かさを運ぶ道にする近代化の歴史があった。本章では越中七大河川の鉄道架橋に焦点をあて、架橋工事が多くの苦労をともなう大事業であったことを資料的に裏付け、県内鉄道敷設にみえる地域性を探った。

四章「『時の記念日』の誕生と工業立県」は、「『時の記念日』の誕生」（『近代史研究』第21号、富山近代史研究会、一九九八年）を骨格にし、「時間励行」の問題を大正期における富山県工業化の動きと関連させて叙述し直した。時間意識や農山漁村に根強く残る民俗世界への関心は、一九八〇、九〇年代に盛んであった社会史研究や国民国家論の影響である。地域史研究に欠かせない視点である。

五章「『越中史』の発見」は、近代における富山県民のアイデンティティの形成史を意図した新稿である。地誌・史書の編纂や越中史への眼差しの問題に着目した「もう一つの富山県近代史」といった内容である。形成の諸段階としては、近世後期、富山置県、日露戦争後、昭和初期の四段階を設定した。郷土の自覚という点において昭和初期は社会全般にわたって最も高揚した時期であるが、国家主義が台頭する時代の動向に流されず、確固とした学問的研究を進め、戦後につなげた郷土史家がいたことを指摘し高く評価した。

一　民権前夜の越中青年　―新川県《にいかわけん》から提出された建白書―

はじめに

富山県は明治時代の初めの一時期、新川県と呼ばれていた。明治四年（一八七一）十一月二十日から九年四月十八日石川県に併合されるまでのことである（表1）。当初、射水《いみず》郡は七尾《ななお》県に属していたが、明治五年九月二十七日に射水郡が新川県に併合され、旧越中国四郡が一つの県になった。七世紀末に越中国が成立してから約一二〇〇年、近世の藩政期には加賀藩・富山藩に分かれていたから、久しぶりに旧越中国の全域が一つにまとまったのである。

新川県の時代は、ちょうど文明開化の盛期にあたり、学制の公布、鉄道の敷設、太陽暦の実施、地租改正、徴兵制の実施、電信・郵便の開設など近代化政策が次々と進められている。明治七年には板垣退助らが民撰議院《みんせんぎいん》設立建白書を政府の左院《さいん》に提出し、国会開設など近代国家の構築をめざす自由民権運動が始まった。

牧原憲夫氏は「明治前期は建白書の時代であった。今から百年前の一八九〇年（明治二十三）に第一回帝国議会が開かれるまで、国民が政府に向かって直接意見を述べようとすれば、建白書を提出するしかなかった。国会開設を要求した自由民権家がこれを主要な手段にしたことはよく知られている」としている。(1) 新川県の青年たちの中にも、現

表1　富山置県までの行政区画の変遷

<table>
<tr><th colspan="2"></th><th>江戸時代</th><th>明治2年
(1869)
6月17日</th><th>明治4年
(1871)
7月14日</th><th>明治4年
(1871)
11月20日</th><th>明治5年
(1872)
9月27日</th><th>明治9年
(1876)
4月18日</th><th>明治16年
(1883)
5月9日</th></tr>
<tr><td colspan="2" rowspan="2">加　賀　国</td><td>大聖寺藩</td><td rowspan="6">金沢藩</td><td rowspan="6">金沢県</td><td rowspan="2">金沢県</td><td rowspan="3">石川県</td><td rowspan="7">石川県</td><td rowspan="3">石川県</td></tr>
<tr><td rowspan="5">加賀藩</td></tr>
<tr><td colspan="2">能　登　国</td><td rowspan="2">七尾県</td></tr>
<tr><td rowspan="4">越中国</td><td>射水郡</td><td rowspan="4">新川県</td><td rowspan="4">富山県</td></tr>
<tr><td>砺波郡</td><td rowspan="3">新川県</td></tr>
<tr><td>新川郡</td></tr>
<tr><td>婦負郡</td><td>富山藩</td><td>富山藩</td><td>富山県</td></tr>
</table>

状を憂い、これからの国・地域のあり方を考え、政府へ盛んに建白書を提出する動きがみられる。

建白書を提出した青年たちの肩書きには「新川県管内越中国砺波郡」「新川県下越中国砺波郡」「越中国射水郡」とある。越中人としての意識が強くあったわけであり、まさしく「越中青年」としてよいだろう。

本稿では、越中青年が政府へ提出した建白書を取り上げ、新川県時代の一つの動向を明らかにしたい。

なお、新川県の時代を含め、国会開設までの時期における越中からの建白書の全体像を扱った論考として千秋謙治の「明治初期の越中からの上書・建白」がある（『近代史研究』第20号、一九九七年）。本稿とは視点が異なるが、丁寧な史料調査に基づく考察には大いに学ぶべきところがあり、併せて参照されたい。

1．建白書を提出した越中青年

新川県の時代に越中青年が提出した建白書は表2にある通りである。

大師堂《たいしどう》正義と立石《たていし》包正は旧富山藩士である。(2) 立石包正は明治初年の富山藩政改革を行った林太仲《たちゅう》とともに藩の大参事《だいさんじ》（地方長官に次ぐ職）となってい

表2　越中青年の建白書

年	日付	建白者	年	建白書名	提出先	処理
明治6年(1873)	2.28	大師堂正義＊	31	開社創業建言書	集議院	返却
	10.4	嶋(島)田孝太郎	23	(遊技税之議)	左院	留置
	11.	石上暁了	24	(暴動予防之議)	左院（議官)	返却
	11.	石上暁了	24	(書店設立之議)	左院（議官)	返却
	11.14	嶋(島)田孝太郎	23	(各区扱所名義一定・禄制・宗派・国体学口授頒布之議)	左院（執事)	返却
	12.	石上暁了	24	(暴動予防之議)	左院（議官)	返却
明治7年(1874)	1.8	嶋(島)田孝太郎	23	各区名義一定之再議	左院（議官)	返却
	2.28	石上暁了	24	新川県下旧富山藩合併寺院復倣之議	左院（議官)	返却
	4.9	石上暁了	24	新川県下旧富山藩合併寺院復倣之再議	左院（議官)	上申
	5.	正村弥市	29	(富強及征韓之議)	左院	留置
	6.	石上暁了	24	新川県下旧富山藩合併寺院復倣之三議	左院（議官)	返却
	9.13	正村弥市	29	(挙士族支那可伐之議)	左院	上申
明治8年(1875)	9.10	阿部利吉	?	建白願書（人民職業ヲ励スノ議)	元老院	不明
	9.28	島田孝太郎	25	(讒謗律等ノ儀ニ付建議)	元老院(執事)	不明
	11.30	立石包正	26	(征韓ノ議)	太政大臣	不明
明治9年(1876)	2.6	島田孝太郎	25	学制ヲ更正アランコトヲ請フノ議	元老院	収聴

註(1)出典は色川大吉・我部政男監修『明治建白書集成』第二巻～第五巻（筑摩書房)。
(2)日付は建白書に記されている日付であり、必ずしも提出や受理の日付ではない。
(3)＊は3人連名の代表者である。
(4)建白書名の括弧書きは（1）による。
(5)処理は最終的な処置を略記したもので、途中経過は省略した。

る[3]。

嶋田孝太郎は砺波郡島新《しましん》村（現高岡市）に住む農民で、小学校の教員や学区取締《がっくとりしまり》（学務担当職）などを務め、のちに政治結社北辰社《ほくしんしゃ》、越中改《かい》進《しん》党を結成し、越中を代表する自由民権家となる島田孝之《たかゆき》のことである。

石上暁了《いわがみぎょうりょう》は砺波郡石王丸《いしおうまる》村（現小矢部市）明通寺三男で、伏木小学校の教員などを務め、真宗の薩摩開教にも尽力した人物である[4]。明通寺は『加能越三州地理志稿』[5]に西本願寺系の寺院としてみえ「在石王丸村。天正三年僧明法創建。」と記している。明治五年野上文山《のがみぶんざん》が高岡町に開設した私塾待賢室《たいけんしつ》は文山の死でわずか二年で廃絶したが、維新の変革期に稲垣示《しめす》・島田孝之（孝太郎）・堀二作《にさく》ら各界に活躍する多くの逸材を育てた。[6] 石上暁了の兄石上北天《ほくてん》も門下生であったので、暁了と島田孝太郎と何らかの繋がりがあったと推測できる。

正村《まさむら》弥市は建白書に「射水郡高岡駅産平民屑商」とする肩書きぐらいしかわからない。阿部利吉も射水郡仏生寺《ぶつしょうじ》村（現氷見市）生まれ、農業に従事し、阿部善五郎弟であること以外は不明である。表からは除いたが、新川県権令《ごんれい》（地方長官）の山田秀典《ひでのり》、新川県参事《さんじ》（地方長官に次ぐ職）の成川尚義《なりかわなおよし》ら県官からも建白書は提出されている。また明治八年に提出された婦負郡万芸寺住職の清水巧厳他の請願は教部大輔《きょうぶたいふ》（教部省次官）宛なので省いた。

同時期の石川県からの建白書提出状況と比べると士族が少なく、建白者総数も少ないとはいえ、新川県からもほぼ二十代の青年が建白書を提出していたことがうかがえる。牧原憲夫氏の調査によれば、左院への建白書提出の半数が平民であり、年齢が判明する者の六割以上が三十九歳以下であった。[7] 新川県の建白者も同様の傾向を示している。青年たちは建白書を使った政治参加に情熱を燃やしていたのであった。

地域的にはのちに民権運動が高揚する高岡町や射水郡・砺波郡からの建白書が多数を占め、地域の私塾や学習結社で啓蒙思想を学び、同士との交流を通じ政治意識を高めた青年たちが建白書提出の中心になっていたといえる。この問題に限らないが、越中の明治維新を考える場合、こうした越中青年の動向を軸にする必要性を痛感する。

2. 建白の道

建白の道を広く国民に開く政策は王政復古以来のものである。慶応三年（一八六七）十二月九日の王政復古の沙汰書には「旧弊御一洗《ごいっせん》ニ付、言語之道被㆓洞開《どうかい》㆒候間、見込有㆑之向《むき》ハ、不㆑拘㆓貴賤㆒無㆓忌憚《きたん》㆒可㆑致㆓献言《けんけん》㆒」とあり、[8] すでに新政の方針として人材の登用とともに建白の道を広く国民に開くことを示していた。その旨は各藩に伝えられた。この方針は翌年三月の五榜《ごぼう》の掲示によって民衆にも示された(9)。

明治二年（一八六九）三月十二日には建白書の受付機関として宮城内に待詔局《たいしょうきょく》が設置され、その後待詔院（二年七月）、集議院《しゅうぎいん》（二年八月）、左院（六年六月）、正院《せいいん》（八年四月）、元老院（八年七月）とめまぐるしい変遷があるものの、建白の道は開かれていた(10)。

特に明治六年に左院が建白書を一元的に処理するようになってから建白書の数が著しく増え、翌七年から八年四月の左院廃止までの期間は全国的に大きなうねりとなっていたようである。新川県も同一の傾向を示している。

明治八年九月に島田孝太郎は民権の拡張などを求める建白書を元老院に提出しているが、建白書の冒頭に「廟謨幸広二言路一通二民情一。」（「廟謨《びょうぼ》幸《さいわい》ニシテ言路《げんろ》ヲ広クシテ民情ニ通ズ。」）と記し、政府が言路＝建白の道を広くして国民の声に耳を傾け民情を大事にしようとしていることを提出の動機としている。

しかし建白の道が開かれていても建白書を提出するにはそれなりの覚悟と費用が必要であった。費用面では、特に上京のための交通費や宿泊費などに経費がかかったはずである。建白書は一回提出すれば終わりではなく、処理（上申・留置・返却など）が確定するまで所在を明確にし、基本的には東京府内に滞在していなければならない決まりで、何日も滞在すれば費用の負担が大きかったのである。

建白書を提出した越中青年のうち五人の寄留《きりゅう》先は建白書に記されているので判明する。

大師堂正義　府下浅草寿松院《じゅしょういん》地中良称院《りょうしょういん》

島田孝太郎　府下神田橋外美土代町《みとしろちょう》二丁目林範平方

石上暁了　府下本郷春木町《はるきちょう》二丁目三十八番地三宅松雄方
　　　　　府下築地本願寺《つきじほんがんじ》山内
正村弥市　府下第二大区三小区愛宕下町《あたごしたちょう》四丁目壱番地伊達邸内
　　　　　横浜石川町《いしかわちょう》四丁目中通り壱番之内第三拾四号地所正村佐七方仮還
阿部利吉　府下第四大区五小区湯島天神町《ゆしまてんじんちょう》壱丁目四十七番地高田要造方

詳細は不明だが、主に府下の寺院や個人宅を寄留先としており、縁故などを頼って出費を抑えていたのだろう。建白書を提出する同郷の青年たちの間には交流を通じて同士としての意識が生まれ、情報交換も行っていた。五つの建白書を提出した島田孝太郎は同じく頻繁に建白書を提出していた石上暁了を「親友」といい、建白の内容について相談をしていた(11)。また二人は同じ寄留先にいたこともある。明治六年十月七日付の『日新真事誌』第百二十七号に石上暁了の投書が掲載されているが、そこには「府下美土代町二丁目壱番地林範平寄留、新川県下越中国伏木小学校副師範」とある。島田孝太郎の寄留先と同所である。おそらくこの二人は先にふれたように高岡の待賢室を通じた関わりがあったと考えられ、旧知の仲であった。なお付言すれば、のち明治十四年十二月十九日付で元老院議長寺島宗則《てらしまむねのり》に「分県ノ議」を提出した石埼謙《いしざきけん》の東京府寄留先も同所である(12)。富山県人の東京における一つの拠点になっていたのであろうか。

明治八年（一八七五）の左院廃止後は状況が一変する。左院では建白書を丁重に扱っていたのであるが、次第に扱いがぞんざいとなり、元老院では「黙受」が一般的になり、建白の採否も提出者に知らせないようになる(13)。内容面でも「立法に関するもの」に限定され、建白の内容を新聞に掲載することもままならなくなる。建白書提出の熱は急速に冷めていくことになるが、言路を閉ざしたことがかえって国民の政府に対する不満を増大させ、民権運動の高揚をもたらしたことは歴史が語っている。

3. 建白書の内容をめぐって

それでは越中青年は建白書で何を求めたのか、内容をみていきたい。

大師堂正義らの建白書は、政府の出資で大社・分社なるものを設けて士族授産《しぞくじゅさん》のために貸し付けを行えば富国強兵・済世安民《さいせいあんみん》の基礎となるという主張で、主眼は士族の救済にあった（明治六年二月二十八日建白書）。

島田孝太郎の五つ建白書の主張は次のように多岐にわたっている。

①学校を興し人材を育成するために、遊技である碁盤・将棋盤・三味線・琵琶を所蔵する者に対して課税し学校費用に供すべきである（明治六年十月四日建白書）。
②地方制度における区取扱所・戸長などの名義が不統一で混乱を招いているので統一すべきである。士族の秩禄《ちつろく》を廃止すべきである。各宗を統一して国教を立てるべきである。小学校において国体学を教えるべきである（明治六年十一月十四日建白書・明治七年一月八日建白書）。
③讒謗律《ざんぼうりつ》や新聞紙条例を廃止して言論の自由を保障し、民権を養育しなければならない。子女を小学校に入学させない親を法により処罰すべきである。教部省及び僧侶教導職を廃止すべきである（明治八年九月二十八日建白書・明治九年二月六日建白書）。

石上暁了の建白書の主張は二点ある。

①地租改正・徴兵制・改暦・土葬などに反対して一揆・暴動が起きているが、蒙昧《もうまい》を啓《ひら》かなければならない。そのために教導職《きょうどうしょく》は説諭に力を入れなければならない（明治六年十一月建白書）。人民の無智を啓蒙するためには公設の書店を開設して学校必読の書籍を売らなくてはいけない（明治六年十一月建白書）。ともに人民開化に関する内容である。

②旧富山藩の合寺《ごうじ》事件に関わるものである。特に混乱を収拾できない教導職を厳しく批判し、暴動を防ぐために教導職が人民を説諭すべきこと、合寺解除から除かれた檀家七十戸未満の寺院をはやく復旧すべきこと、また政府に実情調査と善処を求めている。この主張の建白書を再三再四提出している（明治六年十二月建白書・明治七年二月二十八日建白書・同年四月九日建白書・同年六月建白書）。

石上暁了の建白書が問題にしている富山藩の合寺事件について簡単にあらましを書いておく[14]。

明治政府は維新当初に神仏分離令を布告し、神仏習合の寺社から神と仏を峻別して、神道国教化政策をすすめた。その過程で仏教を排斥する廃仏毀釈《はいぶつきしゃく》がおきたことはよく知られている。越中では立山、医王山《いおうぜん》、石動山《せきどうさん》などの山岳信仰の山で仏教の排撃がみられたが、富山藩によって行われた廃仏毀釈は全国的にみても激しいものであった。明治三年（一八七〇）閏十月に藩は「一派一寺」に合寺するという布達を出し、領内約四百か寺を八か寺（のち六か寺）に合併した。この急激な改革はさまざまな混乱を引き起こし、信徒である百姓の激しい抵抗も起きている。政府は富山藩など地方の実状を調査した上で、同年十二月二十四日に地方管庁で独断的に行う廃仏毀釈を禁じ、翌四年五月四日には合寺の撤回を命じた。ところが廃藩置県、新川県の設置など行政の変転で合寺解除は進展せず、五年十月になってようやく檀家七十戸以上の寺院復旧が実現した。しかし檀家七十戸未満の寺院は除かれ、八年（一八七五）九月の県による許可まで復旧を待たなくてはいけなかった。

富山藩による合寺からの復旧までに数年かかっており、特に檀家七十戸未満の寺院の復旧がすすまないことに石上暁了は心を痛めていたことがわかる。暁了は砺波郡に在住する人であるが、旧富山藩の問題を越中地域の宗教問題として真剣に取り組んでいたといえよう。

正村弥市の建白書は征韓論の高まりを背景に征韓や台湾出兵などを唱えたものであるが（明治七年五月建白書・同年九月建白書）、明治七年三月二十日付の『日新真事誌』の投書に「今吾全国衆致協議セハ征韓ハ素ヨリ魯《ろ》国各国ノ強大ナルモ何ノ懼《おそ》ル、所アラン不若《しかず》速ク全国ヲシテ全図ヲ守ラシメ衆致協戮《きょうりょく》ニ因《よ》ラスンハ遂ニ内外ノ禍害至ラン故ニ之ヲ行フヤ所謂民撰議院ニ如《し》クヘカラス」と述べ[15]、明治七年五月の建白書でも「夫レ衆議院ノ論タル是正院ノ羽翼《うよく》タラシムモノナレハ両院交議セハ人情ヲシテ微陰《びいん》ノ遠キニ隔鎖《かくさ》セシメス」と記しているように、外圧や国際情勢に対応するために国会開設の必要性を強く打ち出している。千秋謙治が「外交問題に衆知を尽くすためには、衆議院を設ける必要があるという正村弥市の考えは、まさに越中人の民撰議院設立に対する先駆的見解ととらえることができる」と評価しているが、私もその評価に賛成である。ただ同年九月の建白書にみられるように国権《こっけん》的な考えを強く持っていたことも確かである。

阿部利吉の建白書は人民の生活を安定させるために勧業の策を求めている（明治八年九月十日建白書）。

立石包正の建白書は、明治八年九月の江《こう》華《か》島《とう》事件を受けて書いたものと思われ、征韓を唱えている（明治八年十一月三十日建白書)。

おわりに

本稿では、旧越中国が一つの県となった新川県の時代に政府へ建白書を提出していた越中青年の姿をみてきた。時代の変革期にあって、これからの国・地域のあり方を真剣に考える熱き青年たちがいたのである。

建白書の主張には、小学校教育の充実や公設の書店の開設など人民開化や啓蒙を求める内容や、新政府がすすめる急激な改革によるひずみへの対処、特に生活の安定のための士族授産や勧業をすすめることを訴える内容が目立ち、文明開化期の特色がうかがえる。越中史の観点から注目できるのは、旧富山藩の合寺問題という、ある意味、特定地域の問題に砺波郡の石上暁了や島田孝太郎が意見していることである。単に旧富山藩の問題ではなく、合寺問題は越中の地域課題であるという意識が少なからずあったといえる。

また島田孝太郎が言論の自由、民権の養育を唱え、正村弥市が民撰議院の設立に言及していることは、新川県の時代が民権前夜にあった状況を如実に示している。建白書を提出する者の中に同士としての意識や交流が見出されることも見逃せない動きである。ただし越中において自由民権運動が本格化するのは、明治九年四月十八日に新川県が石川県に吸収合併されるという〝衝撃〟以降のことであった。

注

（1）牧原憲夫『明治七年の大論争』（日本経済評論社、一九九〇年）一頁。

（2）「明治二年富山藩分限帳」（『富山藩侍帳』、桂書房、一九八七年）。大師堂正義は「大師堂新九郎」と同一人物と考えられる。

（3）栗三直隆「幕末維新期における富山藩政の動向」（『富山史壇』五十・五十一合併号、一九七一年）。

（4）飛鳥寛栗『越中僧・薩摩開教の記憶』（桂書房、二〇一五年）。

（5）大日本地誌大系㊶『三州地理志稿』（雄山閣、一九七六年）。

（6）『富山大百科事典』（北日本新聞社、一九九四年）「待賢室」（前田英雄執筆）。栗三直隆『野上文山覚書』（栗三直隆、二〇一四年）。

（7）前掲・牧原憲夫『明治七年の大論争』十三頁。

（8）日本近代思想大系2『天皇と華族』（岩波書店、一九八八年）一番。

（9）『法令全書』明治元年三月十五日太政官布告第百五十八号。

（10）明治初期の建白制度については色川大吉・我部政男監修『明治建白書集成』第一巻～第九巻（筑摩書房、一九八六～二〇〇〇年）各巻のあとがき及び前掲・牧原憲夫『明治七年の大論争』、柴田和夫「国立公文書館所蔵明治初期建白書について」（『北の丸』第二号、一九七四年）を参照。

（11）明治七年一月八日付の島田孝太郎の建白書と同趣旨の建白書が左院の三浦安四等議官にも提出されているが、その建白書にみえる（『明治建白書集成』第三巻）。

（12）『富山県史　史料編Ⅵ　近代上』（富山県、一九七八年）一一九番。

（13）前掲・牧原憲夫『明治七年の大論争』一八一頁。

（14）北沢俊嶺「明治維新における富山藩合寺事件について」（『富山工業高等専門学校紀要』第三号、一九六九年）。前掲・栗三直隆「幕末維新期における富山藩政の動向」及び同執筆「富山藩合寺事件」「廃仏毀釈」（前掲・『富山大百科事典』）。安丸良夫『神々の明治維新―神仏分離と廃仏毀釈―』（岩波書店、一九七九年）。

（15）『明治建白書集成』第三巻四六三頁。

二　富山廃県の危機

はじめに

富山県が設置されてから二十年になる明治三十六年（一九〇三）、富山県が無くなるかもしれないという驚天動地《きょうてんどうち》の事態が持ち上がった。

越中人は三度めの廃県の危機に直面したことになる。一度めは、明治四年（一八七一）の廃藩置県で設置された富山県が同年十一月の府県廃合で新川《にいかわ》県になったときである。この最初の富山県は旧富山藩がそのまま富山県に移行した県であった。旧越中域内での併合なので、さほど大きな衝撃はなかったであろう。二度めは、明治九年四月の新川県の石川県への併合のときである。正式な県名では「富山県」ではなく「新川県」なので、厳密には富山廃県ではないが、明治五年九月以降の新川県は旧越中国全域を一つの県としている。越中人にとっては自分たちの県が無くなることを意味した。この衝撃がのちに分県運動として噴出する。そして三度めである。明治十六年五月にようやく石川県からの分県がなり、その記憶がまだ薄れていない段階で富山廃県が政府から提案されたのである。

本章では、この三度めの富山廃県の危機に当時の富山県民がどのように対応したのかをみていきたい。またこの出来事は今日忘れ去られた史実になっているが、富山県の近代史において大きな意義を持っていたことを指摘したい。

1．「府県廃置法律案」の浮上

明治三十六年十一月、第一次桂太郎《かつらたろう》内閣は、かねて内務省で取りまとめていた「府県廃置法律案」を閣議決定し、帝国議会に上程《じょうてい》することになった。法律案はこれまでの三府四十三県のうち十九県を廃止して三府二十四県に統合する内容であった（表）。(1)

廃県対象には富山県が含まれ、福井県や岐阜県の一部（飛騨《ひだ》）とともに石川県に統合して広域の金沢県とするものであった。法律案には旧区域を黄色、新区域を赤色で線引きした附図が付けられていた。国立公文書館が所蔵する原本を確認すると、富山県全域は金沢県の東部の一部地域となっており、生々しい（口絵3）。(2)法律案の施行期日は翌年四月一日であるから、予定されている帝国議会を通過すれば翌年三月末をもって富山県は消滅することになっていた。何故このような計画が持ち上がったのか。法律案の理由書には次のようにある。(3)

交通機関発達ノ今日、府県区域ノ拡張ヲ計ルハ、独リ行政ノ整理統一ヲ計ル上ニ於テ緊要ナルノミナラス、治水道路港湾教育等ノ施設ニ於テ其ノ経営ノ完備ヲ謀《はか》リ、併《あわせ》テ其ノ経費ノ節約ヲ期スルノ必要アルニ依ル。則チ府県ノ廃置処分ヲ行フハ時運ノ趨勢《すうせい》ニ照《てら》シ、最緊切《きんせつ》ノ措置ナルヲ認ム。是レ本案ヲ提出スル所以《ゆえん》ナリ。

すなわち、行財政整理のために府県の広域化が必要であり、交通機関の発達がそれを可能としている。実現すれば治水・道路・港湾といった社会資本や教育の充実など府県事業の経営に利便が与えられるのである、と。日露戦争の前夜、桂内閣が進めていた行財政整理の一環であった。近年の研究によれば、中央・地方を通じた総合的な行政改革を進め、内閣の強化をめざす「道州制」の構想が日清戦争後の時期から伏流としてあったらしい(4)。

2. 廃県反対運動とその結末

府県廃合に向けての政府の動きについては、八月頃から新聞報道や代議士を通じ徐々に国民に知られるようになっていたが、廃合される府県の名前が次第に明らかになると、対象となった府県、とりわけ廃県の危機にさらされた諸県では強い反対運動が展開した(5)。

富山県では、『富山日報』に八月二日付で掲載された論説記事「省局県廃合説に就て」がはやい情報であるが、廃合の対象となる府県名はまだ明らかになっていない。同紙十月二日付の記事では「廃合せらるへき府県（北陸三県も合併か）」との見出しを付け「福井、石川、富山三県を一県若くは二県に減じ」と富山県が候補にあがってきていること

表　「府県廃置法律案」による廃合対象

旧府県	新府県
北海道庁	北海道庁
青森県	青森県
岩手県	
宮城県	仙台県
秋田県	秋田県
山形県	
福島県	福島県
栃木県	
群馬県	宇都宮県
茨城県	
千葉県	千葉県
埼玉県	
東京府	東京府
山梨県	
長野県	長野県
新潟県	新潟県
神奈川県	神奈川県
静岡県	
愛知県	名古屋県
岐阜県	
富山県	
石川県	金沢県
福井県	
滋賀県	京都府
京都府	
三重県	三重県
和歌山県	
奈良県	
大阪府	大阪府
兵庫県	兵庫県
鳥取県	
島根県	松江県
岡山県	岡山県
広島県	広島県
山口県	
福岡県	
大分県	福岡県
長崎県	
佐賀県	長崎県
熊本県	熊本県
宮崎県	鹿児島県
鹿児島県	
香川県	高松県
徳島県	
愛媛県	愛媛県
高知県	高知県
沖縄県	沖縄県

を伝えるものの、「未だ確ならず」と憶測に留まっている。

それが急転直下、十月十二日には内務大臣児玉源太郎《こだまげんたろう》が「府県廃置法律案」の閣議決定を求め、[6]十一月五日には桂首相が内務大臣提出の法律案を明治天皇に上奏《じょうそう》、天皇の裁可を仰いで帝国議会の議に付すことを請うに至っている。[7]富山県議はこの急な動きを察知し、十一月十日の富山県会で早速、富山・福井両県を石川県に合併する計画に反対する建議を提出し、可決となっている。[8]『富山日報』は十一月十八日付の記事「府県の廃合」で内務省で決定されたことを伝えた。[9]

富山県民は急な事態に驚き、廃県反対の動きを強めていく。まず一部地元政党が反対の声をあげ、十一月二十七日には県内各市郡の有志による府県廃合反対同盟会（会長中田清兵衛《なかだせいべい》）の発会式が本願寺派富山別院（富山市）で開かれ、「我が富山県民は政府が第十九議会に提出せんとする府県廃合案に極力反対す」と決議している。[10]

同月末には全国組織である廃県反対連合委員会（東京）の委員に富山県の元代議士金岡又左衛門《かなおかまたざえもん》と代議士の牧野平《まきのへい》五郎《ごろう》が選出され、憲政本党《けんせいほんとう》など中央政党への陳情活動を担当している。[11]

十二月八日には富山商業会議所（会頭関野善次郎《せきのぜんじろう》。富山商工会議所の前身）が「府県廃合ニ関スル建議書」を桂首相に提出している。[12]次のような内容である。

府県廃合ニ関スル建議書

今回行政財政整理ノ結果、府県廃合案ヲ第十九議会ニ提出セラレ我カ富山県モ亦之ヲ廃シテ石川、福井二県ニ合併セラレントスト聞ク。

抑《そもそも》交通機関ノ発達ハ地域ヲ縮小シ万里ヲ比隣《ひりん》ナラシム可シト雖モ、我カ北陸地方ニ於ケル交通機関ハ果《はた》シテ斯《かく》ノ如ク完全ニ具備セルモノナルヤ。顧《おも》フニ単ニ一条ノ幹線鉄道ヲ有スルニ過キズ、而モ北陸線ハ我カ富山市ヲ以テ終点トシテ隣県新潟、長野ヘノ交通不便ナルノミナラズ、加フルニ本県ハ天然ノ地理上別ニ一区画ヲナスヲ以テ半身不遂ノ域ニアリ。之ヲ打テ一県トナサンカ。明治十六年石川県ヨリ分県以来多少発達シタル商工業ノ進歩ヲ阻碍《そがい》シ、従テ地方経済ニ影響ヲ及ホスノミナラス、慣習生計ノ基礎ニ直接至大《しだい》ノ紊乱《ぶんらん》ヲ醸《かも》スコト炳焉《へいえん》見ルヘキノ事実ナリトス。幸ニ閣下地方民衆ノ利害休戚《きゅうせき》ヲ察シ、国家永遠ノ大計ニ鑑《かんが》ミ、府県廃合案ヲ排除セラレンコトヲ切望ノ至リニ堪ヘザルナリ。

右本会議所ノ決議ニ依リ及建議書也

富山商業会議所

明治三十六年十二月八日

会頭　関野善次郎

内閣総理大臣伯爵《はくしゃく》　桂　太郎　殿

建議書に記された反対の理由はこうだ。府県廃合の理由として交通機関の発達を挙げているが、北陸線は富山市が終点で新潟・長野への交通は不便なままである。また本県は天然の地理上区切られた一区画としてあるのであって、これを考慮せず無理に統合すると、明治十六年の分県以来発達してきた商工業の進歩が阻害され、地方経済に与える影響が大きい。さらに人々の慣習や生計の基礎を乱すことにもなる。地方民衆の利害休戚（休戚は喜びと悲しみ・幸と不幸の意）を察して欲しい。

交通不便のことにふれているのは、「府県廃置法律案」の附図にあるように明治三十六年の段階で北陸線は富山駅までしか通じていなかったからである。富山から直江津《なおえつ》までの富直線《ふちよくせん》が完成して東京まで繋がるのは大正二年（一九一三）四月のことであった。

そして、十二月九日、富山県会は党派を超え満場一致で「富山県存置之儀ニ付建議」を決議した。建議書の内容は次の通りである。(13)

富山県存置《そんち》之儀ニ付建議

仄《ほの》ニ聞ク。今回行政及財政整理ノ結果、府県廃合ヲ行ヒ、本県及福井県ヲ廃シテ石川県ニ合併セラレントスト。依テ熟々之ヲ惟《おも》フニ、本県ノ地タル地理上明ニ一ノ区画ヲナシ、人情風俗モ亦頗《すこぶ》ル相異ルニモ関セス、明治九年ヨリ仝《とう》十六年ニ至ルマテ一時石川県ノ治下ニ立チシト雖《いえど》モ、百般ノ差異ハ常ニ紛糾ヲ来ス因トナリ、柄鑿《へいさく》相容ルル能ハサリシヨリ、終《つい》ニ之ヲ割キテ、別ニ富山県ヲ置クノ已《や》ムヲ得サルニ至リシナリ。爾来茲《じらいここ》ニ二十年、本県ハ本県特殊ノ行政ニ依リ、従来石川県ニ比シテ大ニ遜色アリシ各種ノ施説(ママ)モ亦僅《わずか》ニ緒《ちよ》ニ就クヲ得タリ。殊ニ土木事業ニ至リテハ、北陸七大川中石川県ハ手取《てどり》ノ一ヲ有スルニ過キサルニ、本県ハ庄神通常願寺黒部ノ四ヲ有スルヲ以テ仝一県治ノ下ニアリシニ当テハ、我河川ヲ説《と》ケハ、彼ハ道路ヲ説キ、多数ノ圧伏スル所、本県ノ地ハ常ニ河伯《かはく》ノ暴威ヲ逞《たくまし》ウスルニ委セサルヲ得サリシカ。分県以来一ニ力ヲ此事業ニ尽シ、多大ノ費用ヲ擲《なげう》チテ河川ノ整理僅ニ今日アルヲ致シ、八十万県民稍々《やや》枕ヲ高クシテ寝ヌルヲ得ントスルニ至レルモ、尚《なお》大ニ力ヲ尽シ、完成ヲ図ラサルヘカラサル状態ニアリ。

（県債未償還・県税・歳出予算・事業費・土木費内訳・市町村土木補助・教育費・勧業それぞれの三県比較は省

略）

是等、皆特殊ノ奨励保護ヲ待チテ、将来ノ発達を企図セサルヘカラサルモノニ属ス。然ルニ今一朝《いっちょう》、二十年来ノ歴史ヲ滅却《めつきゃく》シ、人情風俗ノ差異ヲ顧ミス、財政及各種ノ施設如何《いかん》ヲ問ハス、強ヒテ今日ニ此廃合ヲ敢《あえ》テセラルルニ於テハ、啻《ただ》ニ円満ヲ欠キ、紛擾《ふんじょう》を醸《かも》ス原因タルニ止マラス、又以テ地方民衆ノ福利ヲ増進スル所以ニアラスト信ス。依テ本会満場一致ノ決議ヲ以テ、府県制第四十四条ノ明文ニヨリ、本県ノ存置アランコトヲ建議ス

明治三十六年十二月九日

富山県会議長　大橋十右衛門

内務大臣伯爵　桂　太郎殿

富山商業会議所の建議書がその立場上、分県以来の商工業の発達が阻害され地方経済が影響を受けることを強調しているのに比して、県会の決議書は、置県によって河川の洪水対策である土木事業が進展してきた歴史を強調している。分県及び置県から二十年の歴史が否定され（「二十年来ノ歴史ヲ滅却シ」）、分県前の石川県会で繰り返された紛糾を再び繰り返したくないという思いが強く打ち出されているといえよう。歴史の記憶を理由としているところが特色である。また「八十万県民」「満場一致」の語は富山県民の総意であることを意味していた。

この建議書に賛成した県議の党派別内訳は憲政本党系十九名、立憲政友会系十一名、中立系一名の全議員三十一名であった。決議後、直ちに県会議長大橋十右衛門《おおはしじゅうえもん》らが上京し、建議書を桂太郎内務大臣（首相兼任）に提出、陳情も行っている。提出された建議書を『富山日報』は翌日の新聞で「八十万県民の声」と見出しをつけて報じた。こうし

た十一月上旬から約一か月間続いた廃県反対運動を高井進は「県民総ぐるみの運動」と表現している。(14)

翌十日、運命の第十九帝国議会が開会された。しかし開会冒頭で河野広中《こうのひろなか》衆議院議長が「勅語奉答文《ちょくごほうとうぶん》をかりて内閣を弾劾《だんがい》した」として混乱し、衆議院は翌日解散となった。結果として「府県廃置法律案」は上程されなかったのである。その後、日露戦争へ向けて緊迫の度合いが強まる情勢の中で、府県廃合計画は沙汰止《さたや》みとなり、富山廃県は回避された。

おわりに　―廃県反対運動の歴史的意義―

この出来事の約二十年前の明治十五年（一八八二）、米沢紋三郎《よねざわもんざぶろう》は次の「分県之建白書」を起草している。(15)

越中挙国ノ人民ヲ代表シ、区町村全部ノ有志者連署ヲ以テ謹ンデ内務卿《ないむきょう》山田顕義《あきよし》殿閣下《かっか》ニ建白ス。我越中国ヲ石川県ノ内ヨリ分チテ、以テ旧県ヲ復置ノセラレンコトヲ哀訴《あいそ》嘆願ノ至リニ堪ヘザルナリ。其理由・実情ハ筆紙ニ尽ス能ハザル所アリ。亦尽ス可《べ》カラザル所アルヲ以テ、委員ヲ派シテ拝謁《はいえつ》セシム可シ。請フ、茲《ここ》ニ其梗概《こうがい》ヲ陳ゼン。

夫レ我越中国ハ天然ノ境界ヲ存シ、以テ一区画ヲ為シ、能登国トノ間ハ則チ荒山《こうざん》々脈《さんみゃく》、加賀国トノ間ハ則チ栗《くり》殻《がら》山脈アリテ之レヲ画断《かくだん》シ、輜重《しちょう》通ゼズ、痛痒《つうよう》関セズ、地理形勢・休戚《きゅうせき》利害、大ニ異ナル所アリテ、固《もと》ヨリ同一施政ノ下ニ立ツ可キ者ニ非ラズ。在昔《ざいせき》、三越《さんえつ》ヲ別タレシハ偶然ナラザルナリ。而《しか》シテ越前国ノ内ヲ割キ加賀・能登両国ヲ置カレシ以来、国守《こくしゅ》ノ越前・加賀ヲ兼ネタルハ多シト雖ドモ、加賀・越中ヲ兼ネシハ、前後唯一人ニシテ、其他ハ咸《ことごと》ク越中ニ別ニ一人ノ国守ヲ置カレシナリ。是施政上、然《し》カラザルヲ得ザリシナル可シ。降テ戦国ノ末ニ至リ、加能ト越中トヲ挙テ前田氏ニ属セリト雖ドモ、是レ唯武功・戦略ニ拠リ、其封土《ほうど》ヲ定メタル時ニシテ、施政ノ如何ヲ顧リミザリシ為メ也。徳川氏、覇業ヲ定メシヨリ殆ンド三百年。我越中国人民モ無事・太平ヲ楽シミシヲ、以テ今日、或ハ三個国一体ノ如ク思フ者アランガ、是レ皮相ノ見ナリ。前田氏ハ、其地理形勢ニ従ヒ、其休戚利害ヲ察シ、施政ヲ異ニシ経済ヲ別チ、以テ能ク治術ヲ誤ラザリシモノニシテ、三百年ノ久シキ一藩治下ニ在リテ、尚我越中国人情・風俗ノ加能両国ニ同ジカラザルハ、地理形勢・休戚利害大イニ異ナル所アルニ由ルニ非《あら》ズシテ何ゾヤ。

此ノ如ク大ニ異ナル所アリ、施政モ亦自ラ異ナラザル可ラザルナリ。然《しか》ルヲ今強イテ同一県治《けんち》ノ下ニ統括ス。是ヲ以テ加能人ノ急務トスル道路ノ開鑿《かいさく》ハ、越中人ニ何ノ利益モ無ク、越中人ノ必要トスル堤防ノ築造ハ加能人ハ之ヲ無用トシ、其他百般、甲ニ便ナル者、乙ニ適セス。此レニ益スル者、彼ニ害アリ。前跋後疐《ぜんばつこうち》、左枝右梧《さしゆうご》、到底真正ノ政務ヲ講ズルニ遑《いとま》アラザルナリ。

且《か》ツ、金沢区ニ旧藩士ノ多キ、能ク地方官ノ方寸《ほうすん》ヲ悩マス無キヲ得ンヤ。之レニ関シ我越中国人ノ窃《ひそ》カニ憂擢《ゆうてき》スル所アリ。是レ地方官、其人ヲ得ルモ、我越中国人民ノ幸福・安寧ヲ望ムベカラザル所ナリ。

又石川県会ハ休戚利害、大ニ異ナル所ノ議員ヲ集ムルモノナルヲ以《もっ》テ、艱険《かんけん》・困難、唯、弥縫《びほう》・糊塗《こと》ヲ事トシ、毎ニ他府県ニ無類ノ長日子ヲ要シテ、常ニ適当ノ議決ヲ為シ得ザルハ、理ノ当《ま》サニ然カル可キコトニシテ、亦吾々人民之ヲ責ムル能ハザル所ナリ。地方官ニモ望ム可カラズ。県会議員ヲモ責ム可カラズ。是レ我越中国人民ハ特ニ此ノ患難《かんなん》・災厄《さいやく》ヲ蒙《こう》ルモノニシテ、挙国人民ノ慷慨《こうがい》・嘆嗟《たんさ》ニ堪ヘザル所以ナリ。

此実験ヲ経テ、分県ヲ願フノ念、愈《いよいよ》切ナリ。我越中国人民ノ幸福・安寧ヲ求ムルハ、唯此分県ノ一事アル耳《のみ》。

此一事アルニ頼リ、相慰《あいなぐさめ》シ相諭《あいさとし》シ、以テ今日ニ至レル也。閣下其レ之レヲ諒察《りょうさつ》セラレヨ。

抑《そもそも》我越中国ハ、土地ノ広キ、人民ノ多キ、以テ一県ヲ置クニ足レリ。況《いわ》ンヤ、米粟《べいぞく》余リアリ。物産少ナカラズ。加フルニ伏木良港ノ在ル有リテ、素《も》ト天幸《てんこう》ヲ得タルモノナリ。

此国ニシテ一県ヲ置キ、施政宜シキヲ得バ、其富饒《ふじょう》・繁栄、或ハ庶幾《しょき》ス可ケン。然リ而シテ今此患難・災厄ニ陥イル。此レ何ノ罪ゾヤ。是レ誰ノ過チゾヤ。

我越中国人民ハ富饒・繁栄ヲ貪《むさぼ》ルニ非ラズ、患難・災厄ニ堪ヘザルヲ以テ、敢《あえ》テ閣下ノ威厳ヲ冒カス。閣下若《も》シ猶《な》ホ省ヘリミザレバ、越中国六十余万ノ生霊、其堵《と》ニ安ンズル能《あた》ハズシテ、遂ニ人心沮喪《そそう》シ、事業萎靡《いび》シ、其疾痛憯怛《しつつうさんだつ》、果シテ如何ゾヤ。仰デ願フ。聖恩《せいおん》ヲ奉行《ぶぎょう》スルノ閣下、宜シク裁可ヲ賜ヘ。

誠惶誠恐《せいこうせいきょう》

米沢が分県の必要な理由として挙げるのは、越中はもともと「天然ノ境界ヲ存シ、以テ一区画ヲ為シ」、加賀・能登とは「地理形勢・休戚利害、大ニ異ナル所」があって、このままでは「越中国人民ノ幸福・安寧ヲ求ムル」ができないということであった。この論理構造は、先にみた富山商業会議所や富山県会の建議書と類似する。廃県反対の理由と二十年前の分県が必要な理由とは同一の論理を持っているのである。つまり、天然の境界で区切られたまとまりのある地域であり、その地域の風土で育まれた固有の人情・風俗があることを理由とするのである。それが、越中が一県であるべき最大の理由であった。この類似は偶然ではなく、おそらくこの「分県之建白書」を念頭において廃県反対の建議書が書かれているとみて間違いない。「富山廃県の危機」に際して「分県之建白書」は振り返るべき過去として想起され、富山県を守る歴史的文書《ぶんしょ》になった事実は重い。

ただし大きく異なる部分がある。それは富山商業会議所が商工業・地方経済の問題にふれ、富山県会の建議書が河川洪水との闘いの歴史にふれるように、富山置県以来の県民の努力とその成果を盛り込んだ点である。置県から二十年の歴史の営みそのものを否定されたくないという廃県反対の理由には「八十万県民」の声の代弁であるという自負があるものと考えられる。そこに富山県における地方自治意識の成熟をみることができる。

本章では明治三十六年（一九〇三）に持ち上がった「富山廃県の危機」に対する富山県民の対応をみてきた。今日この出来事を知る県民は少ないのではないか。『富山県史』・『富山県政史』・『富山県議会史』には要を得た記述があるが、富山廃県が幻に終わって、歴史の中に埋もれた史実になってしまったからであろう。

しかし、当時の県民がとった対応には大きな歴史的意義がある。富山置県に向けた分県運動と比較すると明瞭になる。分県運動では、「分県之建白書」の冒頭に「越中挙国ノ人民ヲ代表シ」と記し、封建の壁を取り払って越中地域の利害を守ろうとする「越中人」としての一体感が前面に押し出されていた。しかし現実には越中議員の間に対立があり、石川県会で分県決議が出ることもなかった。(16) 浦田正吉氏が指摘するように越中人民の総意とは考えにくい。(17) また明治十六年十月に開会した置県後最初の富山県会では土木費をめぐり、射水郡出身議員が富山県の経済発展のためには治水堤防費よりも高岡から飛騨への道路開鑿《かいさく》と伏木築港《ちつこう》が急務であるとして強く反対し紛糾しているように、(18) 置県後には郡と郡、郡と県との利害対立が噴出している。

それに対して、廃県反対運動の場合には、富山県会に提出された建議が党派を超えて満場一致で決議され、「富山県民」としての一体感がみられた。富山県議や地元有力者は地域利害を共有して事にあたったのである。まさに「県民総ぐるみの運動」であった。富山置県から二十年、明治三十六年の富山廃県という危機に際して、富山県という行政区画内でともに生活し自治を育んできた富山県民が初めて一つになる歴史的瞬間であったといえよう[19]。

そこにあるのは近代的な「富山県民」の姿であった。この出来事のあと、日露戦争を経て、「越中人」から「富山県民」への意識の転換が目立ってくるが、この問題については五章でふれることにしたい。

注

（1）国立公文書館所蔵『公文雑纂』明治三十六年・第十三巻・内務省三止「内務大臣提出府県廃置法律案」。竹永三男「第一次桂太郎内閣下の府県廃合計画と福岡世徳・松江市長の上京活動」（『松江市史研究』1、二〇一〇年）の表2を参考にしている。

（2）国立公文書館所蔵『公文雑纂』明治三十六年・第十三巻・内務省三「府県廃置法律案（解散ノ為提出ニ至ラサリシモノ）」の「明治三十六年府県廃置法律案附図」。国立公文書館デジタルアーカイブで高精細画像をみることができる。

（3）前掲・国立公文書館所蔵『公文雑纂』明治三十六年・第十三巻・内務省三「府県廃置法律案（解散ノ為提出ニ至ラサリシモノ）」。引用資料は、読みやすくするため文節を区切り、句読点・ルビをつけている。以下も同じ。

（4）前田亮介「幻の『道州制』―日露戦争前夜の府県廃合論争―」（『日本歴史』第八五〇号、二〇一九年）。

（5）前掲・竹永三男「第一次桂太郎内閣下の府県廃合計画と福岡世徳・松江市長の上京活動」など。

（6）前掲・国立公文書館所蔵『公文雑纂』明治三十六年・第十三巻・内務省三止「秘甲第一五一号　府県廃置ニ関スル件」。

（7）前掲・『公文雑纂』明治三十六年・第十三巻・内務省三「府県廃置法律案（解散ノ為提出ニ至ラサリシモノ）」。

（8）『富山県政史　第二巻　県会史』（富山県、一九三七年）。

（9）廃合問題に関する『富山日報』の報道と富山県の動きについては浦田正吉「明治三十六年の府県廃合問題と富山県」（『近代地方下層社会の研究』、桂書房、一九九四年）参照。

（10）明治三十六年十一月二十七日『富山日報』。決議とその理由については『富山県議会史』第二巻（富山県議会、一九七九年）五〇〇・五〇一頁。

（11）明治三十六年十一月二十六日付『東京朝日新聞』。前掲・竹永三男「第一次桂太郎内閣下の府県廃合計画と福岡世徳・松江市長の上京活動」十頁。
（12）国立公文書館所蔵『公文雑纂』明治三十六年・第八十八巻・建議七「富山商業会議所会頭開申府県廃合ニ関スル建議書ノ件」。
（13）前掲・浦田正吉「明治三十六年の府県廃合問題と富山県」（『近代地方下層社会の研究』）一〇〇・一〇一頁。
（14）高井進『越中から富山へ―地域生活論の視点から―』（山川出版社、一九九八年）八十五頁。
（15）前掲・『富山県史　史料編Ⅵ　近代上』一二〇番。
（16）高井進『越中の明治維新』（桂書房、一九八六年）八十二頁。
（17）浦田正吉『富山県の誕生』（楓書房、二〇一九年）七～九頁。
（18）「明治十六年富山県会議事録」（富山県公文書館所蔵「神保家文書」三―1）により、濱田恭幸氏が明らかにした（「三新法体制下における府県分合と府県会―地方税支出の再検討―」『日本史研究』六八三、二〇一九年）。
（19）この背景には、明治十三年の太政官布告四十八号の公布以降、府県が地方行政を遂行する事業主体としての役割を強くし、府県の区画が府県住民の利害共有の基盤になっていたという地方自治制の大きな変化がある。この点については前掲・濱田恭幸「三新法体制下における府県分合と府県会―地方税支出の再検討―」参照。府県廃合はそもそも無理であったことになるが、地域史における反対運動の意義は別に考えなければならない。

三　越中七大河川と鉄道架橋

はじめに

置県五十周年記念事業として刊行された『富山県政史』第六巻（乙）土木交通史(1)に次のような記述がある。

> 明治維新直後に於ける本県は、橋梁《きょうりょう》の設備甚だ少く、黒部常願寺《じょうがんじ》神通《じんずう》庄《しょう》小矢部《おやべ》の諸川を横断する北陸街道に於て、黒部川には上街道《かみかいどう》の愛本刎橋《あいもとはねばし》、常願寺川の立山橋《たてやまばし》、神通川の舟橋《ふなはし》、庄川の大門橋《だいもんばし》、小矢部川の石動橋《いするぎばし》あるのみであった。其の他の諸川は渡船《とせん》又は不完全なる一時的の仮橋等によって、僅かに往来したに過ぎない。為に一《いっ》朝《ちょう》出水の際は、忽ち交通遮断の不便を免れなかった。…本邦に於て稀に見るの河川多き本県では交通運輸の完璧を期せんとせば頗《すこぶ》る多数の橋梁を架橋するの必要あり、為に明治維新以来年々多額の経費を投じ、鋭意之が架設を企図したのである。

越中では、ほぼ南の山々から発し北の富山湾へと注ぐ無数の河川が歴史的に重要な交通路となってきた。一方、ひとたび河川氾濫がおきれば交通運輸が遮断され、円滑な交通運輸を阻む障害にもなってきた。社会経済生活が拡大すればするほど、この負の面は際立ってくる。とくに越中七大河川と称される小矢部川、庄川、神通川、常願寺川、早月川、片貝川、黒部川では著しいものがあった。それゆえ明治維新後、円滑な交通運輸を実現するため、越中では官と民の努力で河川架橋が次々と行われていった。河川の近代化の問題は近代富山県の地域史の課題として、これまで主に治山治水《ちさんちすい》や電源開発を対象に研究が進められてきたが、こうした交通運輸の面からも解明する必要がある。

本章では、大量輸送を可能にする交通運輸のシンボル的な存在として鉄道に注目し、越中七大河川に鉄道橋が架橋されていった歴史を明らかにしたい。自然を克服していった富山近代化の一つの姿である。

1．中越鉄道と小矢部川架橋

表1は、越中七大河川の架橋と富山県における交通運輸の近代化の進展をまとめた年表である。

道路の橋梁は維新直後の時期には少なく、人々は浅瀬を渡ったり（徒渡《かちわたり》・徒渉《としょう》）、渡舟《わたしぶね》を使う（渡船《とせん》）など限られた方法で渡河《とか》していた。増水すれば何日も川止《かわど》めを食らい、陸上における人の往来や物資運輸の不便は藩政期と大きく変わらずあった。それでも民間の力も借りて中小の河川には架橋がなされ、明治六年には橋梁総数は一万五〇〇〇余を数えている。[2] しかし川幅のある大河川の架橋は遅れ、明治十六年（一八八三）の富山置県後にようやく本格化したに過ぎない。明治末年までに多額の経費と時間をかけて国道や県道の路線に順次架橋が行われていく。架橋された道路では人の往来が盛んになり、荷車《にぐるま》・荷馬車《にばしゃ》を使う物資の運輸も増加していった。

一方、重貨である米や大量の物資の運輸には舟運《しゅううん》が使われ、鉄道が整備される明治三十年代前半期までは小矢部川

表1　越中七大河川架橋と富山県における交通運輸の近代化（明治・大正・昭和）

年	陸上交通		【参考】水上交通	
	道路と架橋	鉄道と架橋	河川	海
幕末期	架橋は少なく往来不便		小矢部川などで舟運盛ん（主要河川には渡船あり）	富山湾内航路（和船）、西廻り航路（北前船、北海道－大坂）船運盛ん
明治元年 (1868)	立山橋（常願寺川）M2	東北鉄道計画M14		汽船、伏木入港M8 北陸通船設立M14 この頃、汽船と北前船の激しい大競争時代
	神通橋（神通川）・伏木橋（庄川）M16 中田橋（庄川）M19 桜井橋（黒部川）M20 雄神橋（庄川）M21	私設鉄道条例公布M20 北陸鉄道建設計画M21		
	早月橋（早月川）M22 経田橋（片貝川）・愛本橋（黒部川）M24	鉄道敷設法公布・官設北陸鉄道の建設決定M25	20年代、30年代前半まで内陸水運の最盛期	伏木港、特別輸出港M22
	常願寺橋（常願寺川）・片貝橋（片貝川）・笹津橋（神通川）M26			伏木港、特別貿易港M27
	萩浦橋（神通川）M30 黒部橋（黒部川）M31	中越鉄道、福野－黒田間M30 北陸鉄道、小矢部川架橋、高岡到達・中越鉄道、城端－高岡間開業M31		越中商船設立M30
		北陸鉄道、庄川架橋（仮橋）富山到達（北陸線）M32		伏木港、開港場M32
	庄川橋（庄川）M33	中越鉄道、小矢部川架橋、伏木まで延長・北陸線、庄川架橋（本橋）M33		伏木－直江津の連絡船が繁昌
		富直鉄道期成同盟会結成M34		
	大日橋（常願寺川）・神通大橋（神通川）M36 新庄川橋（庄川）M37 常磐橋（常願寺川）M38			この頃、西廻り航路打撃・北海道交易に活路
	新川橋（常願寺川）・庄金剛寺橋（庄川）M39 伏木橋（小矢部川）M40	鉄道国有法公布M39 富直線着工M40 富直線、旧新神通川架橋・常願寺川架橋、早月川架橋、片貝川架橋、富直線富山－魚津間開通M41		この頃から、北前船の北洋進出
	神通新大橋（神通川）M42			
		富直線、黒部川架橋、魚津－泊間開通・軽便鉄道法公布M43		
大正元年 (1912)		軽便鉄道及軌道県補助規程T1		伏木築港完成（3000t級）T1
	梨谷橋（庄川）T2	富直線全通（東京と直通）T2 この頃から、私鉄相次いで開業、鉄道建設熱		直江津との定期航路廃止
	有沢橋（神通川）T7 愛本橋（黒部川）・豊栄橋（小矢部川）T9	中越鉄道が国有になるT9		

昭和元年（1926）	川崎橋（小矢部川）T13	富山県営鉄道開業T10 飛越線建設開始T13 飛越線、第一神通川橋梁架橋S4 飛越線、第二神通川橋梁架橋・富山電気鉄道設立S5 富山電気鉄道、常願寺川架橋、富山駅まで延伸S6 飛越線、富山－岐阜間全通S9		

※M＝明治、T＝大正、S＝昭和。道路橋については、『富山県政史』の第六巻（乙）土木交通史（富山県、一九四七年）による。その他の河川や改修・架替は省略した。また表の作成にあたっては『富山県史　通史編Ⅴ　近代上』第六章第三節を参考にした。その他本文を参照のこと。

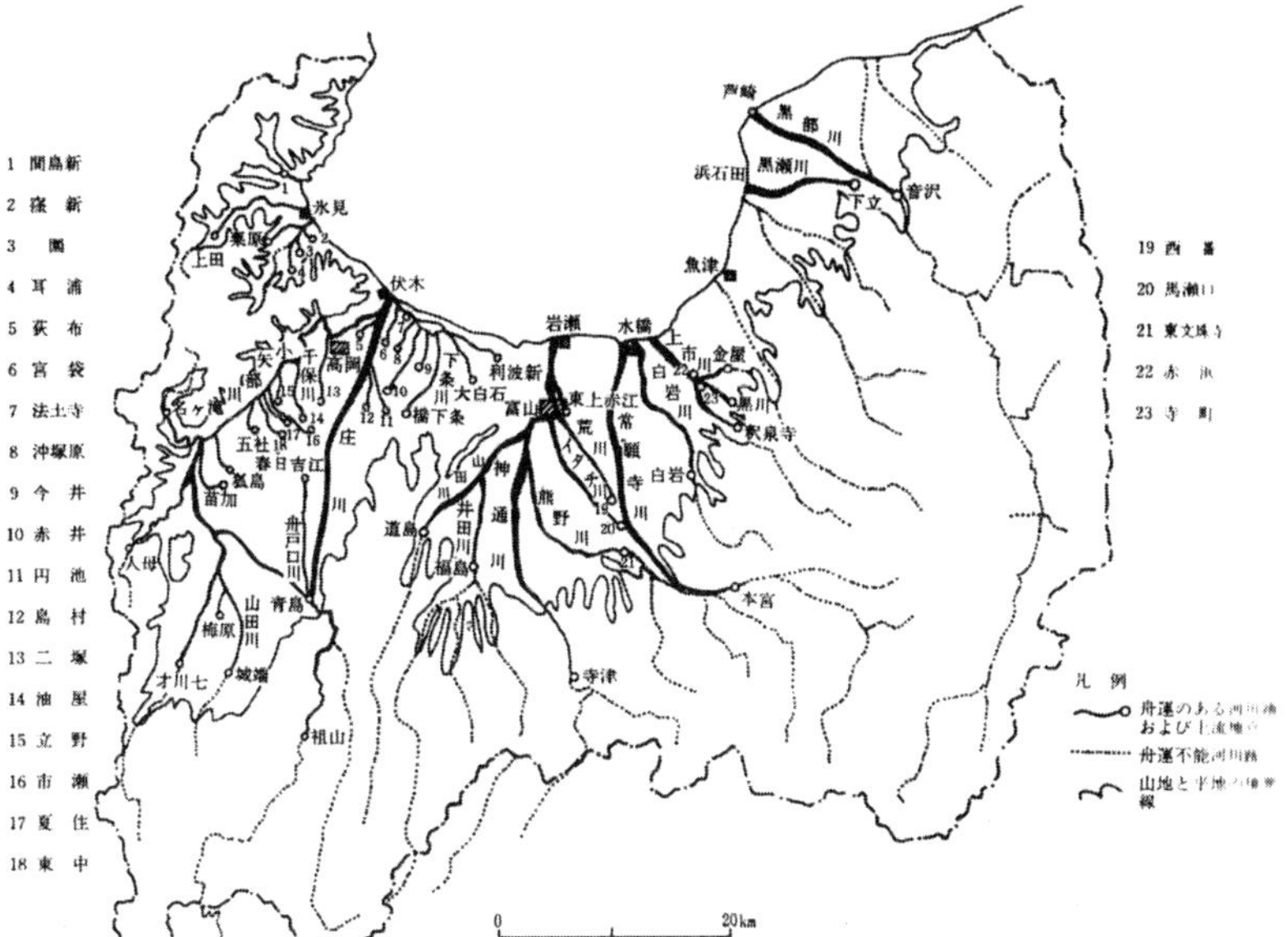

図1　明治17年ころの内陸水運図（『富山県史　通史編Ⅴ　近代上』より）

などが交通運輸の大動脈として機能し続けた。

　図1[3]は置県翌年の明治十七年（一八八四）頃の富山県内の内陸水運図である。まだ鉄道は一本も走っておらず、山々と富山湾との間を流れる幾筋もの河川は重要な交通路であったことがわかる。今日その面影はほとんど失われたが、明治中期までの富山県の特色であった。とくに小矢部川など緩流で水量が豊富な河川流域では相当奥地まで舟が往来している。

　明治中期まで舟運が盛んであった一例を挙げよう。

近代において越中米は他府県へ移出される重要な産物であった。米の収穫高は明治二十年代に約一二〇〜一五〇万石であったが[4]、約半分が移出されていた[5]。米は重貨であるため船により伏木港などから東京・大阪・北海道へと運漕された[6]、県内諸港のうち伏木港からの積出は約六十%を占めている[7]。伏木港に集積される米で大きなウェイトを占める砺波平野の米は小矢部川の舟運によっていた。反対に北海道から伏木港に運ばれた鰊《にしん》の魚肥《ぎょひ》（鰊肥《にしんごえ》）は小矢部川を遡った。魚肥は米の収穫量を増やすため田に施肥される肥料である[8]。当時富山県は全国屈指の北海道産魚肥の移入県であり、伏木港に荷揚げされる量が多かった[9]。小矢部川の舟運は中世以来の長い伝統を持っているが、近代に入ってもなお物流と産業の要となっていたことがわかる。

小矢部川に代表される富山県の内陸水運の最盛期は明治二十年代から三十年代の前半までであった[10]。その状況を一変させたのが鉄道である。

鉄道敷設計画は明治十四年の東北鉄道会社の計画をはじめ、二十年代にかけて多くの私設鉄道計画があったが、ほとんどが頓挫した。明治二十五年に鉄道敷設法が公布され、官設での北陸鉄道（以後、本稿では北陸線という）の建設が決定し、実現に向けて動き始める。すでに明治十七年に大阪から敦賀まで通じていたが、二十九年に福井、三十一年に金沢、高岡に達し、翌年に富山に到達した。一方東京からは二十六年に直江津（新潟県）まで通じたが、富山と直江津の間（富直線《ふちょくせん》）はかなり遅れた。この間に私設の中越鉄道が敷設され、富山県で最初の蒸気機関車弁慶号を走らせている。中越鉄道は北陸線及び伏木港と連結する幹線として計画され、明治二十九年六月に着工、翌三十年五月に福野―黒田（高岡）間が開通し、営業を開始している。三十一年には城端―高岡間、さらに三十三年には伏木まで延長になり、北陸線及び伏木港との連結が実現した。

この連結は小矢部川の舟運にとって大きな痛手であった。明治三十四年度の「中越鉄道駅別貨物分類表」によれば、城端・福光・福野・出町（砺波）の各駅で米十一万石余が積載され鉄路で運ばれている。(11)うち八万石余が高岡駅で北陸線に積み替えられ大阪に運ばれ、残り約三万石は伏木駅まで運ばれて伏木港から船で北海道などへ移出された。北海道の魚肥などは伏木駅で積み込まれ、高岡・出町・福野・福光と順次降ろされている。その後も中越鉄道を使った米の輸送は増加し、小矢部川の舟運は淘汰された。この動きの中で、これまで小矢部川の本支流における川舟の運漕を差配してきた高岡木町舟方《きまちふなかた》も消滅した。(12)

県内において鉄道網を延伸するためには七大河川の架橋を避けることができない。中越鉄道の場合、高岡から伏木へ延長する際に小矢部川の架橋工事が行われた。工費十一万円は会社の存続さえ危うくさせるほど膨大なものであった。そのため架橋をめぐり厳しい経営対立を招いたが、大矢四郎兵衛《おおやしろべえ》の反対を押し切って明治三十三年に架橋された。架橋後しばらくは経営状態が悪化したものの、日露戦争後に輸送量が増え、営業収入も増勢に転じている。大正期には米をはじめ砺波地方のさまざまな産物が輸送され、また伏木工業地帯へ労働力を送り出すなど交通運輸の大動脈になっている。(13)

2. 北陸線の七大河川架橋

表2は北陸線の越中七大河川架橋をまとめたものである。北陸線の全線開通を記念して大正二年（一九一三）に富山市で開催された一府八県連合共進会（富山県主催）用に同会富山県協賛会が作成した『富山県案内』の附図（「富山県管内図」）を参考として口絵5に載せた。

明治三十二年富山開通までの間には小矢部川と庄川に架橋されている。石動《いするぎ》・福岡間の小矢部川橋梁は三十年八月

表2　北陸線の越中七大河川架橋

〔富山駅（田刈屋）まで〕

河川名称	区　間		延　長 ft=フィート m=メートル	費　額	橋台・橋脚	完成年
	駅名	駅名				
小矢部川	石動	福岡	820ft（250m）	62,738円	煉化石及切石積	明治31年
庄川	高岡	小杉	1387ft（422.8m）	91,979円※1	煉化石積	明治33年
庄川（仮橋）	高岡	小杉	847ft（258.2m）	1,925円	松材工	明治32年

〔富山線（富直線）〕

河川名称	区　間		延　長 ft=フィート m=メートル	費　額	橋台・橋脚	完成年
新神通川※2	呉羽※3	富山	1390ft（423.7m）	348,310円	石及煉化石	明治41年
旧神通川	富山	東岩瀬※4	449ft（137m）	59,643円	石及煉化石	明治41年
常願寺川	東岩瀬	水橋	1131ft（344.75m）	128,210円	石及煉化石	明治41年
早月川	滑川	魚津	979ft（298.4m）	107,289円	石	明治41年
片貝川	魚津	三日市※5	676ft（206m）	87,514円	石	明治41年
黒部川	生地	入善	2468ft（752.2m）	475,015円	石	明治43年

表のデータは『日本国有鉄道百年史』第3巻（日本国有鉄道、1971年）及び『富山線鉄道建設概要』（鉄道院富山建設事務所、1913年）に基づいている。
※1百年史によれば、「30年度に起工、橋台・橋脚及び基礎井筒及び箱枠沈下工事中設計変更のため直ちに鉄桁架設の運びにいたらないまま、高岡・富山間の開業（明治32年3月20日）を急ぐことになったので」中流に仮橋を仮設した。本橋の完成には「この他約205千円を要する見込」とある（百年史p639。出典は『帝国鉄道協会会報』第1巻第1号）。※2明治34年から36年に実施された神通川第2次馳越線工事の完成で神通川は新・旧二川に分流することになった。※3明治41年（1908）開業。※4のち東富山駅。※5のち黒部駅。

着工、翌年十月竣工で、倶利伽羅《くりから》トンネルとこの小矢部川橋梁の架設により金沢・高岡間の営業が開始された。庄川は川幅が九チェーン（一チェーンは二十・一一六八メートルなので一八一・一メートル）程度であるが、溢水《いっすい》（水があふれる）の危険があるので避溢橋《ひいっきょう》（水の逃げ道として設ける鉄道橋）を架ける必要があり、かなりの延長になった。三十年度に起工したが、『日本国有鉄道百年史』第3巻によれば「橋台・橋脚および基礎井筒および箱枠沈下工事中設計変更のため直ちに鉄桁架設の運びにいたらないまま、高岡・富山間の開業（明治32年3月20日）を急ぐこととなったので」別に仮橋を仮設し、本橋の完成は三十三年にずれ込んだという。百年史は高岡・富山間の工事において「この河川を別にしてはさした難工事はなかった」と記しており、「この河川」つまり庄川の架橋には苦労があったことがわかる。[14]

北陸線が明治三十二年に富山まで開通した後、富山県民の悲願は直江津との間の富直線（富山線ともいう）の開通であった。直江津と繋がると東京と直結し、東京方面へのアクセスが至便になるからである。直江津が東京と連絡した明治二十六年頃から県内では富直線の建設を求める声が上がっていたが、逓信省《ていしんしょう》鉄道局による路線の予測調査が始まったのが三十五年、第二十二回帝国議会で正式に敷設が決定したのが日露戦争後の三十九年三月と、決定までに長い時間がかかっている。実測の着手は三十九年四月である。同年の三月三十一日には鉄道国有法が公布されている。

明治四十年三月に富山から着工となり、翌年四月には直江津側からも工事が始まった。富山―魚津間が四十一年十一月に開通、二年後の四十三年四月に泊《とまり》まで通じ、四十四年七月には直江津―名立《なだち》間、大正元年（一九一二）十月に泊―青海《おうみ》間、同年十二月に名立―糸魚川《いといがわ》間と開通し、最後に残った区間である青梅―糸魚川間が開通して富山と直江津が一本の線で繋がったのは大正二年三月のことであった（全通により米原―直江津間の全線が北陸本線と称されることになった）。建設距離は七十六マイル三十四チェーン（一二三キロメートル）であった。この富直線全通で富山―東京がようやく直結し、それまで東京へは米原《まいはら》経由で二十一時間ほどかかっていた所要時間が十五時間に短縮された。[15]

富直線の工事では、表2の下表にみられるように県東部の大河川の架橋が順次行われている。

新神通川・旧神通川は、神通川の改修工事である馳越《はせこし》工事によって生まれた流路で、架橋工事が必要になった。馳越工事は、富山市中心部で蛇行し、市街地に氾濫を繰り返してきた神通川の改修をしたもので、明治三十年から三十二年にかけての第一次改修工事に次いで、明治三十四年から三か年継続事業として第二次改修工事が県営で行われた。[16]この改修工事で幅員約四二〇メートルの新河道が生まれ、当時新神通川と呼ばれた。新河道はのちに本流となるが、それまでは旧河道（旧神通川）にも分流しており、[17]架橋が必要であった。なお、三十二年に富山まで開通したときには神通川左岸の婦負《ねい》郡桜谷《さくらだに》村田刈屋《たかりや》に富山停車場が置かれたが、馳越工事の進展とともに新神通川の右岸に移転することになり、四十一年十一月に現在地（富山市牛島《うしじま》）に富山停車場（富山駅）が開業した。(18) 新神通川の架橋をまって、二十六年の第一回鉄道会議に提出された「線路ノ形勢設計ノ概況」で想定されていた場所に富山停車場が移動したことになる。(19)

神通川や常願寺川・黒部川・早月川・片貝川などの大河川の架橋工事は多くの困難をともなう大事業であった。工事の苦労については、鉄道院富山建設事務所が完成を記念して大正二年（一九一三）に発行した『富山線鉄道建設概要』(20)が詳しい。(21) 橋梁の工事に関わる箇所をみていきたい（読みやすくするため、句読点・ルビを付けた）。

…本線工事施工中、隧道《ずいどう》ニ在リテハ地殻内諸種ノ障碍《しょうがい》ニ会シ、橋梁ニ於テハ水底ノ作業ニ苦《くるし》メルモノアリ。又出水ノ厄《やく》ニ遭遇シ、海岸工事ニハ北海ノ風浪ヲ冒シ、切取ニハ土質軟弱ニシテ崩落ノ災禍ヲ重ネタル処鮮《すくな》カラス。又一般ニ北陸地方ハ降雨多ク、為メニ事業ニ障碍ヲ被リタルモ予定ノ工程ヲ進メ、大正元年秋ニハ全線営業開始ノ予定ナリシニ、同年七月末ノ豪雨ニ会シ、諸川氾濫或ハ沿線ノ山崩レアリ。既成ノ線路ニ多大ノ損害ヲ蒙リ、之カ復旧改築等ニ約半年ヲ費シ、大正二年三月ヲ以テ全線ノ完成ヲ告ケ、起工以来七星霜《しちせいそう》、茲《ここ》ニ始メテ開通スルニ至レリ。…(22)

幾多の苦労を読み取ることができる文章である。架橋工事に関しては「橋梁ニ於テハ水底ノ作業ニ苦メルモノアリ。又出水ノ厄ニ遭遇シ」と、「同年七月末ノ豪雨ニ会シ、諸川氾濫」の箇所が注目される。前者については別の箇所でさらに詳しく記している。(23)

(姫川・旧神通川・常願寺川・早月川・片貝川について) 孰《いず》レモ水源地近キヲ以テ平時水量少ナキモ、降雨後急劇(ママ)ニ水位増嵩《ぞうすう》シ、殆ント瀑布《ばくふ》ノ観ヲ為シテ流下シ、流心不定、暴威ヲ恣《ほしいまま》ニセリ。而シテ多クハ河床両岸ノ田圃《たんぼ》面ヨリ高ク、水路ハ単ニ両岸ノ玉石堤塘《ていとう》ヲ以テ保護セラル、ノミ。而シテ河床ニ井筒《いづつ》ヲ沈下スルニ当リ、砂利ニ大玉石ヲ交ヘタル地層ニ会シ、又屢々《しばしば》出水アリ。水中ノ作業ニ幾多困難ヲ経タリ。

井筒は長大橋を支える橋台や橋脚を地中で支える基礎部分の工法である。急流河川の宿命とでもいうべき豪雨時の氾濫や出水をともなう中で困難な作業を強いられたことがわかる。

後者の箇所は、工事中に河川が増水して工事が中断、あるいは破壊される現実があったことを示している。明治四十五年七月の豪雨は「橋梁ニ於テハ各河川遽《にわ》カニ増水汎濫シ、袖石垣《そでいしがき》ヲ破壊シ、橋台背後ノ築堤ヲ流出セルモノ不尠《すゝなからず》」[24]という状況であった。特に新潟県の姫川の架橋工事に甚大な被害を与え、両岸の堤防が決壊、敷設が終わっていたレール七チェーン(約一四〇・八メートル)も流出している。[25] 富山県内区間での具体的な被害は不明だが、『富山県気象災異誌』[26]には黒部川をはじめ新川地方の各河川堤防決壊十か所とあり、少なからず被害があったと考えられる。架橋工事は河川氾濫との格闘でもあった。

『富山線鉄道建設概要』は、架橋工事に関し右記した他に次の二点を記している。県内大河川の特徴や地域性がうかがえる箇所である。

(線路選定について) 三日市《みっかいち》以東泊迄ノ間、黒部川ノ流域ハ平夷《へいい》ノ田圃ナルモ、同川ハ布設線ノ上流八哩《マイル》ニ於テハ山岳両岸ニ相迫リ、布設線ノ橋梁延長二千四百余呎《フィート》ナルニ反シ僅ニ百五十呎ニ過キサルヲ以テ、茲ニ迂回線ヲ仮設セルモ、線路勾配五十分ノ一ヲ要スルカ如キ不利ナルニ由《よ》リ、終ニ布設線ヲ採択セリ。(27)

黒部川架橋の位置については、川幅の狭い上流部も候補としてあったが、勾配がきつくなるので下流の現在地に架橋することになったとしている。この急流河川がつくる扇状地の勾配は架橋の位置選定に影響を与えるものだったことがわかる。五十分の一は千分の二十の勾配（二十‰《パーミル》）である。黒部川橋梁の工事着手は四十年度半ば、竣工は四十三年二月であった。(28)

（諸材料の運送について）沿線ニハ国道アリ又海路ノ便アルモ、親不知《おやしらず》子不知《こしらず》ノ区間、即チ市振《いちぶり》青海《おうみ》間ノ如キハ道路羊腸《ようちょう》崎嶇《きく》勾配十分ノ一ニ達スル所アリ。本区間ヲ除キ他ハ概ネ道路平坦ナルモ、冬季ハ積雪ノ為メ交通上屢々《しばしば》障害ヲ受ケタリ。沿線海浜ニ一ノ船舶錨地《びょうち》ナク、風浪常ニ荒キヲ以テ、夏季海上静穏ノ日毎ニ小舟ニテ諸材料ノ運搬ヲ為シ、又遠ク大阪、堺《さかい》地方ヨリ海漕《かいそう》ニ頼レル煉化石《れんがせき》ノ如キハ、夏季中時期ヲ限リ汽船ヲ現場ノ沖合ニ仮泊セシメ、天候険悪ノ徴アランカ、遠ク佐渡又ハ能登ニ避難シ、再ヒ平穏ノ日ヲ待テ出テ、、海浜ニ陸揚ヲ為セリ。如此《かくのごとく》シテ、日本海ノ海運ヲ利用セリ。

＊羊腸崎嶇…山道が曲がりくねり、険しいこと。

架橋工事のための諸材料をどのように運んだのかという点は重要である。まして鉄道で資材を運搬できない場所での工事である。ここの箇所は文脈からして親不知子不知の区間以外の工事もあてはまると考えられる。表2にあるように橋台・橋脚は煉化石や石（安山岩《あんざんがん》、砂岩《さがん》、花崗岩等《かこうがん》）を材質としており、新旧神通川・常願寺川の架橋工事に使う煉化石は大阪、堺から汽船を使い、日本海海運を利用して運んでいたようである。船舶の錨地（船が錨《いかり》を下ろして停泊する所）がないため、沖合いと海浜との間は、夏季の波の穏やかな日を選び、小舟に積み替えて運送するなど苦労が大きかったことがわかる。沖合いに停泊していた汽船が天候悪化時に佐渡や能登に避難していることは当時の富山湾交通を考える上でも興味深い。なお、煉化石以外の石材は主に沿線附近の山間より切り出し、一部は能登・近江などから搬入していた。

このように県内大河川の架橋は大変な事業であったわけであるが、工費の面からもそれはうかがえる。『富山線鉄道建設概要』は折込で「年度別決算費額表」を添付している。それをみると、橋梁費は明治四十一年度じ十八万二〇〇〇余円、四十二年度八十万八〇〇〇余円とその前後年度の費額の約三倍にも膨れ上がっている。それぞれの年度の全費額のうち橋梁費の割合は四十一年度は三十五％、四十二年度は二十九％を占め高い率となっている。両年度はちょうど県内河川の架橋工事が行われている時期にあたり、県内河川の架橋に膨大な費用がかかっていたことがわかる貴重なデータである。

また、同じく折込まれた「橋梁明細表」から河川毎の費額も判明する。富直線工事中全部で一五〇か所もの架橋工事が行われているが、最も川幅の広い黒部川の橋梁費額四十七万五〇〇〇余円が最も多く、次に新神通川三十四万八〇〇〇余円、三番めが姫川《ひめかわ》（新潟県）二十万三〇〇〇余円、四番めが常願寺川十二万八〇〇〇余円、五番めか早月川十万七〇〇〇余円、六番めが早川（新潟県）十万二〇〇〇余円、七番めが片貝川八万七〇〇〇余円となっている。黒部川、新神通川が他の河川に比べ多額であることがわかる。

以上本節では、主な資料として『日本国有鉄道百年史』と『富山線鉄道建設概要』を使い、北陸線の県内延伸にともなう越中七大河川の架橋が多くの苦労をともなう大事業であったことを明らかにしてきた。

本稿では大河川の架橋に焦点を絞っているため、中小河川の架橋や隧道《ずいどう》工事は捨象したが、越中七大河川を克服しなければ、県内の東西を貫通し、西は関西方面、東は東京方面と繋がる幹線鉄道ができなかったことは確かである。そこに大河川に制約される県内鉄道敷設の地域性と克服すべき地域課題がはっきりと現れているといえよう。

3．富山電気鉄道の常願寺川架橋　飛越線の神通川架橋

明治四十三年（一九一〇）八月四日付の『富山日報』は次の論説を載せている。(29)

欧米に村落鉄道あり、耕地鉄道あり、其末端を各幹線に連属せしめて谿谷《けいこく》の山村にも尚交通機関を備ふ。我富山県の如く巨川大河多き土地に在ては東西を貫通する鉄道は容易の業にあらずして各河川の間を南北に貫くの軽便《けいべん》鉄道こそ最も簡易、最も経済的たるべし。

同年は北陸線の黒部川橋梁が竣工して泊まで開業した年である。また民間投資により局地的輸送を促進する「軽便鉄道法」が定められた年である。北陸線の全通を見越し、その後の県内鉄道網のあり方を提言している。多くの「巨川大河」がある富山県では東西を貫通する鉄道を敷設するには困難があり、大河の間を縫うような南北を貫く軽便鉄道が経済的で現実的であるという考え方である。県内の東西を貫く北陸線との接続を想定してのことと考えられる。

この提言にみられるような架橋を必要としない南北路線の鉄道を敷設し、北陸線と接続させるという発想は、大正

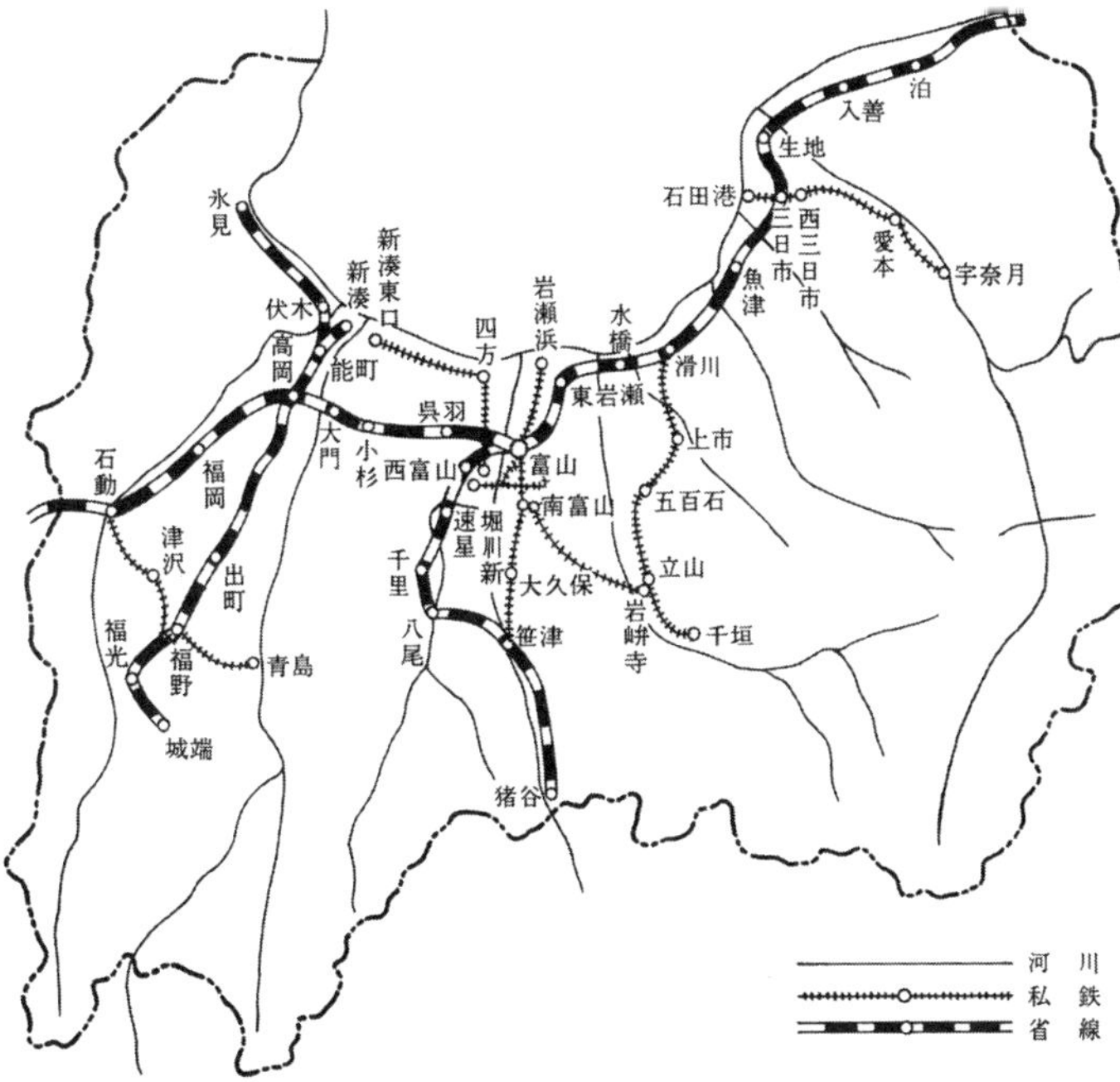

図２　昭和５年富山電気鉄道設立以前の富山県内鉄道網（富山地方鉄道株式会社『富山地方鉄道五十年史』1983 年より）

期から昭和初期において県内鉄道網整備の有力な考え方になっていく。大正元年（一九一二）に富山県が「軽便鉄道及軌道県補助規程」を制定すると私鉄建設熱が高まるが、(30) こうした考え方を現実化したことは図2(31)が如実に示している。大河川の架橋はそれほど鉄道事業者にとって難題であったのである。しかも大河川で区切られた地域文化経済圏の拡大を著しく制約することになる。

この「架橋を必要としない南北路線の鉄道敷設」という考え方を打ち破ったのは富山電気鉄道の常願寺川架橋である。

富山電気鉄道株式会社は昭和五年二月に設立された鉄道会社である（代表専務取締役佐伯宗義、資本金一五〇万円、富山市総曲輪）。(32) 現在の富山地方鉄道株式会社の前身にあたる。『富山地方鉄道五十年史　理念編』（富山地方鉄道、一九八二年）の中で佐伯宗義《さえきむねよし》が「富山電気鉄道は、富山県の如何なる地域からも、県都富山市へ一時間以内で到着し、生産と生活の場を直結する文化労働機会均等圏を描く『富山県一市街地化』を旗幟《きし》として船出したのであるが、富山県こそ、この理想図を描く最適の地域であったのである。」（三頁）と記すように、富山県一市街地化の構想を実現する目的を持っていた。

富山電気鉄道は昭和六年八月に富山田地方《でんじがた》・上市口《かみいちぐち》間、寺田《てらだ》・五百石《ごひやっこく》間、十月に電鉄富山・富山田地方間を開通させ、富山駅と上《かみ》・下新川《しもにいかわ》郡を鉄道で結ぶことに成功させている。(33)

富山田地方まで開通した際の式典で佐伯宗義は次のように挨拶している（『北陸タイムス』昭和六年八月十五日付）。

今、富山市を中心とする交通機関の現状を観《み》るに、北陸本線を大動脈として、飛越《ひえつ》線、富岩《ふがん》線、県営線、越中線は西、北、南の放射状に敷設せられ、いずれも省線《しょうせん》と連絡して都市中心の交通系を為すと雖も、単《ひと》り東方中新川《なかにいかわ》郡の中央を貫き富山市に乗り入れの鉄道を欠如せるは宛《あたか》も点睛《てんせい》を欠くものといふべく都鄙《とひ》連絡上頗《すこぶ》る遺憾とする所なりき。然るに、今や多年の要求実現して、省線富山駅を起点として新庄《しんじょう》町を経由し、常願寺川を越え寺田《てらだ》村において分岐して一方五百石《ごひやっこく》へ、一方上市《かみいち》町へ、更に大岩山《おおいわさん》に至る鉄道計画を樹立されたるもの、即《すなわ》ちこの富山電気鉄道なり。

富山市への乗り入れに主眼があったことが明瞭である。ここで佐伯は「常願寺川を越え」とさりげなくふれているだけだが、乗り入れが可能になったのは同年七月に常願寺川橋梁が完成したからである（写真）。

この常願寺川架橋が難工事であったことは『富山地方鉄道五十年史』が端的に記している（二〇二頁）。

常願寺川は、名だたる暴《あば》れ川で、堆積《たいせき》土砂によって川底が周囲より高くなったいわゆる「天井川《てんじようがわ》」である。県内の河川はすべて南部山地に源を発し、北へ流れ富山湾に注ぐため、当時の県内私鉄のほとんどが南北線に走り、河川を横断する東西線は北陸線のみであった。この事からみても、いかに架橋工事が当社にとって大事業であったかが想像できる。

常願寺川下流には国鉄北陸線、上流には県営鉄道の鉄橋が架設されていたとはいえ、この天井川で川幅の最も広い部分（六三八m）での三十径間《けいかん》（橋脚《きようきやく》三十一本、橋脚と橋脚の間を径間という）におよぶ長大橋の建設は、当時としては技術的にも、工費、工期の面でも大変な難工事であった。

昭和6年8月常願寺川鉄橋（富山地方鉄道株式会社『写真でつづる富山地方鉄道50年のあゆみ』1979年より）

この点について『富山県史　通史編Ⅵ　近代下』は「それまでの私有鉄道は、いずれも川を避け川に立ち向かおうとはしなかった。川を横切るには大なる資本を要したからである。しかし、一県一市街化を理想とする佐伯は、昭和六年常願寺川の鉄橋（六三八メートル）を完成させることによって横断に成功した。」（三四四頁）とし、架橋による常願寺川横断の成功に歴史的な意義を認めている。

富山電気鉄道の常願寺川架橋は、大正期から昭和初期にかけて有力であった「架橋を必要としない南北路線の鉄道敷設」を優先する考え方を打ち破り、大河川で区切られてきた県内の地域文化経済圏の拡大を可能にした事業であったといえよう。

もう一つ、その考え方を打ち破ったものに官設で進められた飛越線の敷設がある。それは架橋工事を前提に富山駅に接続する南北縦断路線を優先した事業であった。民間投資では限界がある事業を官が実現させたわけである。

飛越《ひえつ》線は北陸線の富山駅から岐阜県高山駅に至る鉄道である。飛越線を通すためには県央部を飛騨地方から富山湾へと流れる神通川の中上流部において架橋する必要があった。飛越線の敷設をめぐっては明治四十三年（一九一〇）七月に富山市で「飛越線急設期成同盟会」が結成、翌年一月富山市長井上政寛《いのうえまさひろ》、富山商業会議所会頭山田信昌、婦負《ねい》郡八尾《やつお》町長西田兵太郎、婦負郡百塚《ひゃくづか》村内山松世《まつよ》等より各別に貴族院議長へ請願書を提出し、四十五年二月に富山商業会議所会頭より内閣総理大臣（西園寺公望《さいおんじきんもち》）、逓信《ていしん》大臣、鉄道院総裁、貴族院議長、衆議院議長宛に請願書が提出されるなど県内でも明治期から官民の要望は強くあったが、[34]大正二年（一九一三）の北陸線の全通を機に建設の速成を求める動きが一層高まる。同年四月発行の富山商業会議所「富山商業月報」第三十六号は次のように記している。[35]

今や多年の宿望《しゆくぼう》たる富直《ふちよく》鉄道の全通したるは我が富山県民の欣喜《きんき》し祝賀する所なると共に、更に南北を縦断すべき飛越鉄道の速成を見んとするは勿論《もちろん》、百尺竿頭一歩《ひやくしやくかんとういっぽ》を進めて陸上の交通機関を具備《ぐび》し、以《もっ》て海上と相俟《ま》って表《おもて》日本《にほん》に譲らざる程度に裏日本《うらにほん》を発展せしむる日一日年一年に近からんことを期待し、希望して止《や》まざる所《ところ》なり

「百尺竿頭に一歩を進む」は中国宋《そう》代の禅書に出てくる言葉で、目標に到達してもさらに上を目指す、という意味である。ここには「表日本」に対して経済的に劣る「裏日本」の発展のためには北陸線の全通に次いで飛越線を急いで

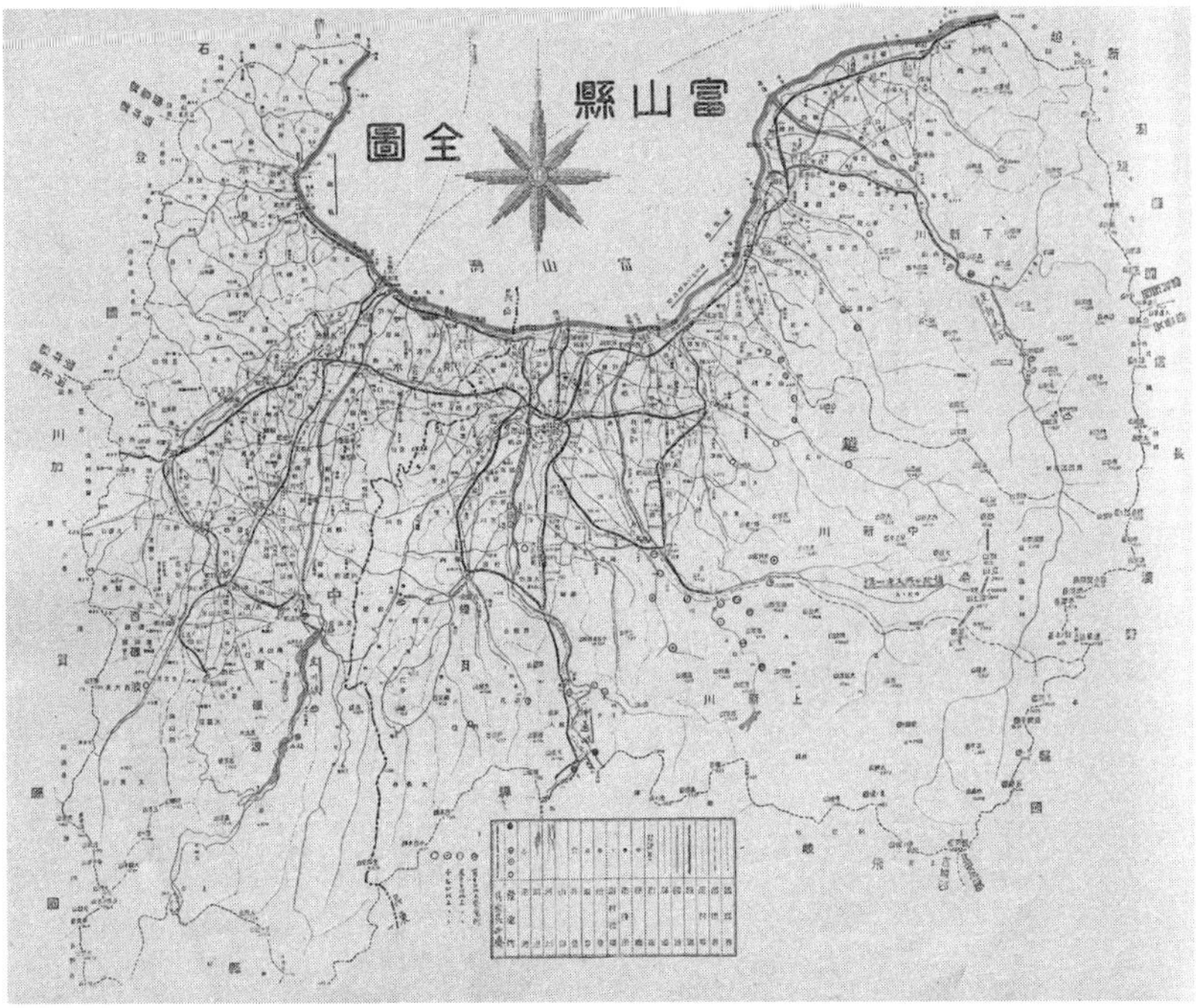

図3　昭和7年「富山県全図」（村上陽岳『富山県郷土の山水　呉羽山中心以東編』1932年より）

実現させなければならないという考え方がみられる。[36] 地元経済人が「裏日本」からの脱却を志向していたわけで、地域内の輸送手段である局地鉄道とは次元が異なっていた。

しかし、現実には民営富山鉄道の富山—笹津《ささづ》間の営業開始（大正三年）や飛越線の敷設路線をめぐる利害対立、関東大震災（大正十二年）の影響などがあってなかなか進展しなかった。[37] 実際に飛越線の建設が始まるのは大正十三年のことである。そこから十三年九か月という長い工事期間を経て（図3は昭和七年段階）、昭和九年（一九三四）にようやく竣工し富山—岐阜間が全通する（その区間全域は高山本線と呼称されるようになった）。[38] この実現により県内の東西を貫通する北陸線に接続する南北縦断の幹線鉄道が整い、日本海側と太平洋側を連絡する交通運輸の大動脈ができた。

昭和九年十月二十四日付の『富山日報』は

「中部日本を貫く文化の触手、飛越縦貫鉄道高山線全通式は今二十五日、雨煙る山都飛騨高山町西小学校庭で華やかに挙行された。巨額の国費と多大の日時を費やした日本鉄道史上、類例の少ない長距離開通である。」と伝え、この開通によって富山・岐阜間で米原経由に比べ七十キロメートルの短縮、時間で二時間の節約ができるとしている。

笹津―飛騨細江《ひだほそえ》間では隧道《ずいどう》三十一、神通川上流の宮川《みやがわ》に十三の橋梁を架けるなど難工事が続き、(39) 県内区間の工事では越中八尾―笹津間、笹津―楡原《にれはら》間では神通川を渡らなければならず、昭和四年に第一神通川橋梁（三二七・七二メートル）、昭和五年に第二神通川橋梁（一九九・二二メートル）が架けられている。(40) 飛越線においても七大河川の一つである神通川の架橋をしなければ実現しなかったのである。

おわりに―河川の富山近代化―

本章では、自然を克服する富山近代化の一つの姿として、越中七大河川に鉄道橋が架橋されていった歴史を明らかにしてきた。県内で鉄道網を延伸するためには大河川の架橋を避けることができない。この難題に果敢に立ち向かった中越鉄道、北陸線・富直線、富山電気鉄道の富山駅延伸、飛越線の敷設事業における架橋の問題を扱った。資料として大正二年の『富山線鉄道建設概要』を使い、富山線（富直線）の延伸工事において越中七大河川の架橋が多くの苦労をともなう大事業であったことを具体的に裏付けた点に目新しさがあると思う。

本章の考察を通して改めて大河川に制約されてきた越中の歴史的地域性を考えざるをえなかった。富山近代化は氾濫を繰り返す川との闘いであったとよくいわれるが、本章で問題にしたように、従来から指摘される治山治水や電源開発の問題だけではなく交通運輸の面においても河川と闘う先人の苦労の歴史があったのである。富山近代化の問題はこうした越中の地域性をふまえて、山・野・河・海、それぞれの視角から総合的に解明していくことが必要であろう。

注

（1）『富山県政史』は全部で七巻九冊刊行されたが、昭和十一年（一九三六）に第一巻が刊行され、最終的に刊行が完了したのは戦後の昭和二十二年十二月であった。とくに第五巻（乙）・第六巻（甲）・第六巻（乙）の三巻の発刊は大幅に遅れた。この三冊は昭和二十年七月には印刷が完了していたが、同年八月一日の富山大空襲で灰燼に帰し、そのため再印刷を余儀なくされたのである。

（2）『富山県政史』の第六巻（乙）土木交通史九十九・一〇〇頁に載せる新川県下橋梁数及び其の費用（明治六年現在）」による。板橋と土橋（木橋の橋面に土をかけてならした橋）が圧倒的に多く、以下、石梁《せきりよう》（石橋）、舟橋。

（3）『富山県史　通史編Ⅴ　近代上』（富山県、一九八一年）七三九頁。

（4）『富山県史　近代統計図表』（富山県、一九八三年）Ⅱ―22「米収穫高」。

（5）伏木港編さん委員会編『伏木港史』（伏木港海運振興会、一九七三年）二六〇頁。

（6）高瀬保「北前船の凋落と終焉」（『加賀藩の海運史』成山堂書店、一九九七年）二三二頁。なお、明治二十年頃越中米の移出高が大幅に増えているが（「明治二十一年富山県農産物現況」、前掲・『富山県史　通史編Ⅴ　近代上』五八二頁）、一時粗製の評判が立った越中米を官民一体となって産米改良を進め、東京市場で評判を高めたからである（この点については、大豆生田稔『お米と食の近代史』吉川弘文館、二〇〇七年）。

（7）前掲・伏木港編さん委員会編『伏木港史』二六一頁。明治十七年の数字である。

（8）水島茂『加賀藩・富山藩の社会経済史研究』（文献出版、一九八二年）によれば、越中に移入された魚肥には胴鰊《どうにしん》（身をはいだ後の頭と背骨）・笹目《ささめ》（エラ）が多く、細かく砕いて撒布するか、あるいは藁灰・水と交ぜて腐らせて使用し、全使用の四分の三は植付前に薄肥（元肥）として、四分の一は挿肥として田植後数回に渡って施されたという（三六七・三七四頁）。魚肥は金肥《きんぴ》であったため肥料購入に出費がかさみ、災害で不作となれば負債が残って農民の大きな負担となった。

（9）前掲・『富山県史　通史編Ⅴ　近代上』七四〇頁。前掲・水島茂『加賀藩・富山藩の社会経済史研究』第六編第二章「明治初期における北海道魚肥の移入」。また、近代における北海道産魚肥と北前船で北海道に移出される越中米との関係については中西聡『北前船の近代史―海の豪商たちが遺したもの―』（成山堂書店、二〇一三年）第Ⅱ部第3章「越中の北前船主」も参照されたい。

（10）前掲・『富山県史　通史編Ⅴ　近代上』七四〇頁。

（11）「明治三十四年度鉄道局年報」（日本交通協会図書館所蔵）。『富山県史　史料編Ⅵ　近代上』（富山県、一九七八年）三五三番。前掲・『富山県史　通史編Ⅴ　近代上』七四三頁も参照。

（12）前掲・高瀬保「北前船の凋落と終焉」（『加賀藩の海運史』）二二八頁。なお、中越鉄道・北陸線と海運とは共存関係にあったが、北陸線と競合する関西航路（西廻り航路）は次第に存続が難しくなり、北前船主らは北海道交易や北洋漁業に活路を見出していくことになる。同論文参照。

（13）中越鉄道については、草卓人「中越鉄道の成立と展開」（『近代史研究』第二十一号、一九九八年）を参照。

（14）この段落の記述は『日本国有鉄道百年史』第3巻（日本国有鉄道、一九七一年）による。以下本節で特に断らない限り基本的情報は同書及び『日本国有鉄道百年史』第6巻（日本国有鉄道、一九七二年）、『富山線鉄道建設概要』（鉄道院富山建設事務所、一九一三年）によっている。

（15）旅客列車の場合。前掲・『日本国有鉄道百年史』第6巻一〇四頁。

（16）『富山市史　通史　下巻』（富山市、一九八七年）二七二～二七七頁。

（17）前掲・『富山市史　通史　下巻』二七四・二七五頁。

（18）前掲・『富山市史　通史　下巻』三四二～三四四頁。

（19）明治二十六年二月十日に開催された第一回鉄道会議に提出された「線路ノ形勢設計ノ概況」には「大島赤井小杉（停車場設置見込）鷲塚西高木小竹長岡針原ノ諸町村ヲ経百塚台ヲ越ヘ愛宕村ニ至テ神通川ノ避溢橋八百呎ヲ架シ富山市船頭町裏

字牛島（停車場設置見込）ニ至ル」とある（前掲・『日本国有鉄道百年史』第3巻六二五・六二六頁）。

(20) 前掲・『富山線鉄道建設概要』。富山県立図書館所蔵。

(21) 請け負った業者からの視点では、土木工業協会編『日本鉄道請負業史　明治編』下編（土木工業協会、一九四四年）に富山線の工事について記している。国立国会図書館デジタルコレクションでみることができる。

(22) 前掲・『富山線鉄道建設概要』一・二頁。

(23) 前掲・『富山線鉄道建設概要』十・十一頁。

(24) 前掲・『富山線鉄道建設概要』十五頁。

(25) 前掲・『富山線鉄道建設概要』十五頁。前掲・『日本国有鉄道百年史』第6巻一〇三頁。

(26) 『富山県気象災異誌』（日本気象協会富山支部、一九七一年）。

(27) 前掲・『富山線鉄道建設概要』八頁。

(28) 前掲・土木工業協会編『日本鉄道請負業史　明治編』下編三七一・三七二頁。

(29) 明治四十三年八月四日付『富山日報』。『富山県史　通史編Ⅵ　近代下』（富山県、一九八四年）三三八頁。

(30) 前掲・『富山県史　通史編Ⅵ　近代下』三三七〜三四三頁。草卓人編『鉄道の記憶』（桂書房、二〇〇六年）も参照されたい。

(31) 『富山地方鉄道五十年史』（富山地方鉄道株式会社、一九八三年）一七九頁「図3—1」。

(32) 前掲・『富山地方鉄道五十年史』第三章「第二節　富山電気鉄道の創立」および八七二頁。

(33) 前掲・『富山地方鉄道五十年史』二〇一頁。

(34) 『富山県政史』第四巻政党史上（富山県、一九四一年）一一〇九〜一一一三頁。『富山県史　史料編Ⅶ　近代下』（富山県、一九八三年）四一四番「飛越鉄道急設期成同盟会趣意書」。

(35) 前掲・『富山県史　史料編Ⅶ　近代下』四一九番「北陸線全通による影響についての記事」。

(36) 「裏日本」の造語者は阿部恒久氏によれば地理学者の矢津《やづ》昌永《しょうえい》で明治二十八年（一八九五）の『中学日本地誌』（丸善）に登場し、明治三十年代には太平洋側の「表日本」に対して日本海側地域の社会的な格差を表現する用語として「裏日本」

の使用が一般化したという（「〝裏日本〟観念の成立」、『鹿児島県立短期大学紀要』四十三、一九九二年）。『中学日本地誌』の該当箇所には「我日本全体ノ地形ハ西北ナル日本海ヲ抱テ弓形ニ湾曲シ南東ナル太平洋ニ向テ拡出セリ故ニ又日本海ニ浜スル方ヲ内面或ハ裏日本ト云ヒ太平洋ニ面スル方ヲ外面或ハ表日本ト云フ」（二十三頁）とあり、当初は地勢上の用語であった。また、古厩《ふるまや》忠夫《ただお》氏は「裏日本」の問題から日本の近代化を問い直している（『裏日本―近代日本を問いなおす―』、岩波書店、一九九七年）。富直線の開通の遅れ、さらには飛越線の建設の遅れが富山県の〝裏日本〟化に拍車をかけたことは否めず、地域の発展のためには両線の全通が不可欠であった。富山近代史においても「裏日本」化、「裏日本」からの脱却は重要な研究視角としてある。

(37) 前掲・『富山県史　通史編Ⅴ　近代上』三三七頁。

(38) 富山・高山間の工事進捗の遅れに対して、昭和五年九月二十六日付で富山市会議長金山《かなやま》米《よね》次郎《じろう》から内閣総理大臣浜口《はまぐち》雄《お》幸《さち》宛に「飛越線富山・高山間ノ鉄道開通速成ニ関スル意見書」が提出されている（国立公文書館所蔵『公文雑纂』昭和五年・第十九巻・商工省・逓信省、鉄道省、朝鮮総督府、台湾総督府、建議陳情請願）。

(39)『飛越線建設要覧』（鉄道省長岡建設事務所、一九三四年）二頁。富山県立図書館所蔵。

(40) 前掲・『飛越線建設要覧』折込「飛越線線路縦断面図」。『飛越線第一、第二神通川橋梁架設工事誌』（鉄道省長岡建設事務所、一九三〇年）。富山県立図書館所蔵。

四　「時の記念日」の誕生と工業立県

はじめに　―時計をもたない世界

終戦から数年後に対馬《つしま》を調査した民俗学者の宮本常一《みやもとつねいち》は「対馬にて」（『忘れられた日本人』岩波文庫、一九八四年）二十八頁で次のように書いている。

…実は昼飯をたべていない。対馬でも宿屋へとまるのならば朝昼晩と食事をするが、農家へとめてもらうと、朝と晩はたべるけれど、とくに昼飯というものはたべないところが多い。腹のすいたとき、何でもありあわせのものを食べるので、キチンとお膳につくことはすくない。第一農家はほとんど時計をもっていない。仮にあってもラジオも何もないから一定した時間はない。小学校へいっている子のある家なら多少時間の観念はあるが、一般の農家ではいわゆる時間に拘束されない。私は旅の途中で時計をこわしてから時計をもたない世界がどういうものであったかを知ったように思った。

表1　富山県職業別人口比（明治末～昭和前期）

分類／年	現住人口（人）	現職人口（人）	職業別戸数・人口の構成比（%）								
			第一次		第二次		第三次				
			農業	水産業	鉱業	工業	商業	交通業	公務自由業	家事使用人	その他
明治44年（1911）	786,114	419,688	59.3	2.9	0.2	8.9	9.3	－	1.9	－	17.5
大正10年（1921）	802,461	397,399	60.9	2.6	0.1	14.7	10.9	2.3	3.8	0.9	3.9
昭和5年（1930）	847,011	404,591	55.2	3.8	0.1	14.1	13.0	2.0	5.2	1.3	5.4
昭和13年（1938）	832,873	403,858	48.9	2.6	0.3	22.2	13.6	1.9	5.5	0.9	4.1
昭和15年（1940）	849,484	423,216	47.5	2.5	0.2	22.3	14.0	2.4	5.7	0.9	4.5

註1.『富山県史　近代　統計図表』（富山県、1983年）p36～38による
2. 1人で2種以上の職業をもっている場合、その主たる職業について計上してある。
3.「農業」には山林業・牧畜業含む。「水産業」は漁業、鉱業・抗夫は「鉱業」、「公務自由業」には公務に従事する者・医事に従事する者・学校の職員及び教員・弁護士・代書業、「その他」には布教に従事する者・銀行及び会社員・力役・舟夫・遊芸稼人・雑業などである。

これは対馬での話であるが、「時計をもたない世界」は高度経済成長期まで日本各地の農山漁村でみられたであろう。表1にあるように、富山県では明治から大正にかけて職業従事者の約六十%が農業従事者であり、農業を中心とする県であった。はたして富山県ではどうであったのか。

明治二十年（一八八七）、砺波郡の青島村では個人が初めて歯車仕掛けの置時計を金沢から購入したという（『青島村郷土史』[1]）。珍しくて見物人が絶えなかったようであるが、一方で寿命を縮めるものであるという迷信があり各家庭に時計は容易に普及しなかった（『庄川町史』上巻[2]）。この例が語るのは、近代に入っても大多数の人々は自然や生業のリズムに合わせた伝統的な生活習慣を大きく変えようとはせず、宮本常一が見出したような「時計をもたない世界」は県内各地でごくふつうにみられたということである。

しかし日露戦争後になると、時計に合わせた時間を守らないことが悪しき生活習慣として改善の対象になっていく。明治四十二年に高岡市役所が発行した『高岡史料』下巻[3]には「何事にも時間を守るの念慮《ねんりょ》に乏しきは、高岡地方を最も甚しとす。公私諸般の会合に予定の時間を励行せらる、こと殆ど之無し。其弊や延《ひ》いて商工業上に及び注文品の如き殆ど其約束の時間に授受し得ること之れあるを見ず。是れ打破せざるべからざる悪習なり。」と記している。同年に富山市で開催された富山県教育大会の『教育大会記

録』[4]によると、富山市の著しき風俗習慣気風として「時間を守らず」と報告されている。鉄道が走り、商工業が発展してきた都市部でまず問題になってきた。さらに大正時代になると富山県では「工業立県」が目指され、「時計をもたない世界」を否定するような動きが強まる。

本稿では、大正期から昭和初期にかけての時期にみられた「時間励行」の取り組みを通して、こうした「時計をもたない世界」を否定する近代化の一面を明らかにしたい。

1．大正新時代の要請

大正二年（一九一三）二月二十五日に発行された五十嵐雲鵬『国民必読精神修養百話』（東京・求光閣書店発行）[5]は、「将来第二の国民たる青年子女」の修養のための処世百話を集録したものであるが、「忠」・「孝」からはじまる全百話のうち三十八番目に「集会の時間は正しく守れ」と見出しをつけ、以下のように書いている。

我が国には、兎角《とかく》日本時間といふ慣習があって、今でも流行しつつあるのは甚だ不都合で、速に改良せねばならぬ、文明の世の中は尚更のことである、まづ大抵午後六時といふ触れ出しとすれば、八時か九時からでなくば始まらない、それだから十時頃に済む事が、十二時か一時になつて翌日の業務に妨げを及ぼすといふ始末である。催す方も、集まる方も、最初から掛け直をしてからかかるから困つたものだ、事柄によりては、一人の後るる為に多人数をして貴重の時間を空費せしむることとなる、例へば、六十人の集会に其の中の一人、若し十分を後るとすれば、六十人の時間の損失は合して十時間となるから、恐るべきものだ、

○時は金なり　といふ箴言《しんげん》を守りて、各自注意に注意を加へ、改善を計らねばならぬ。

ここには近代的な合理主義思想に基づいて時間を損失の対象とする観念がみられる。「時は金なり」（ベンジャミン・フランクリン）は資本主義の倫理観であった[6]。著者にとって「日本時間」は「文明」と対立するものであり、近代日本の将来を担う青年子女にはぜひとも文明国の国民として時間励行の精神を身に付けてもらわなければならなかった。遅刻は人の時間さえ奪う悪であった。

次に、雑誌『太陽』の第十九巻第十四号（大正二年十一月号）[7]の広告記事をみてみよう。時間に関する広告が多いことに気付く。いくつか紹介する。

アメリカのウォルサム＝ウォッチ＝カンパニーの時計の広告は懐中《かいちゅう》時計の売り込みである（写真）。アメリカ・マサチューセッツ工場の威容を目に飛び込ませながら、時計の正確無比を強調している。東京・銀座一丁目の伊勢《いせ》伊時計店も米国ウォルサム時計を宣伝し、「同社製品ハ高尚優美ニシテ指時正確堅牢ナルハ既ニ全世界ニ於テ有名ナル精良品ナリ」とし、やはり正確に時間を刻むことを売りにしている。

丸善は時計ではなくオノト万年筆とオリオン万年筆の広告だ。万年筆の広告であるにもかかわらず、「時は金也」と大書きし、つづけて「時間を節約する要訣―万年筆の常用」とした上で、「支那墨と毛筆との為めに費さるゝ時間を軽んずる勿《なか》れ、此の零細なる時間の遅速《ちそく》が往々一大成功を斉らす機会を逸するのみならず、僅《わず》かに数分時なりとも常に書に従ふものは一日の此の数分時を数十遍繰返すが故に数分時は時として一時間乃至《ないし》二時間と積重して事務上の支障を来す数分は決して軽んずべからず、されど此の時間的敏活《びんかつ》を得んが為めには最も厳密に万年筆を選択すべき必要あり…」。実に万年筆は時間を節約するための道具であったのである。

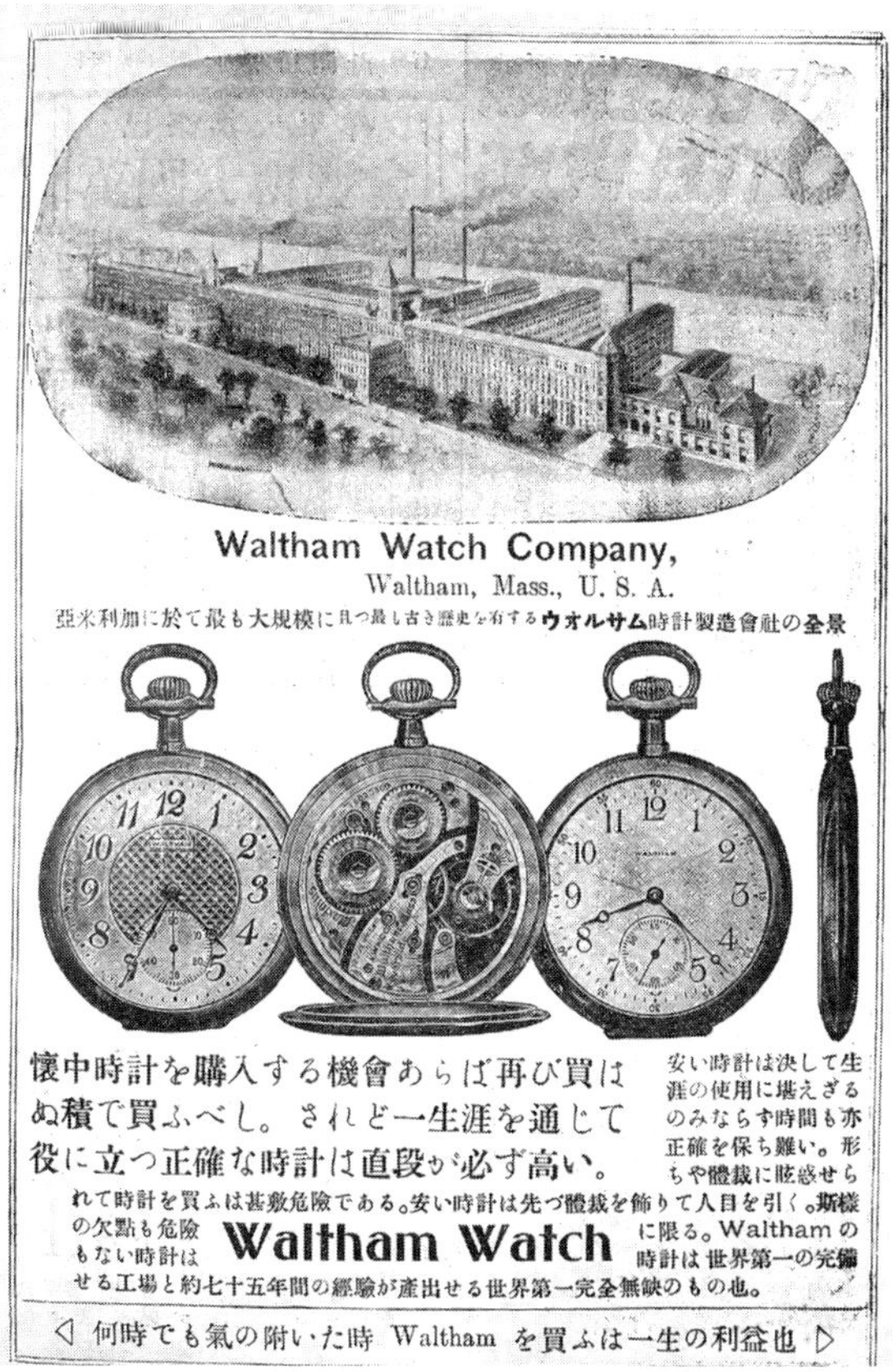

Waltham Watch Company,
Waltham, Mass., U. S. A.
亞米利加に於て最も大規模に且つ最も古き歴史を有するウォルサム時計製造會社の全景
懐中時計を購入する機會あらば再び買はぬ積で買ふべし。されど一生涯を通じて役に立つ正確な時計は直段が必ず高い。
安い時計は決して生涯の使用に堪えざるのみならず時間も亦正確を保ち難い。形ちや體裁に眩惑せられて時計を買ふは甚敷危険である。安い時計は先づ體裁を飾りて人目を引く。斯様の欠點も危険もない時計は
Waltham Watch
に限る。Walthamの時計は世界第一の完備せる工場と約七十五年間の經驗が産出せる世界第一完全無缺のもの也。
何時でも氣の附いた時 Waltham を買ふは一生の利益也

雑誌『太陽』の時計広告（大正２年、『太陽』第十九巻第十四号より）
富山県公文書館所蔵（海内家文書）

さらに、時間の節約の強調は叢書《そうしょ》を生み出した。東京・神田の玄黄社《げんこうしゃ》は田岡嶺雲《れいうん》訳註の和訳漢文叢書全十二冊を完成させた。その宣伝文句は「新時代の最大の要請は時間と労力との節約也本叢書は此要請に応じたる者也」。

これらの雑誌広告はいずれも時間の正確さ・節約を売り文句にしている。国民に時間励行を強く求めていた大正〝新時代〟を如実に反映しているといえよう。

2．国民運動としての時間励行

伝統的な生活習慣を否定し時間励行を求める動きは、明治四十一年（一九〇八）戊《ぼ》申《しん》詔書《しょうしょ》の発布を機に展開した地

方改良運動の中ですでに始まっている。地方改良運動とは、日露戦争後に内務省を中心に行われた町村の行財政改革運動である。県内では明治四十二年に皇太子行啓《ぎょうけい》が予定されていたこともあって、行啓記念の一事業として「風俗習慣改良協定書」を作り、旧慣を改めることが急がれた。中新川郡《なかにいかわ》では郡長・町村長・小学校長との間に十一条六十項目からなる「風俗習慣改良協定書」が結ばれ、十一条雑事の一として「公私に拘《かかわ》らず何事にても時間の定めある場合は互に厳守励行すべき事」を改良事項に挙げるなど、人々に時間励行を徹底させることが重要な旧慣《きゅうかん》改良の課題となっていた(8)。当時県内では約束の時間を守らないことが日常的にみられ、商工業の活動に影響を与える実態があったことは先にふれた例からも知られるところである。「工業立県」を打ち出した第十四代富山県知事浜田恒之助《はまだつねのすけ》も、『経世小策《けいせいしょうさく》』（大正二年二月発行）の一編「青年と公徳心」において、次のように述べている(9)。

本邦各階級の人士に今少しく公徳心《こうとくしん》あるあらば、商業上に於ても工業上に於ても手数と費用を省き、時間を有利に使用するを得べし。尚ほ時間の励行も其一なり。吾人の実験を見るに、各種の集合又は宴席の開かる丶時間の励行せられたれる例を見ず。之れ地方の習慣として指定の時刻よりは二、三時間の後にあらざれば開かれざるものと為し、悠々参会するが如き。之が為め他の参集者に迷惑を被らしむること尠《すくな》からず。忌はしき限りなり。…新社会の新道徳は青年の奮起に俟《ま》たざるを得ず。旧社会の状態に泥《なず》み、旧道徳に慣れたる老年者の能くする所にあらざるなり。国民元気の中心なる青年諸氏、諸氏は個人的道徳、東洋的道徳を全《まっと》ふすると同時に発憤修養して、以て我社会の欠陥を匡救《きょうきゅう》するに努力せられんことを望む。

大正時代になると県は時間励行の取り組みを一段と推進し、大正六年（一九一七）、第十六代富山県知事井上孝哉《こうさい》が

富山県訓令《くんれい》甲第二十五号（八月十五日付）を県内各郡市長に出し、次のように督励を促した。(10)

時間ノ観念ニ乏シキハ我国上下ヲ通シテノ一般的弊害ナリト雖、特ニ本県ニ於テ一層此ノ感ヲ深フスルモノアルハ遺憾トスル所ナリ。就中青年団体ノ如キ地方改良ノ中堅タリ風紀粛正ノ先達《せんだつ》タルヘキモノニシテ之カ会同ニ当リ予定ノ時間ヲ励行スルモノ甚タ稀ナルハ殊《こと》ニ痛嘆《つうたん》スヘキコトナリトス。惟《おも》フニ時間ニ関スル観念ノ厚薄ハ以テ其ノ地方ニ於ケル文野ノ程度ヲトスルノ関鍵《かんけん》トモ看做《みな》スヘキモノナルカ故ニ、各位ハ宜シク実践躬行《きゅうこう》シテ自ラ軌《き》範《はん》ヲ示シ、部民ヲ指導シテ之カ厳守励行ヲ督励スルコト。

第一次世界大戦が終結すると政府は民力涵養《みんりょくかんよう》運動を展開した。内容は、国民生活の合理化、食糧物価問題改善、地方行財政の強化などで、戦後経営の一環であった。この政府が推進する国民運動は、原敬《はらたかし》内閣の内務大臣床次竹二郎《とこなみたけじろう》が大正八年三月一日に内務省訓第九十四号を府県道知事宛に出してから具体化し、以後、この省訓に示す五大要綱に従って各地ではさまざまな取り組みが行われ、中でも時間励行は重要な実施事項になっていた。(11)富山県ではこの五大要綱に基づく形で、同年四月一日に「富山県自治振興共励《きょうれい》要綱」を決定している。(12)内容は次の五つの大項目からなっていた。

一．教育の徹底（十事項）
二．民力の充実（十四事項）
三．風俗の改善（四事項）

四．体位の向上（四事項）
五．庶政の刷新（八事項）

かなり幅広いものであるが、市町村にはそれぞれの実情に鑑みて最も急務であるもの一事項以上の実施計画を立てることを求め、ほとんどの市町村は「三．風俗の改善」にある「公私ノ会合ニ於ケル時間ヲ確守スルコト」を実施項目に挙げている。

またこの動きに応じ、大正八年以降、各地域には自治振興共励事項を実施する多くの教化団体が生まれ、時間恪守《かくしゅ》（恪守は遵守の意）や時間励行を主目的とする団体もみられるようになった。大正十二年発行の『富山県教化団体便覧』(13)から拾い上げると次のようである。

時間恪守《かくしゅ》会（上新川郡利田《りた》村）
創　立　大正八年六月十五日創立（代表者村長）
事業概要　各種会合時間の励行を期するを以て目的とす

山崎村自治振興共励会（下新川郡山崎村）
創　立　大正八年八月十六日（代表者村長）
事業概要　時間励行の美風涵養《かんよう》、就学児童並産業奨励勤倹《きんけん》貯蓄の奨励、生活改善消費節約並自治振興共励事項の普及徹底を目的とす

時間励行期成同盟会（上新川郡月岡《つきおか》村）

創　立　大正九年十月三十日（代表者村長）

事業概要　時間励行の美風を涵養し併て自治振興共励事項の普及を図る

西砺波郡南蟹谷《みなみかんだ》村では各戸主との間に「生活改善並ニ思想善導《ぜんどう》ニ関スル協約」（大正十一年九月九日）を結び、その第七章第廿二条では「諸会合ニハ総テ指定ノ時間ヲ励行シ少クモ五分間以前ニ集合スヘシ、無届欠席又ハ遅刻ヲナシタルモノハ左ノ区分ニ依リ違約金ヲ徴収ス」として、違約金を徴収していた。ちなみに、無届欠席は一回につき金五十銭、無届遅刻の場合は一時間以上ならば金二十銭であった。

また、滑川町役場・社団法人滑川商工会は次の宣伝ビラを印刷して町民に配布している（ルビは原資料のまま）(14)。

宣　伝

邦国《くにぐに》の文野《つよし》と強弱《よはし》は、其国《そのくに》に生存《すまい》する国民《じんみん》の理解《かんかい》力如何《いか》にあり、時間を厳重《おもくみて》にして有効《だいじ》に之《これ》を保つ《おくる》国民《しんみん》は其国民《そのじんみん》必らす富強《つよく》となり、又衛生を深甚《ふかく》に注意《ねんえれる》する国民《じんみん》は、其国《そのくに》必す富強《つよく》となり、富強《つよき》の国民《じんみん》は、普く《ひろく》多量《よけい》の幸福《しやわせ》を享《う》く、幸福《しやわせ》は人生究竟《にんげんだいいち》の目的《のぞみ》なり、吾人日常《にんげんまいにち》の活動《はたらき》は、皆此幸福《しやわせ》を得《え》んとする欲求《のぞみ》にあり、之《これ》を得《え》んとするには国《じん》民《みん》の自覚《かくご》なかるべからず、国民既《すで》に其自覚《かくご》あれは又是《これ》が一端《いとぐち》より実行《おこなひ》せさるべからず、左に記載したる事項は則《すなは》ち其《その》の実行《おこない》の元基《もとへ》なり

一　時　間　励　行　各種宴会　葬式　諸種集会

一　交　盃　廃　止　公然の諸宴会

但一家内の祝事酒宴は此限にあらず

大正十年四月一日

滑川町役場
社団法人滑川商工会

この頃の富山県社会事業の体系や内容は、富山県社会課が作成した「富山県社会事業一覧」（大正十一年七月調査）[15]により、おおよそのことがわかる。それによると、県の社会事業は大きく、救貧事業、防貧《ぼうひん》事業、児童保護事業、社会教化事業の四事業にわかれ、時間励行は「世の中は教へられたり教へたり」とする社会教化事業のうちの民力涵養施設事業として展開されていた。民力涵養施設事業の内容としては、「A　講演活動写真宣伝…五大要綱」、「B　自治振興共励要綱…各町村ニ於テ一事項以上選定実施」、「C　戸主会主婦会ノ誘導」、「D　生活改善運動…むだせぬ生活改善会」、「E　其他思想善導」とあり、さまざまな方策で時間励行も図られていたと考えられる。

富山県社会課が使用したスタンプ印（大正11年、滑川町役場文書『大正七年以降　秘事雑書』「富山県社会事業一覧」滑川市立博物館所蔵）

興味深いことに、この一覧には担当部署であった富山県社会課のスタンプ印が朱色鮮やかに押されている（写真）[16]。ウサギとカメを上下に配置し、「油断する間に時計が進む　時計待たずに世が進む」というキャッチ・フレーズがあり、あたかも「カメではなくウサギを目指せ」とするメッセージが込められているといえよう。

このように明治末年から始まった時間励行の取り組みは大正時代に入り一段と強化され、とりわけ第一次世界大戦後には政府がすすめる国民運動である民力涵養運動の一環として富山県民には時間励行が強く求められていた。

3．時の記念日の誕生と富山県

六月十日の「時の記念日」は祝祭日ではない記念日である。辞書には「時間を尊重、厳守し、生活の改善、合理化を進めることを目的とする日」と説明されている（『日本大百科全書』）(17)。この「時の記念日」が誕生したのは、時間励行を国民運動として推進していた大正九年（一九二〇）のことであった。

制定には文部省が関わっている。文部省は前年の十一月から九年一月にかけて東京教育博物館（国立科学博物館の前身）を会場に「生活改善展覧会」を開催し、さらに五月十六日から七月四日にかけて同じ会場で時間尊重の思想を普及する目的で「時展覧会」を開催した。四十余日間の開期中に二十二万人もの観覧者を集めた未曾有の展覧会であった。この「時展覧会」に合わせて記念日が制定され、開期中の六月十日に第一回「時の記念日」が施行された。記念日制定の目的は「展覧会の計画成立すると同時に、此の絶好の記念日を機会に、国民全般に亘《わた》り時間尊重の思想を吹込む大宣伝」をすることで(18)、政府がすすめる民力涵養運動の一環であった。六月十日という日は天智《てんじ》天皇が天智十年（六七一）に日本で初めて漏剋《ろうこく》（水時計）を用いて時刻をしらせた日（旧暦では四月二十五日）に因《ちな》んでいる。

記念日を発意したのは文部省ではなく、外郭団体の生活改善同盟会であった。同会は伊藤博邦公爵《ひろくにこうしゃく》（伊藤博文の養《よう》嗣子《しし》）を会長、役員には渋沢栄一《しぶさわえいいち》、棚橋源太郎《たなはしげんたろう》など政界、財界、教育界の有力者が結集し、「時展覧会」を援助していた。同会は記念日にあわせた関連事業も行っている。東京市において記念日の宣伝ビラを配布するとともに、記念日当日には浅草、上野、須田町《すだちょう》、日本橋、銀座の五か所で通行人の時計検《あらた》めをし、また展覧会場や学校、工場等で時に関する講演を催した。さらに同会の依頼によって、当日正午に東京府下七〇〇の寺院の鐘、各工場の汽笛、ニコライ教会堂（神田駿河台《かんだするがだい》）の鐘がいっせいに鳴り響いたという。(19)

さらに会長名をもって全国の地方長官にも記念日施行の賛同を求め、各地の状況に応じた事業の実施を依頼した。(20)

富山県はこの依頼を受け、富山県自治振興共励要綱にある「公私ノ会合ニ於ケル時間ヲ確守スルコト」を実現することにもなるので、積極的に対応した。『富山日報』大正九年六月六日付の記事(21)によれば、「今回の記念日挙行に際しては県に於ては、大賛成の意を表し直に此日を各郡市長及県立各学校長に通知を発して其管轄内に於て左記諸事項の施設ある様県知事から通牒を発した。」とある。

実施すべき挙行計画は、次の六つであった。

一、各学校其他の団隊に於て六月八、九、十の三日間中便宜記念講話開催のこと
一、天智天皇に関し奉《たてまつる》参考品を蒐集《しゆうしゆう》陳列すること
一、神社、寺院、教会に当日正午を期し一斉に鐘鼓《しようこ》を打尚之を機会に今後も此報時《このほうじ》施設を継続すること
（時間は最寄り郵便局停車場等と合すこと）
一、主なる工場に当日正午を期し一斉に汽笛を鳴らし尚今後も此報時施設を継続すること
（時間を合はす方法同前）
一・当日を記念とし以後各自の時計を正確にし総ての定時間を励行すること
一・有志の者をして接客時間を定めて発表せしむること

十日までの三日間に学校・諸団体での記念講話や「時」に関する参考品の展示、神社・寺院・教会・工場で正午に鐘鼓や汽笛を鳴らすなどさまざまな取り組みが計画されていたことがわかる。

実施当日の取り組みは新聞記事にみあたらず、[22]あまり話題にもならなかったようである。これを機に時間励行の精神が富山県民の間に定着したということもなかった。『富山県史』は「時を大切にすることが文化生活を向上させるものという理解が一般になされていたが、時の記念日はいい結果をもたらさなかったようである。」と記している。[23]

こうした「時の記念日」に合わせた時間励行の取り組みは大正十年以降も継続し、滑川町役場は大正十四年六月に勤倹奨励宣伝ビラを配布し、勤倹奨励週間中の六月十日を「宣伝並時間尊重デー」として次の三事項の実施を求めていた。[24]

一、当日は本週間第一日ニシテ且ツ時ノ記念日ナルヲ以テ本町女子校ニ於テ勤倹奨励ニ関スル講演会ヲ開キマス精々出席ヲ希望致シマス
二、開会ハ午後一時ヨリ始メ当日ハ精神作興ノ　御詔書ヲ奉読致シマス
三、当日正午ヲ期シ町内一斉ニ神社寺院工場ノ鐘ヲ鳴ラシテ貰ヒマス

また、昭和初期には改善に成功した団体や代表者を富山県が記念日当日に「時功労者」として表彰することが行われていた。昭和九年（一九三四）には「東砺波郡高瀬村婦女会」「西砺波郡鷹栖《たかのす》村婦女会」の二団体が表彰されている。[25]

それぞれの推挙理由は次の通りである。

高瀬村婦女会については、大正八年八月に創立以来、「日常生活ニ必要ナル知能ノ啓発」「勤倹貯蓄ノ美風育成」に重点を置いて家庭生活の生活改善に努め村治の向上に寄与し、「公私ノ会合ニ当リテハ『出欠ノ予告』『過怠金徴収』ノ方法ニ依リテ時間励行ヲ期シタルガ今日婦女会ハ勿論村内各種団体ニ於テモ時間励行ヲ見ルニ至リタリ」ことが表彰に値するとしている。鷹栖村婦女会については、大正九年八月に創立以来、婦人の修養と社会奉仕に専念し、農村家庭の日常生活における弊風の矯正に努め、生活改善を普及徹底して見るべき結果をあげたとして推挙された。四つの特記事例の一つが「公私会合時間ノ励行」である。大正十二年当時は定時励行が不確実であったものが徹底的に改善されたという。とりわけ砺波地方の婦女会では熱心な取り組みがあったようである[26]。

4．工業立県と「工場の時間」

大正時代に強まった時間励行を求める動きは「時の記念日」を誕生させ、大正十年以降も「時の記念日」に合わせた時間励行の取り組みとして継続していた。これは単に国民運動の一環ということではなく、富山県の地域事情が関わっていたと考えられる。第一回の「時の記念日」の挙行計画をみると「主なる工場に当日正午を期し一斉に汽笛を鳴らし、尚今後も此報時施設を継続すること」とし、大正十四年に滑川町役場が配布した勤倹奨励宣伝ビラにある「時の記念日」の実施事項として「三、当日正午ヲ期シ町内一斉ニ神社寺院工場ノ鐘ヲ鳴ラシテ貰ヒマス」とあるように、工場での時間励行を図っているからである。

富山県では大正の初めに「工業立県」が目指され、工業化の進展によって大正十年（一九二一）には明治以来農産物が圧倒していた経済構造が工産物中心へと大きく転換している（表2）。昭和初期には豊富な電力を基に富山県工業は一段と推進され、昭和十年（一九三五）に富山県の工業総生産額が全国の総生産額比で初めて一％を超えた。[27] 工場数（従業員数五人以上）は明治四十二年に四一二、大正九年四一四、昭和元年に五一三、昭和十年に六〇八と増加している。[28] 工場労働者（職工）も当然ながら増加しており、明治四十二年に七〇〇〇人台であったが、大正九年に一万二〇〇〇人台、昭和元年に一万五〇〇〇人台、昭和十年に二万五〇〇〇人台と激増している。[29]

「農の立てる県」から「工業県」への大転換の時期と、時間励行の取り組みがなされた時期は明らかに重なっている。そもそも工場労働ではいうまでもなく時間規律や時間管理が重要であり、いわば「農業の時間」とは異なる「工場の時間」が強く求められていた。

工場の時間規律について角山榮《つのやまさかえ》は次のように述べている。[30]

表2　富山県生産額の構成比（明治末　昭和初期）　単位：%

	農産	畜産	林産	鉱産	水産	工産
明治 40 年（1907）	57.9	–	1.1	0.1	4.8	36.1
41	59.7	0.5	1.4	0.1	6.2	32.1
42	55.1	0.6	1.3	0.1	5.3	37.6
43	54.2	0.6	1.5	0.1	5.0	38.6
44	57.4	0.6	1.4	0.1	4.5	36.0
大正 元年（1912）	60.6	0.6	1.4	0.2	4.4	32.8
2	59.8	0.5	1.4	0.2	5.5	32.6
3	49.9	0.7	1.8	0.2	6.8	40.6
4	52.1	0.4	1.4	0.4	5.1	40.6
5	48.7	0.6	1.3	0.3	5.9	43.2
6	47.1	0.8	1.6	0.1	6.0	44.4
7	46.7	0.7	1.7	0.1	5.5	45.3
8	51.0	0.6	1.7	0.4	6.1	40.2
9	49.8	0.7	2.1	0.3	7.3	39.8
10	41.9	1.1	2.5	0.4	6.7	47.4
11	38.3	1.1	2.6	0.7	5.3	52.0
12	38.8	1.0	2.2	1.0	4.5	52.5
13	42.7	0.9	1.7	0.9	5.2	48.6
14	40.0	0.9	1.6	0.9	4.4	52.2
昭和 元年（1926）	34.7	1.1	1.2	1.0	4.7	57.3
2	33.1	1.4	1.5	1.3	4.8	57.9
3	32.9	1.4	1.3	1.4	4.6	58.4
4	32.9	1.1	1.3	1.5	4.8	58.4
5	27.5	1.1	1.3	1.7	4.6	63.8
6	26.6	1.2	1.5	0.9	4.9	64.9
7	24.7	1.0	1.3	1.3	3.4	68.3
8	25.1	0.8	1.4	2.2	2.7	67.8
9	22.3	0.8	1.3	2.8	2.8	70.0
10	21.8	0.8	1.1	2.9	2.5	70.9
11	20.5	0.7	1.1	3.0	2.3	72.4
12	20.4	0.7	1.1	5.7	1.7	70.4
13	18.1	0.7	1.2	10.4	1.8	67.8
14	19.0	0.7	1.2	16.3	1.9	60.9
15	16.1	0.7	1.3	15.0	1.8	65.1

『富山県史　通史編VI　近代下』p184「第 22 表　生産額の構成比」による

工場制度は多数の労働者を一つの屋根の下に集め、機械を使って商品を大量生産する新しい生産システムである。この生産システムが従来の家内工業といちばん違う点は、労働に対する厳格な時間規律であった。…工場の作業では、始業時間前に労働者はちゃんと機械の前の部署についていなければならない。また、作業が始まってからも、各自勝手に休憩をとったり食事をとったりという気ままな行動は許されない。こうして初期資本家にとっての最大の課題は、労働者にいかに時間規律を守らせるかということであった。工場は何より時間の秩序と組織によって運営される企業体だからである。

角山は家内工業との対比から説明しているが、農業との対比においても有効な説明であろう。農業県から工業県へ転換しつつあった富山県では「工場の時間」で必要とされる時間規律を県民に定着させることが急務になっていたと考えられる。

これまでみてきた富山県での時間励行の取り組みは、大正期から昭和初期における工業化という富山近代化の歴史と強く結びついていたといえる。

おわりに

本章では「時間励行」という社会史的な問題から富山近代化の一面を探ってきた。西川長夫が指摘したように国民国家の形成期に洋の東西を問わず普遍的に「時間の国民化」がみられるが[31]、それぞれの地域には特有の地域課題があって、固有の展開があった。富山県では大正期に「工業立県」を県是《けんぜ》とし、それと結びつきながら県民に「時間励行」が求められていったのである。

それは「時計をもたない世界」を否定する動きであったが、「時間励行」がなかなか定着しなかったように越中人が育んできた伝統的な生活習慣や習俗を根本的に変えてしまうものではなかった。宮本常一が記した豊かな民俗世界はおそらく富山県内でも高度経済成長期まで生き続けたと考えられる。富山近代化の社会史的側面の追求は重要な研究課題である。

注

（1）『青島村郷土史』（青島尋常小学校編、一九一六年）。砺波市立図書館所蔵。
（2）『庄川町史』上巻（庄川町史編さん委員会編、庄川町、一九七五年）。富山県立図書館所蔵。
（3）『高岡史料』下巻（高岡市編、高岡市、一九〇九年）。富山県立図書館所蔵。
（4）『教育大会記録』（富山県教育会編、富山県教育会、一九〇八年）。富山県立図書館所蔵。
（5）五十嵐雲鵬『国民必読精神修養百話』。富山県公文書館（海内家文書）所蔵。国立国会図書館デジタルコレクションでも容易に読むことができる。
（6）マックス・ウェーバー『プロテスタンティズムの倫理と資本主義の精神』（岩波書店、一九八九年）。
（7）『太陽』第十九巻第十四号（大正二年十一月号）（博文館発行、一九一三年）。富山県公文書館（海内家文書）所蔵。
（8）「風俗習慣改良協定書」滑川市立博物館所蔵。『滑川町誌』（富山県滑川町役場、一九一三年）五九〇〜五九七頁の「風俗習慣改良協定書」。
（9）浜田恒之助述『経世小策』（中田書店、一九一三年）一一六・一一七頁。国立国会図書館デジタルコレクションで読むことができるようになった。
(10)富山県地方課『大正青年の奮起を促す』附録（富山県、一九一八年）一二一・一二二頁。富山県立図書館所蔵。
(11)富山県内務部編『富山県自治振興共励要綱実施項目』（一九二一年）。高岡市立中央図書館所蔵。
(12)前掲・富山県内務部編『富山県自治振興共励要綱実施項目』一～四頁。『富山県史　史料編Ⅶ　近代下』（富山県、一九八三年）十七番。
(13)富山県社会課編『富山県教化団体便覧』（一九二三年）。富山県立図書館所蔵。
(14)滑川町役場文書『大正七年以降　秘事雑書』（滑川市立博物館所蔵）「大正十年四月一日宣伝ビラ」。
(15)前掲・滑川町役場文書『大正七年以降　秘事雑書』「大正十一年七月調査富山県社会事業一覧」。
(16)前掲・滑川町役場文書『大正七年以降　秘事雑書』「大正十一年七月調査富山県社会事業一覧」に赤色のスタンプ印が押されている。
(17)『日本大百科全書』（小学館、一九九四年）「時の記念日」。
(18)青地忠三（文部省嘱託）「「時」の記念日」（『教材集録臨時増刊』第九巻第十号、大正九年八月二十五日発行）一一四頁。この文献の入手にあたっては、小田幸子氏（保育社カラーブックス『時計』の著者）のご協力を得た。記して感謝の意を表したい。なお、この『教材集録臨時増刊』号は「時展覧会」の記念号であり、青地の文は「時の記念日」の制定事情や各地における実施状況を克明に記録しており、有益である。
(19)前掲・青地忠三「「時」の記念日」（『教材集録臨時増刊』第九巻第十号）。井上毅『「時の記念日」と大正時代の『時』展覧会」（『博物館研究』第五〇巻第五号、二〇一五年）。
(20)前掲・青地忠三「「時」の記念日」（『教材集録臨時増刊』第九巻第十号）一二四頁。
(21)前掲・『富山県史　史料編Ⅶ　近代下』四八五番。
(22)前掲・青地忠三「「時」の記念日」（『教材集録臨時増刊』第九巻第十号）には「富山県の高岡市及滑川町では当日以後毎日午後八時に少時間の一斉消灯をやって時間の確報をなすことに決したそうである。」とある（一二九・一三〇頁）。
(23)『富山県史　通史編Ⅵ　近代下』（富山県、一九八四年）四九二頁。

(24)前掲・滑川町役場文書『大正七年以降　秘事雑書』(滑川市立博物館所蔵)「大正十四年六月勤倹奨励宣伝ビラ」。
(25)富山県公文書館所蔵『昭和九年例規　生活改善』。
(26)富山県では第一次世界大戦後の民力涵養運動の中で婦女会が急速に組織され、全国一の組織率を誇り、大正十四年に富山県連合婦女会が創立した(高井進編『富山県女性史―鬼と女は人に見えぬぞよき、か』、桂書房、一九八八年)一四八〜一五一頁。
(27)前掲・『富山県史　通史編Ⅵ　近代下』二四四頁。
(28)『富山県史　近代統計図表』(富山県、一九八三年)Ⅱ―59「工場総数」一七〇頁。
(29)前掲・『富山県史　近代統計図表』Ⅱ―69「工業従事者総数」一九〇頁。この数字は従業員五人以上の工場の職工数であり、四人以下を含めるとかなり多くなる。昭和初期における工場労働者の増加については、『富山自治』昭和六年五月号が次のように記している(前掲・『富山県史　史料編Ⅶ　近代下』二九一番)。
　…工場数及職工数に就て見るに総工場数は五百八十五工場であって職工総数は約一万五千を数へることが出来る。之が分布状態は各都市に亘《わた》つて居るも其の最も稠密《ちゅうみつ》しておる所は高岡市及射水、東礪波の二郡で県下総工場数の約四割五分に職工は約五割に当っておる。又密度の中位にあるは上新川、西礪波の二郡及富山市であつて工場数の約三割一分、職工数三割三分に当り次は下新川郡の工場数約一割二分、職工六分にして残部の中新川、婦負、氷見の如きは其の密度が最も稀薄で三郡を合した工場数は一割二分、職工数は僅かに一割余に過ぎない。
(30)角山榮『時間革命』(新書館、一九九八年)四十七頁。
(31)本稿は、西川長夫の国民国家論に学んでいる(「日本型国民国家の形成」『幕末・明治期の国民国家形成と文化受容』、新曜社、一九九五年)。西川長夫によれば、国民国家の形成期にはいずれの国家においても共通の国民化(文明化)の諸現象があり、日本のような後発国においてはいっそう際だった国民化が強いられるとした。西川は国民化の指標として、(一)空間の国民化、(二)時間の国民化、(三)習俗の国民化、(四)身体の国民化、の四点を挙げているが、本稿は(二)時間の国民化を地域の実態に即して探ったものである。

五　「越中史」の発見

はじめに

十九世紀に活発に建立される史蹟《しせき》（記念碑）などから日本人の歴史意識を考察した羽賀祥二《はがしょうじ》氏は次のように述べている。(1)

十九世紀から二十世紀初頭の地域社会において、古きものの痕跡を探究し、それを考証し、保存していこうという大きな流れが日本の各地で見られた。そして、家や地域に関する歴史的遺蹟《いせき》や遺物《いぶつ》への関心が深まり、それらの発掘を通じて、歴史意識が活性化され、郷土についての多くの歴史著作が生み出され、歴史像が人々に提示されていった。郷土史の時代が幕をあけたのである。

本章では、この視角を継承し、越中に関する歴史著作が生み出され、歴史像が人々に提示されていった歴史を繙き、「越中史」が発見されていく過程を探っていく。併せて「越中史」の発見が持つ意味についても考えていきたいと思う。

1．越中史への眼差し

一つのまとまりのある特定の地域を認識する方法として歴史的には地誌や史書が編纂されている(2)。

その動きはすでに近世に始まっていた。

藩政期に越中は加賀藩・富山藩の二藩に統治され、越中は加能越《かのうえつ》三州の一地域であった。加賀藩では地誌・史書の編纂を行うようになっても、越中を単独で取り上げることはなく、記述も簡略であった。藩政期の代表的な地誌・史書には次のようなものがある。五代加賀藩主の前田綱紀《つなのり》の時代（一六四五〜一七二三）に加能越三国の旧聞伝承等を書き上げた『加能越金砂子《きんすなご》』(3)が作成され、宝暦十三年（一七六三）から翌年にかけては領内の十村《とむら》に山川旧跡や古城跡・草木・土石・産物・道橋・淵川《ふちがわ》・沼・名所などを調査させ、集録した『加能越三州山川旧蹟志《きゅうせきし》』がまとめられている。さらに、寛政十三年（一八〇一）に加賀藩士の富田景周《とだかげちか》による『越登賀三州志《えつとがさんしゅうし》』、天保元年（一八三〇）に『加能越三州地理志稿《ちりしこう》』、天保七年（一八三六）に射水郡高木《たかぎ》村（現射水市）の測量家石黒信由《いしぐろのぶよし》が増補した『増補大路水《たいろすい》経《けい》』が成立している。

こうした藩政期の地誌・史書は三州の一部として越中を記しているのに対して、天明六年（一七八六）に宮永正運《みやながせいうん》は『越之下草《こしのしたくさ》』をまとめている。宮永正運は砺波郡下川崎《しもがわさき》村（現小矢部市）の豪農であるが、和歌・漢詩・茶道・連歌・禅・俳諧などに通じた教養人であった。同書は見聞録で、越中の旧跡・名所・山川について記し越中地誌とみなせるものである。戦後、木倉豊信の解読により、昭和二十六年（一九五一）富山県郷土史会叢書として刊行されている。深井甚三は、三州誌・三州史から離脱する動きが十八世紀中期にはみられるようになるとし、その例に『越之下草』を挙げている。[4]

一方、富山藩では文化文政の頃に富山藩士の青木北海《ほっかい》が九代富山藩主前田利幹《としつよ》の命を受け『越中地志』をまとめ、文化十二年（一八一五）に同じく富山藩士の野崎雅明《のざきまさあき》が越中に関する歴史・伝説・地誌を集録した『肯構泉達録《こうこうせんたつろく》』をまとめている。さらに天保期には越中四郡の神社・仏閣・名所旧跡などと越中史をまとめた『越中旧事記《くじき》』が著されている。おそらく富山藩士によるものと考えられている。これらの動きを深井は、婦負一郡のみを領地としたともいえる富山藩士層に越中一国を視野に入れた地域認識が形成されたと評価している。[5]

「はじめに」の羽賀氏の指摘は越中史においても有効である。越中では三州からの離脱や越中人の意識を有する人々によって地誌・史書が作られ、十八世紀の中期から十九世紀初期にかけての時期に旧越中国域を対象とした「越中史の時代」が幕をあけたとすることができよう。

このような「越中」に眼差しを注ぎ、越中の地誌や史書を生み出す動きは近代に入ると一段と強まり、表1にみられるように、石川県からの分県がなった明治十六年（一八八三）の富山置県が画期となっていることがわかる。越中一国が初めて一県になった新川県の時代には目立った動きはなく、富山置県が県域とほぼ重なる「越中」という地域の地域認識や歴史認識を活性化させる転換点にもなっていたのである。それとともに地誌・史書は統治の必要から編纂されるものではなく、地域に住む人たちが郷土を自覚をするための「郷土史」へと大きく変化していく。

竹中邦香《くにか》の『越中遊覧志《ゆうらんし》』は置県後最初の越中地誌である。廣瀬誠は近代に書かれた越中地誌の白眉《はくび》であるとして高く評価している。[6] 竹中邦香は天保五年（一八三四）金沢藩士の子として生まれ、維新後、官吏から民へ転身し、東京で三井組や米商会社で働き、さらには出版事業も興したらしい。明治十年代に金沢にしばらく滞留していたときに、

表1　越中関係の地誌・史書

年	著作物	関連事項
天明 6年（1786）	越之下草（宮永正運）	
文化文政期	越中地誌	
文化12年（1815）	肯構泉達録（野崎雅明）	
天保期	越中旧事記	
明治 4年（1871）		新川県成立（翌年射水郡併合）
9年（1876）		新川県が石川県に併合
16年（1883）		富山置県
20年（1887）頃	越中遊覧志（竹中邦香）	
23年（1890）	越中国誌（杉木有一）	
25年（1892）	中越名士伝（桂正直）	
28年（1895）	越中史参考書（五十嵐和絃編）	日清戦争終結
	越中史略（篠島久太郎編）	
31年（1898）	越中宝鑑（渡辺市太郎編）	
32年（1899）頃	古文書（富山県史料編纂掛編）	
33年（1900）	越中名勝案内（富山県内務部第四課編）	
34年（1901）	越中地理歴史（小林清重編）	
37年（1904）	越中史料第1巻（中越史談会編）	
38年（1905）	富山県郷土地理歴史（中田書店編輯所編）	日露戦争終結
42年（1909）	越中史料第1巻～第4巻（富山県編）	皇太子行啓
	富山県紀要（富山県編）	
	この年、市史・郡誌編纂多し	
大正 2年（1913）	越中史要（石場健夫他編）	置県30周年
4年（1915）	越中農政史稿（中川滋治編）	
10年（1921）	富山県史蹟名勝天然紀念物調査会報告第1号	郡制廃止
13年（1924）	富山県誌要（富山県編）	摂政宮行啓
	越中勤王史（小柴直矩）	
15年（1926）	越中石器時代民族遺跡遺物（早川荘作）	
昭和 2年（1927）	越中史編（五十嵐政雄）	金融恐慌
3年（1928）	この頃より郷土誌（史）編纂多し	
5年（1930）		昭和恐慌
6年（1931）	富山郷土研究会設立	満州事変
7年（1932）	富山史学会設立・会誌『富山史学』創刊	
	富山郷土研究会が越中旧事記・越中地誌などを刊行。	
	富山県郷土の山水県羽山中心以東編（村上陽岳）	
7年（1932）	富山県政史の編纂始まる（全7巻9冊、昭和11年～22年）	翌年、置県50周年
9年（1934）	観光の富山県（富山県編）	
11年（1936）	富山県政史第1巻刊行	二・二六事件・日満産業大博覧会開催
	越中郷土史（林喜太郎）	
	越中史論賛（井上江花）	
	翁久允主宰『高志人』創刊	
	越中史蹟古美術調査会（堀井三友）設立	
12年（1937）	中越史料綜覧稿（木倉豊信）	日中戦争始まる
	越中郷土研究会設立・会誌『越中郷土研究』創刊	
13年（1938）	埴生護国八幡宮古文書（木倉豊信編）	
15年（1940）	八尾聞名寺古文書（木倉豊信編）	
	富山県災異史料（富山測候所編）	
16年（1941）	弥勒山安居寺古文書（木倉豊信編）	太平洋戦争始まる
	越中の先賢（富山県教育会編）の刊行始まる	
17年（1942）	雑誌統合で越中郷土研究など発刊停止	
	越中二千六百年史（富山県図書館協会編）	

しばしば越中を訪れ、見聞し、観察したところを基にして書き上げたのが『越中遊覧志』である。置県後まもなくの時期の富山県を客観的な眼差しで見事に活写し、越中人の気風を冷静に分析するとともに、新生富山県の課題を次のように述べている（一〇一頁）。

今やこの国も航海の便もひらけたれバ、他州との交通に於《おけ》る、また藩政のときの比にあらず。希《ねがは》くバ、交通のミちを広くして、人々学に嚮《むか》ひ、識《しき》を高くするに志し、州人力を併せて利用厚生を謀《はか》らバ、越中もとより山を煮《に》、海を煮るの州たり。豈為《あにな》し難《がた》きの事ならんや。

意訳をすると次のようになろう。越中は地勢上、親不知《おやしらず》の天険などによって他地域との交通を阻まれてきたが、近代に入って航海の便が整ってきた。[7]その現状をふまえて、（1）さらに交通の便をよくして他地域との交流をもっと活発にし、（2）人々が学問・教育を充実させて教養を高め、（3）越中人が力を合わせて努力するならば、（4）もともと越中は山海の資源や産物が豊富な地域としてあるのだから、もっと生活が豊かになり、大きく発展することができよう。[8]越中の風土的特色をふまえた提言はまさしく慧眼《けいがん》である。ただし邦香が知られるようになるのはずっと後のことであり、人々の越中認識に影響を与えてはいない。加賀藩の歴史家で維新後に前田家御家録編輯方《ごかろくへんしゆうがた》になった森田柿園《しえん》（平次）[9]の『越中志徴《しちょう》』も明治期に著された優れた越中地誌であるが、公刊は戦後の昭和二十六年（一九五一）のことであった。

その点、明治二十年代の『中越《ちゅうえつ》名士伝』（地元名士二十三人の評伝）・『越中史略』（地理・歴史・産業・経済・文化・人物）、三十年代の『越中名勝案内』（図版二十三枚・表二十五枚が載る）など、富山市の清明堂・中田書店や高岡市の学海堂という地元書店が出版した刊行物の方が県民の越中認識に与えた影響は大きかったと考えられる。

自治の成熟とともに越中の歴史や名勝・名所・地理に対する関心は高まり、日露戦争後に大きな波がやってくる。明治三十八年（一九〇五）に「富山県」を前面に打ち出した中田書店編輯所編『富山県郷土地理歴史』が刊行されているように、富山廃県の危機の際にみられた「富山県民」意識の高まりが越中郷土史への眼差しを一層強くさせる背景にあったと考えられるが、この時期の郷土史編纂は直接には皇太子行啓《ぎょうけい》が契機であった。

皇太子行啓は明治四十二年（一九〇九）に行われ、富山県内には九月二十九日から十月二日までの四日間の滞在であった。行啓に際してはさまざまな記念事業が実施され、中でも柱になっていたのは地誌・史書の編纂であった。県では古代から明治四十年までの越中に関する史料を編年的にまとめた『越中史料』全四巻を編纂し、『富山県紀要』・地図・統計書・写真帳とともに皇太子に献上している。『富山県紀要』は地理・名所旧跡・富山県の沿革と現況などを記した富山県の地誌であった。また富山市の『富山市史』、高岡市の『高岡史料』、下新川郡の『下新川郡史稿』。射水郡の『射水郡誌』、婦負郡の『越中婦負郡誌』、氷見郡の『氷見郡誌』、西砺波郡の『富山県西礪波郡紀要』などが次々と刊行されている。(10)こうした県・市・郡レベルの郷土史編纂の動きは、町・村へも波及し、大正・昭和初期まで町誌・村誌の刊行が相次ぎ、郷土再発見がブームになっている。

近代に入って「越中史」に対する眼差しが強くなり、個人や自治体による郷土史（地誌・史書）が編纂され、越中史が発見されていく動きをみてきた。日露戦争後が一つの高揚期であったことがわかる。明治四十一年の戊申詔書《ぼしんしょうしょ》の発布以後に本格化する地方改良運動など当時の全国的な政治・社会状況が背景にあるが、地域固有の事情による展開があったのである。

2. 郷土教育運動と越中史

「越中史」への眼差しが強くなる次の時期は、教育界で「郷土教育運動」が盛んになった昭和初期である。郷土教育は郷土の自然や生活・文化に具体的な教材を求め、郷土への愛情と理解を育成することを目標とした教育のことであるが、昭和初期には全国的な教育改革運動として盛り上がり、富山県では昭和五年（一九三〇）頃から盛んになっている[11]。

富山県の郷土教育運動の中核を担ったのは富山県師範学校である。同校の取り組みについては昭和九年に編纂発行した冊子『本校ニ於ケル郷土教育』に詳しく記録されているが[12]、その中に注目すべき記述がある[13]。

○第三郷土館利用の実際（対外的利用）

イ．郷土館ノ適当ナル開放及紹介ヲ為ス。

ロ．適当時郷土史展覧会ヲ開催ス。

ハ．随時富山史学会ニ於テ研究ヲ発表ス。

ニ．富山史学会ト各方面ノ連絡ヲトリ、郷土史教育ノ目的達成ヲ期ス。

同校では郷土教育を進めるため、文部省の「郷土研究施設費」を使って昭和七年までに第一から第四までの郷土館を校内に設置し、授業や研究資料の陳列・保管などに利用していた。第一は地理、第二は博物・農業・水産、第三は歴史・国語・漢文、第四は修身・教育であった。昭和七年四月に設置された第三郷土館が郷土史に関わる施設である。(14)第三郷土館では越中史関係の史資料を収集するとともに陳列台を設け、展示していた。右の箇所は第三郷土館の対外的な利用について定めたものであるが、郷土史教育の目的を達成するため富山史学会と密接な関係を持っていたことがわかる。

富山史学会は越中史を中心に広く史学の研究を進めるために昭和七年一月二十四日に設立された富山県最初の歴史学会である。(15)本部は富山県師範学校内に置かれ、師範学校の教員・学生に限らず県内の史学に篤志なる者が会員となっていた。事業としては、毎年一回の大会と隔月毎に例会を開催、会誌『富山史学』の発行などがあった。富山史学会・『富山史学』の歴史的意義については別稿があるので参照されたい。(16)

表2　富山史学会設立当初の主な会員

顧　問	富山高等学校長 蜷川龍夫 富山県師範学校長 立川伊三郎 県立神通中学校長 白澤清人
理　事	橘　正次　沖田精一郎　佐藤種治　櫟原圓城 川本猪三郎　上原定清　瀬川安信
常任理事	佐々木龍作
本部委員	大島信一　京谷準一　土井　保　松原忠幸 橋本孝信
地方委員	宮腰他一雄（上新川郡）　林　重弘（中新川郡） 島田拾次（下新川郡）山内賢通（婦負郡） 新川栄昌（射水郡）宮崎寛次（氷見郡） 浅谷庄三（東砺波郡）石崎直義（西砺波郡） 中坪久一（富山市）高井茂介（高岡市）
一般会員	野島好二　佐藤磯五郎　小柴直矩　早川荘作 木倉豊信　嶋畑貫通　林喜太郎　石﨑直義

ここでは越中史に関心を持っていた人物に注目する。『富山史学』の創刊号（創刊号の名称は『会誌』）には会員名簿を載せており、当初の会員九十三名全員が判明する。主な役員と会員は表2の通りである。彼らの多くは昭和初期に越中史の研究を行った郷土史家であるが、『富山教育』などの限られた雑誌に論考を発表している（表3）。

会員の中には郷土史家の枠に留まらず、史資料の収集や実証主義的な研究を進め、戦後の越中史研究の土台となる業績を挙げた早川《はやかわ》荘《しょう》作《さく》・林喜太郎《はやしきたろう》・木倉豊信《きくらとよのぶ》などの優れた研究者がいた。早川荘作は考古学、林喜太郎・木倉豊信は文献史学である。

早川荘作は明治二十一年（一八八八）下新川郡前沢《まえざわ》村の松井家に生まれ（のち早川姓になる）、県立魚津中学校を卒業後、教職や婦負郡役所・日本赤十字富山支部病院に勤めるかたわら越中の考古学研究を行い、大正十五年（一九二六）に『越中石器時代民族遺跡遺物』、昭和十一年（一九三六）に『越中史前文化』を富山市の中田書店から刊行している。それらの業績から富山県の考古学の草分けとされる人物である。東京帝国大学の坪井正《しょう》五郎《ごろう》や坪井に師事した鳥《とり》居龍蔵《いりゅうぞう》に感化・指導を受けており、実証的な考古学研究であった。戦後には富山考古学会を創設に尽力し初代会長に就任している。(17)

林喜太郎は明治六年（一八七三）東砺波郡福野町柴田屋《しばたや》村（現南砺市）に生まれ、県立高岡高等女学校の教諭を勤め、また大正十年に富山県史跡名勝天然紀念物調査会の委員となり、文化財の調査と保護に尽力した。昭和七年に教職を辞して東京に移住したが、その後も越中史研究を続け、昭和十一年に『越中郷土史』を高岡市の学海堂から上梓した。(18)『越中郷土史』は『富山県郷土資料総合目録』（富山県立図書館、一九六二年）が「厳密な史料に拠った最も信頼すべき越中通史」とし、『富山県史』が「実証主義的立場で厳密な史料批判に基づいた初めての越中の通史」と高く評価する越中通史である。坂井誠一も復刻版の序で「この当時の郷土史家の著作には、虚実織りまぜた、いわゆるお国自慢的なものが多かったが、この越中郷土史は確実な史料を踏まえたもので、その視野には限界はあるが、当時のこの地方では近代史学の先端をいったものと評価することができるだろう。」(19)と評価している。『越中郷土史』は実証主義に基づく官学アカデミズムの影響を色濃く受けており、(20)まさに近代史学の先端をいく郷土史であった。叙述を石器時代から始めるところには、戦後史学の先駆的な面もみられる。

この林喜太郎とともにこの時期に実証主義的研究を進めていたのは木倉豊信であった。木倉豊信は明治三十九年（一九〇六）東砺波郡荒高屋《あらだかや》村（現砺波市）の小幡家に生まれ（のち木倉姓になる）、富山県師範学校を出て、教職に

表3 『富山教育』所載の郷土史関係論考

年　月	号	論　考　名	著　者
明治37年（1904）	10	天神山の塚	木下福七
大正 7年（1918）	77	石器時代の遺物	早川荘作
11年	98	県下石器時代の遺跡地	早川荘作
12年	113	安居寺境内古墳に関し敢て林大村両委員に教を請ふ	前川喜左衛門
	114	安居寺境内古墳に関して前川喜左衛門先生に答ふ	林喜太郎
14年	136	県下石器時代遺物概要	早川荘作
15年	148	国史教授に於ける郷土史の新地位	島田拾次
昭和 2年（1927）	158	越中に於ける大伴家持の歌	木瀬広吉
	161	越中に於ける大伴家持の歌に就いて	尾島粂次郎
4年	192	万葉に現はれた乎布崎は我が村にあり	余川久太郎
5年	195	室町時代の富山に関する一私見	小幡豊信
6年	206	越中維新勤王家に就いて	菊盛永造
	210	越中瀬戸焼陶窯に就いて	古川喜代吉
7年	220	本法寺曼荼羅について	中坪久一
	225	氷見郡雨晴附近の地理的歴史的研究	嶋畑貫通
	228	石川義純・義昌父子の勤王	山内賢道
	〃	阿倍川の義父に関連したる郷土教材を取り扱ひて	舟邊善三郎
10年	256	富山城の起源	金森久一
	259	伊波世野について	佐藤磯五郎
11年	267	飛越交通史の一端	林　忠夫
	269	古代越中史地理的考察	佐藤磯五郎
	〃	郷土史漫叢	木倉豊信
12年	277	富山売薬史	岸　政雄
	278	高岡市銅器の地理的考察及び金屋史	野上敏夫
	280	東大寺墾田図を主としたる呉西平野の古代地理	木倉豊信
	285	郷土読本豊田村郷土誌について	佐藤磯五郎
13年	292	松倉城とその支城について	広田寿三郎
	295	郷土研究の教育	佐藤磯五郎
14年	301	氷見地方の史蹟	嶋畑貫通
	303	郷義弘と名刀	森田喜代太郎
15年	314	越中の和算家	杉森外吉

※『富山教育』の名称は大正10年92号からで、改題前は『富山県私立教育会雑誌』（明治21年創刊号〜第7号）、『富山県教育会雑誌』（第8号〜大正9年86号）、『富山県教育』（大正9年87号〜大正10年91号）と変遷した。なお、『富山教育』は昭和15年12月324号をもって中断、以後戦時中に富山県教育会が富山県教育翼賛会に改組され、同会編の『富山教育』が昭和17年5月創刊されるも「終刊・刊期不明」（富山県立図書館編『富山県郷土資料総合目録』）である。

従事するかたわら越中史関係の史料の集成・研究を行った。昭和五年に発表した「室町時代の富山に関する一私見」（表3・『富山教育』一九五号）の末尾に「尚茲《ここ》に、御多忙中原稿を御校閲下さった林喜太郎先生に謹んで感謝の意を表する。」としていることから、林喜太郎に指導を受けていたことがわかる。林喜太郎も『越中郷土史』の凡例に「木倉豊信君、多年越中に関する史料を集めらる。今之によりて裨益《ひえき》を得たる所多し。茲に之を謝す。」とあり、二人の間には学問的な交誼があった。二人をつないでいたのは、越中史を確かな史料に基づいて正しく解明したいという使命感であった。

木倉豊信は越中史の史料を集成する活動を精力的に進め、影写《えいしや》史料集『中越史徴《ちゆうえつしちよう》』十二冊・『中越史鑑《しかん》』十二冊・『中越史翰《しかん》』三冊・『中越花押譜《かおうふ》』一冊をまとめるとともに、昭和十二年から十六年の間には『中越史料綜覧稿《しりようそうらんこう》』・『埴《は》生《にゆう》護国八幡宮古文書《ごこくはちまんぐうこもんじよ》』・『八尾聞名寺《やつおもんみようじ》古文書』・『弥勒山安居寺《みろくさんあんごじ》古文書』を次々と発刊した。『中越史料綜覧稿』は越中関係の史料を編年順に列記し典拠を明記した信頼に足る史料集である。昭和十年か十一年頃には東京帝国大学史料編纂所に行き史料を閲覧・影写している（昭和十一年「郷土史漫叢」表3・『富山教育』二六九号）。その名称は明らかに東京帝国大学史料編纂所編の『史料綜覧』を意識しており、林喜太郎と同じように木倉豊信にも実証主義の官学アカデミズムの影響が色濃い。[21]また名称に「越中」ではなく「中越」を冠するのは、明治・大正期に越中が中越とも称されていたことと関係しているが、明治四十二年に刊行された『越中史料』に代わる史料集を作るという意図も込めていたと考えられる。『越中史料』は越中史に関する史料集成という点では画期的であったが、わずか一年という短期間に大急ぎで編纂されたため不十分なものであった。[22]史学徒《しがくと》である木倉豊信としては何としても自分の手で信頼に足る史料集を新たに作りたかったのである。

木倉豊信のこうした越中史研究上の信念をうかがう記述がある。

教育に携わるものとして児童の為にとは尤もなれど、郷土教育が叫ばれるが故にとは吾等の欲せない処である。郷土史の研究は畢竟《ひっきょう》教育思潮の動向の超然して必要であらうと信ずる。(昭和十一年「郷土史漫叢」『富山教育』二六九号、十九頁)

私は古文書研究の専門家ではない。況して之に通じてゐるわけでもないから選択といってもさう手易いことではないが、一面にまた、郷土史の研究とその教育とは小学校人の当然荷はねばならぬ十字架であろうとして日頃多少の関心を持って居り、随って古文書や古記録は遺跡、遺物と共にその最も重要なる資材であると確信してゐる為にか、これに対する日頃の態度が幾らかこの仕事を手早くさせてくれた。…私の念願は古文書を通じて郷土を誰からも知って戴きたいことである。そしてより正しくである。(昭和十五年「郷土文化展と古文書」『高志人』五巻七号、三十二頁)

木倉豊信は富山県師範学校出身の教員なのでことさら郷土教育運動の問題点を厳しくみつめていたのだと考えられる。「越中史」への眼差しは共有していても、あくまでも郷土を学問的に明らかにし、正しい郷土の姿を教えたいとする情熱を持っていたのであった。そのために日々史料と格闘し、先駆的な業績を次々と発表できたのであろう。またここに表出された信念と活動は戦後にもつながっていき、戦後の越中史研究をリードする越中史壇会を昭和二十九年(一九五四)に誕生させ、[23]木倉豊信の編纂した史料集は戦後の『富山県史』の土台となる。[24]昭和三十九年の『富山県史』編纂のスタートアップにも木倉豊信は関わっているが、[25]業半ばにして昭和四十二年八月に病没した。[26]

昭和初期には郷土教育運動が盛んになり、確かに越中史への眼差しが強くなっているが、郷土教育運動と交わりながらも、早川荘作・林喜太郎・木倉豊信のように、一過性に終わらないしっかりした学問の眼をもって越中史研究を進め、戦後につなげた研究者がいたことを見落としてはならない。

3．観光富山と越中史

昭和初期は教育や研究の面に留まらず、観光の面においても熱く越中史に眼が注がれ、まさに「ディスカバー・エッチュウ」といえるような状況にあった。

富山近代史研究会は平成二十二年（二〇一〇）から三年間にわたって「歴史と観光」をテーマに共同研究を行い、その成果を『歴史と観光―富山近代史の視座』（山川出版社、二〇一四年）にまとめている。その中で昭和初期に全国的な旅行ブームが富山県にも押し寄せ、県内の観光資源を発掘し、官民一体となって積極的な観光振興に打って出る動きがあったことを明らかにしている。(27)

昭和九年（一九三四）に富山県が発行した『観光の富山県』(28)をみてみよう。発行の目的を「本県下に於ける名所旧蹟国宝等を網羅して其の概要を記し以て県民をして郷土を理解せしむるの一資料たらしめ併せて県内観光の便に供せんとするものなり」としている。県民の郷土理解を深めることと県内観光の便を図ることを一体的に実現しようという発想があった。裏返せば、県民の郷土理解が進んでこそ真の観光資源になるということである。

取り上げる観光資源には大きな特色がある。従来の観光案内では風光明媚《めいび》な景勝地や名所・旧蹟・寺社・温泉が主であったが、それ以外に歴史的な人物を顕彰する碑や墓・遺物、国宝・指定史蹟などの文化財が多く入っている。時

表4　『観光の富山県』で紹介された人物・国宝・指定史蹟

人　物	萬代常閑翁之碑　南部三代之墓　中田高寛和算塾阯　蜷川氏累代之墓　黒川良安之墓　宮崎定範之碑　神保長職之墓及腹切石　乃木将軍手植之松　藤井右門之碑　宗良親王の御遺蹟　恒性皇子の御墓　逸見又一之墓　前田利長之墓　大伴家持銅碑　斎藤彌九郎之碑　宮永良蔵之碑
国　宝	雄山神社前立社殿　慈興上人木像　常楽寺の観世音像　本法寺の法華経曼陀羅図　気多神社本殿　瑞龍寺　後陽成天皇の御宸翰　常福寺の阿弥陀如来像　綽如上人勧進帳　護国八幡宮社殿　安居寺の観世音像
指定史蹟	大岩日石寺石仏　明治天皇魚津行在所　明治天皇泊行在所　羽根山古墳（仮）　桜谷古墳群（仮）　朝日貝塚　大境洞窟住居阯

※国宝は、明治30年（1897）の古社寺保存法及び昭和4年（1929）の国宝保存法によるもの。旧国宝。

代思潮を反映しているものもみられるが、表4のように大正期からの史跡や文化財の調査・研究や昭和初期の郷土史研究の成果が盛り込まれ、越中史を観光資源として取り上げているのである。(29)

昭和初期に観光富山の機運が高まった背景には全国的な旅行ブームのほかに昭和十一年に富山市で開催された日満《にちまん》産業大博覧会の影響があった。準備は昭和七年頃より始まり、『観光の富山県』も日満産業大博覧会の宣伝用の刊行物であった。

日満産業大博覧会は富山市の主催で、昭和十一年四月十五日から六月八日までの五十五日間、神通川廃川地《はいせんち》で開催された地方博覧会である。会期中の観覧者数は当時の県人口をはるかに上回る九十一万一〇〇〇人に達し、地方博覧会では稀にみる大盛況であった。(30)

博覧会総裁で第二十六代富山県知事の土岐銀次郎《どきぎんじろう》は、閉会式の告辞で「予期以上ノ盛況ヲ呈シ各館共多数観覧者ヲシテ能ク産業発達ノ趨勢ヲ察知セシメ地方産業並文化ノ啓発ニ資セル所多大ナルモノアリ」と成果を述べ、「其ノ成果ヲ将来ニ期シ地方産業ノ拡充ト文化ノ進展ノ為益々奮励《ふんれい》努力シ以テ国運ノ進展ニ寄与セラレムコトヲ式ニ莅《のぞ》ミ一言叙《じょ》シテ告辞トス」と締めている。(31) 置県から五十年が経ち近代化が著しく進展している富山県の産業と並んで文化の啓発の意図を持った博覧会であった。

博覧会誌は博覧会の特色を四つにまとめている。(32)

第一に「挙県一致《きょけんいっち》」である。富山市の主催になっているが、県の援助と県一円を区域とする協賛会が組織され、他の博覧会にはない特異性と強力によって成功がもたらされたとしている。第二に「日満両国の協調」である。趣意書及び博覧会の名称にあるように新興の満州国と日本との産業貿易の振興と親善に貢献する理念を持った博覧会であることそれ自体が特色であるとした。第三に「会場の位置」である。富山駅から至近距離にあって、都市計画に基づく四通八達《しつうはったつ》（四方八方）の舗装路線・電車・バスと交通の利便が申し分なく、東南方の遙かに立山の雄姿を仰ぎ西に神通川を越えて呉羽の和やかな山姿が眺望できるなど、観覧に、出品物の運搬取り扱いにと、さまざまな好条件を具備していたとする。そして第四に次のように「郷土の特異性を発揚《はつよう》」したことを挙げる。[33]

本博覧会開設の報一度県内に伝はるや県下各地は挙《こぞ》ってその特産・観光地・県内事情等を全国に紹介すべく独自多様の趣向を凝すことに努力したが、殊に本県が大正三年一府八県聯合《れんごう》共進会の開催以来二十余年にして始めて与へられた絶好の機会とし、一層興味を深め所謂《いわゆる》本県二十余年間の長足なる文化の進展、観光地の開発、産業の発達、新興工業の勃興状態は富山県館・売薬振興館・美術工芸館・観光館・農林水産館・電気と工業の館・電気特設館等にその特異性を競ひ、全国に冠たる電気王国の誇りを発揮せんが為全会場の電飾・照明が殆んど他に類例を見ぬまでに充実せられたことなどはその著しいものゝ一例であつた。又郷土歴史の特徴は郷土館に於ける巧みな表現と説明に依つて異状の感銘を与へ宗教的には北陸を風靡《ふうび》する真宗本願寺館の施設は観衆をしていたく敬《けい》虔《けん》の念を深めたなど、郷土の特異性を遺憾なく発揚した。

郷土の特異性を発揚する施設の一つとして郷土史を紹介する「郷土館」が設置されていることがわかる。郷土館は「輝く歴史的存在を極めて興味深く、そして平易に大衆的に紹介すると共に郷土愛を一層高調する意味」で設けられ、富山史学会の理事で郷土史の研究者である富山市立富山高等女学校教諭瀬川安信《せがわやすのぶ》(34)が中心となって企画し、次の七つの郷土史の場面をジオラマ展示して紹介した。(35)

第一景　立山開山縁起《かいざんえんぎ》…少年佐伯有頼《ありより》

第二景　雪のザラ越え…富山城主佐々《さっさ》成政《なりまさ》

第三景　倶利加羅《くりから》の火牛《かぎゅう》…武家創設の前奏曲《ぜんそうきょく》

第四景　殿中反魂丹《でんちゅうはんごんたん》献上…富山藩主前田正甫《まさとし》公

第五景　越中国司大伴家持《おおとものやかもち》…万葉歌枕

第六景　明治天皇北陸巡幸《じゅんこう》…畏《かしこ》し農事天覧

第七景　神通舟橋鉄鎖《じんずうふなはしてっさ》切断(36)…十万石城下の危急

いずれも当時の越中史研究の主題となっていた越中史の名場面であり、〝物語性〟があるものであった。昭和初期の越中史への強い眼差しと郷土教育運動の高揚にともなう郷土史研究の一つの現れがみられる。

また「本願寺館」は「富山県は人も知る真宗王国の称ある如く、真宗寺院のみで県下全寺院の約七割五分を占め、その数実に一千百余寺を算し擁する門徒幾十万といふ旺盛を極める実状」から設けられ、真宗信仰を紹介した。(37)

多くの県民が両館を観覧しているので、県民の歴史意識や越中認識に与えた影響は大きいものであったと考えられる。(38)

4. 富山近代史の登場

昭和初期の史書編纂でもう一つ重要なのは『富山県政史』である。昭和八年（一九三三）は富山置県から五十周年にあたっている。県では置県五十周年記念事業として、前年八月に庁内に「編さん部」を設置し、編さん委員六名と編集員三名を委嘱し編纂を開始した。編さん委員には富山史学会顧問の蜷川龍夫《にながわたつお》（富山高等学校長）、編集員には同会理事の佐藤種治《たねはる》（神通中学校教諭）が入っている。編纂の目的は「県民の特性である進取敢為《かんい》の積極的精神は河川災害などをよく克服して、県勢の進展を招来しつつ今日に至っている。その先輩の努力の足跡をしのんで将来における県勢進展の基礎資料とする」ことにあった（第一巻序）。全部で七巻九冊刊行されたが、昭和十一年に第一巻が刊行され、最終的に刊行が完了したのは戦後の昭和二十二年であった。県政史は起点を明治十六年の富山置県に置き、行政史・県会史・政党史のほか産業史・土木交通史・教育史・神社宗教史を部門別に叙述した最初の富山近代史と呼べるものであった。富山置県から五十年にして、越中史とは区別される近代富山県の歩みが歴史編纂の対象になったわけである。

日満産業大博覧会でも富山近代史が大きく取り上げられていた。博覧会会場の展示館には先にみた郷土館とは別に富山県館が設けられているが、同館は「躍進産業富山の全貌」を紹介する展示館で、発電所・大鉄管・送電塔・工場・大煙突などに象徴される近代工業の進展や「電力王国」を前面に押し出す工夫がみられる。博覧会開催の昭和十一年頃には富山県の水力発電電気量が全国一になり、富山県は「電力王国」「電源王国」「水電王国」「電気王国」などと呼ばれ、豊富で低廉《ていれん》な電力は県内の重化学工業の成長をもたらし、県外へ送電された電力は太平洋側の京浜《けいひん》工業地帯や阪神工業地帯を支えるまでになっていたのである。
　また会期中には富山市内を遊覧バスが運行し、進行中あるいは停車した場所で婦人案内係が説明をしているが、例えば次のようなアナウンスがされていた。(39)

　富山市は戸数一万九千、人口約十万人でございます。昔から薬の富山としてのみ知られて居たのでございますが、今は交通機関の発達で北陸線は東西に高山線は南北に、其の他の電鉄は本市を中心として放射状に出てゐるのでございます。空には富山飛行場より東京迄の二時間余の定期航空も開始され、海には北鮮《ほくせん》航路の開拓で対岸雄基《ゆうき》・羅津《らしん》より満洲国に連絡致します、かうして富山も追々皆様の御援助によりまして北陸の要地として日本海時代を思はしめる様になりました。特に御紹介致します、富山県は昔から立山山系を控えまして西に小矢部・庄川、中部に神通、東には常願寺・黒部の大河川が貫通しまして年々大洪水を起したのでございますが『花を散らすの風は花を咲かすの風』と申します通り、今では上流に大発電所を設けまして発電力一百万キロワットに達するのも遠くないとの事でございます。名実共に水電王国となったのでございます。特に庄川の小牧堰堤《こまきえんてい》は東洋一のダムと申します、上流三里の大牧温泉《おおまきおんせん》は御清遊《せいゆう》に好適の地でございます。

　遊覧バスは富山市の都市計画事業で整備されたビルや橋などを巡り近代都市富山を印象づけるとともに、富山県が陸・海・空の交通が発達し、河川洪水が克服されて「水電王国」になり、東洋一の小牧ダムが造られるなど、いうならば従来の名所とは異なる〝新名所〟として富山近代化で実現した建造物を紹介しているのであった。富山市の都市計画事業は街路樹、運河、公園、土地区画整理からなる総合的な都市計画であり、(40)明治以来の洪水との闘いの中で大正期に打ち出された「転禍為福《てんかいふく》」（「禍《わざわい》を転じて福と為《な》す」）の総仕上げとして昭和初期に実現した富山近代化の象徴的事業であった。(41)

また博覧会協賛会では宣伝のためポスター、絵葉書、栞《しおり》、鉛筆、諸案内等を作製発行しているが、その中に鳥瞰図《ちょうかんず》がある。鳥瞰図は鳥の目で斜め上方から見おろしたような立体的地図または風景図であるが、観光PR用に大正時代から盛んに作製されるようになっていた。博覧会では鳥瞰図の第一人者となっていた吉田初三郎《はつさぶろう》に依頼し、初三郎が主宰する観光社出版部で三万部が印刷され、贈呈用に配布している。(42)作製された「富山県観光交通鳥瞰図」（口絵4）(43)をみると、立山連峰、黒部峡谷、神通峡、庄川峡など山紫水明《さんしすいめい》の富山県を印象づけるとともに、鉄道路線、港湾、橋梁、道路、飛行場など交通近代化のほか、都市景観や工場・ダムなどを強調し、富山近代化の達成が一目でわかるように描かれていた。

このように昭和初期は越中史への眼差しが強くなる一方、置県以来の富山県の近代史や大正期以来の富山近代化の達成が観光資源として大きく打ち出されてきた時期でもあった。

おわりに

本章では越中史に関する著作物や越中史への眼差しを通して「越中史」が発見されていく過程をみてきた。この問題は富山県民が自己認識として越中史を重んじ、求めていたからに他ならず、富山県民のアイデンティティの形成史ともいえるだろう。形成の諸段階としては、近世後期、富山置県、日露戦争後、昭和初期の四段階を設定することができるが、最後の昭和初期が最大の高揚期であった。その時期には堅実な学問的研究がなされ、戦後における県民の歴史意識形成にも影響を与える動きであったことを指摘した。
また昭和初期は「富山近代史」が新しく登場してくる時期でもあった。代表的な『富山県政史』は置県五十年に至る富山近代化の達成を描こうとした点に特徴がみられた。近代化の持つ負の面やひずみをみようとしないところに限界があるが、近代の歴史をいまに活かしていこうという考え方には新しさがある。その意味で、「越中史」とは異なる「富山近代史」を対象とした歴史編纂のはじまりを同書におくことは可能である。

注

（1）羽賀祥二『史蹟論　19世紀日本の地域社会と歴史意識』（名古屋大学出版会、一九九八年）一頁。
（2）越中に関する地誌・史書の書誌情報については、富山県立図書館が編纂した労作『富山県郷土資料総合目録』（富山県立図書館、一九六二年）に多くを依拠している。
（3）『加能越金砂子』（石川県図書館協会、一九三一年）。同書の解説（日置謙）に「恐らく前田綱紀の時代に、加賀藩領内諸郡の十村＝他藩の大庄屋に当る＝に命じて書上げしめたものであらう。」と記している（八十一頁）。国立国会図書館デジタルコレクション。
（4）深井甚三編『街道の日本史27　越中・能登と北陸街道』（吉川弘文館、二〇〇二年）Ⅲ「六　地誌・郷土史の編纂と地域認識」（深井甚三執筆）二一九頁。
（5）前掲・深井甚三編『街道の日本史27　越中・能登と北陸街道』（吉川弘文館、二〇〇二年）のⅢ「六　地誌・郷土史の編纂と地域認識」二一九頁。
（6）『越中遊覧志』は廣瀬誠の校訂により一九八三年に言叢社から刊行された。廣瀬が執筆した解題には次のようにある。「『越中遊覧志』という書名からは、いかにも閑人の遊覧旅行記といった印象を受けるが、内容は経論家としての邦香の現実的な関心に貫かれた、充実した地誌である。社会・経済・産業・産物等に対する、あふれるような知的好奇心と、鋭い観察と、きびしい批判に満たされた紀行的地誌である。江戸時代から明治時代までの越中地誌中、これほど詳細なものは他にない。大正時代まで含めても、これだけのものはないであろう。歴史地理的な地誌としては森田柿園の『越中志徴』を第一の名著とすべきであるが、現在的関心によって書かれた地誌としては邦香の『越中遊覧志』をもって白眉とすべきである。しかも、残存史料の乏しい明治十年代の越中の諸事情が詳述されているため、百年後の今日では、またとない貴重な歴史的資料である。」（十四頁）。邦香に関してはすべてこの解題による。

（7）富山県では明治十年代から越中汽船・伏木汽船・伏木航運・馬場汽船など汽船会社が次々と誕生し、大手の日本郵船会社と激しい競争を繰り広げながら海運が盛んになっている。『富山県史　通史編Ⅳ　近代上』（富山県、一九八一年）七一九頁。

（8）原文に「この国」とあるのは越中、「他州」とは他国（他地域）のことである。「識」は教養あるいは民度のこと。「利用厚生」は『書経《しょきょう》』大禹謨《だいうぼ》に出てくる用語で、物を役立たせて用い、人民を豊かにすること。「山を煮、海を煮る」は、おそらく『史記《しき》』呉王濞《ごおうひ》の「鋳山煮海《ちゅうさんしゃかい》」をふまえた表現であろう。「鋳山煮海」は山からは鉱物を採掘して金属を鋳る、海からは海水を煮て塩を採るの意味であるが、そこから国内に山海の資源や産物が豊富であることのたとえとして用いられた。

（9）日置謙『改訂増補加能郷土辞彙』（北国新聞社、一九八三年）「森田平次」。

（10）皇太子行啓と富山県の修史事業については浦田正吉『近代地方下層社会の研究』（桂書房、一九九四年）第三章第三節「明治四十二年の東宮行啓と富山県」が詳しい。浦田氏は「明治四十二年の東宮行啓のころは、『富山県』の意識が強くでてきていたと考えられる。」（一四〇頁）としているが、賛成である。また『越中史料』編纂事業が、県内の郷土史編纂の先導をしていたといえよう。」（一三七頁）としているのは興味深い指摘である。

（11）『富山県教育史』下巻（富山県教育委員会、一九七二年）二〇六頁。

（12）『本校ニ於ケル郷土教育』（富山県師範学校編、富山県師範学校、一九三四年）富山県立図書館所蔵。

（13）前掲・『本校ニ於ケル郷土教育』二十八頁。

(14) 富山県師範学校編『富山県師範学校教育概要』（富山県師範学校、一九三七年）八十頁に「昭和七年四月、従来使用ノ修身、国漢研究室十六坪ヲ第三郷土館（歴史科、国語漢文科）ニ充当設備」とある。

(15) 郷土教育運動の高揚の中で師範学校に郷土室や郷土館が設置され、そこを核として郷土関係の研究団体や学会が立ち上がっていったことは長野県師範学校の例でも知られるところであるが（伊藤純郎『郷土教育運動の研究』、思文閣出版、一九九八年、三一〇・三一一頁）、富山県でも富山史学会のほか越中郷土研究会が富山史学会と同じく富山県師範学校を本部に昭和十二年に設立され、富山史学会の会長でもあった同校教諭の佐々木龍作が会長に就任している（拙稿「昭和初期における越中郷土史研究—三つの流れ—」『近代史研究』第三十号、二〇〇七年）。越中郷土研究会は会誌『越中郷土研究』を昭和十七年二月の終巻まで毎月発刊した。富山史学会が文書・記録などの文献史学をめざしたのに対して、民俗学、考古学、言語・地名の伝承等を蒐集することをめざしていたことは『越中郷土研究』第一巻第一号の「創刊の言葉」に明らかである（復刻版が一九八二年に国書刊行会から出版されている）。

(16) 拙稿「『富山史学会』の設立について」（『近代史研究』第二十九号、二〇〇六年）・「『富山史学』第一号の発見」（『富山史壇』第一八九号、二〇一九年）及び前掲・「昭和初期における越中郷土史研究—三つの流れ—」『近代史研究』第三十号。

(17) 「早川荘作先生の功績」（富山県立図書館所蔵）及び早川清・市島昇『父 早川荘作の伝記　越中考古行脚』（越中石器の会、一九九五年）を参考にした。

(18) 林喜太郎の略歴については大和学芸図書から昭和五十三年（一九七八）に復刻出版された『越中郷土史』の「序—越中郷土史再刊に寄せて—」（坂井誠一執筆）を参考にした。

(19) 『富山県史　通史編Ⅳ　近代下』（富山県、一九八四年）一一九〇頁

(20) 林喜太郎が官学アカデミズムに直接学ぶ機会があったかは不明であるが、叙述からうかがえる実証主義的態度には明らかにその影響がある。官学アカデミズムについては岩井忠熊「日本近代史学の形成」（『岩波講座日本歴史22 別巻〔1〕』、岩波書店、一九六八年）に学んでいる。

(21) 木倉豊信と富山県師範学校の同窓である石崎直義《いしざきなおよし》は木倉没後に寄宿舎での生活を振り返り「彼の机の上には『越中史料』が二、三冊、大森金五郎・黒板勝美・中村直勝など当時一流の歴史学者の著書が積み重ねられてあり、披げられたままに

なっていた。」と記している（「若き日の木倉氏を憶ふ」『富山史壇』三十九号、一九六八年）。二人が寄宿舎に入っていたのは大正十一年（一九二二）四月から翌年三月までのことである。木倉は一部一年生、数え十六歳の頃であった。

(22) 置県五十年記念事業として『富山県政史』の編纂を県会で発案した片口安太郎《かたぐちやすたろう》議員（射水郡戸破《ひばり》村。教育者・文化人でもある。号江東《こうとう》）は次のように述べている。「歴史家デモナイ、学者デモナイ我々ノヤウナ無学者ガ見テサヘ、今見マストアノ堂々タル越中史料ノ中ニ、欠点ガ頗《すこぶ》ル多イノデアリマス、何時カ機会ヲ得タナラバ越中史料ヲモ大イニ増訂スベキ必要ヲ私共ハ感ジテ居ルノデアリマス、此ヤウナ次第デアリマスカラシテ、何トカ其コトヲ御研究為サツテ、我ガ県ノ現在ノ者モ将来ノ者モ、ソレニ依ツテ我ガ県ト云フモノノ古イコトヲ知ルト云フ一種ノ栞《しおり》ヲ拵《こしら》ヘルヤウニ御研究ヲ希望スルノデアリマス」（昭和七年十二月十二日）。前掲・『富山県史　史料編Ⅶ　近代下』九五四番。

(23) 越中史壇会初代会長の高瀬重雄は木倉豊信の還暦にあたって執筆した「木倉豊信氏の学業について」（『富山史壇』三十六号、一九六七年）で「本誌の前身である『越中史壇』が発刊されたのは、科学教育研究生の修了に当って、木倉氏が私に対して提案されたことによるのである。地方にあってこのような雑誌の発刊と継続とがいかに困難であるかを、私は多少の経験によって知っていた。しかし私は、提案者木倉氏の人柄に信倚《しんい》し、敢えて発刊にふみ切ることとした。」と振り返っている（六十一頁）。昭和二十九年に創刊された『越中史壇』の「発刊のことば」は木倉豊信の執筆である。『富山史壇』は第三十号まで『越中史壇』と称していた。第一号から第五十一号まで一九九〇年に国書刊行会から合本復刻された（全十巻と別冊）。

(24) 廣瀬誠は「先生没後、『富山県史　史料編』編成に際し、その土台となったのが先生の『史料綜覧稿』であった。先生多年の労苦が『県史』にとけこみ、『県史』に活かされたのであった。」と回顧している（「木倉豊信先生について」『木倉豊信遺稿並蔵書目録』、大門町正力図書館、一九八三年）。

(25) 富山県史編さん班編『富山県史だより』1（富山県、一九七六年）の「発刊にあたって」に「昭和三十九年七月、かつて県庁前にあった県立図書館の中に一室を借り、故木倉豊信氏を主任に発令して、県史編さんの準備が始まりました。」（富山県総務部長土岐幸隆）とある。

(26) 木倉豊信の最期については廣瀬誠が「木倉豊信氏の思い出」（『越飛文化』第十四号、一九六八年）に記している。木倉の重要な業績の一つである立山古文書の翻刻古文書集『越中立山古文書』（編集、一九六二年、立山開発鉄道株式会社）については本書Ⅱ部「付論　守り伝えられた立山古文書」で取り上げたので参照されたい。

(27) 近藤浩二「昭和の観光地（景勝地）人気投票」・「『初三郎式鳥瞰図』と富山」、尾島志保「戦前の博覧会にみる富山」、武野有希子「冊子や絵葉書による観光案内の歴史」。

(28)『観光の富山県』（富山県、一九三四年）。富山県立図書館所蔵。

(29) 前掲・『富山県史　通史編Ⅵ　近代下』六四一〜六四七頁。

(30)『富山市主催　日満産業大博覧会誌』（富山市主催日満産業大博覧会編纂、富山市役所、一九三七年）及び『富山市主催日満産業大博覧会協賛会誌』（富山市主催日満産業大博覧会協賛会、一九三八年）。富山県立図書館所蔵。

(31) 前掲・『日満産業大博覧会誌』二六〇頁。

(32) 前掲・『日満産業大博覧会誌』七二九〜七三一頁。

(33)「大正三年二府八県聯合共進会」とある箇所は明らかな間違いである。正しくは「大正二年一府八県聯合共進会」である。

(34) 廣瀬誠は瀬川安信について「瀬川には論文らしい論文はなかった。瀬川はいわば『語り部』的史学であった。研究したことを噛み砕いて人々に語った。その親しみ深くふしづけられた語りが生命であった。」と記している（「郷土史研究に生涯をささげた林喜太郎と木倉豊信と瀬川安信」『郷土に輝く人びと』第六集、富山県、一九七五年）。

(35) 前掲・『日満産業大博覧会誌』四六三〜四七五頁。

(36) 神通川舟橋の鉄鎖切断について『富山県政史』第六巻（乙）土木交通史（富山県、一九四七年）は次のように記している（九十五・九十六頁）。「慶安二年富山藩主前田利次、鉄鎖二条を以て六十四艘の船を連貫し、文化四年には前田利幹敷板を五枚としたのである。洪水の際は船の為に水流を堰き止めることになり、一層汎濫を大ならしめる処があるから、船橋水手をして鉄鎖を中央に於て切断せしめるのである。此の時万一誤つて濁流に陥るときは、一命を失ふの危険なる作業であるから、水手は白装束に身をかため親族知己に対しては水盃を交して出発したものである。」

(37) 前掲・『日満産業大博覧会誌』四八六・四八七頁。

(38) 前掲・『日満産業大博覧会誌』四七四・四七五頁には、五月六日午後六時からラジオを通じ子ども向けに郷土館の説明を行った時の放送原稿が収録されているが、子どもに与えた影響も大きかったと考えられる。

(39) 前掲・『日満産業大博覧会誌』一五四頁。
(40) 白井芳樹「富山市の都市計画八〇年にあたって」(『近代史研究』第三十二号、二〇〇九年)。
(41) 前田英雄「戦前の都市計画から学ぶこと」(『近代史研究』第三十二号、二〇〇九年)。
(42) 前掲・『日満産業大博覧会誌』一二一頁。
(43) 「富山県観光交通鳥瞰図」(富山市発行、観光社出版部印刷、一九三六年)。富山県公文書館所蔵「高田家文書」。

結語　―越中史との対話

かつて歴史家の黒田俊雄《くろだとしお》（一九二六―一九九三、富山県東砺波郡庄下《しょうげ》村大門《おおかど》出身）は、地域史は「生活構築の足跡であり教訓であり文化の蓄積と発展の基盤にほかならない」とした（「あたらしい地域史のために―地域史の現状と課題―」『日本史研究』一八三、一九七七年）。ここでいう文化とは「生活とその場の構築の努力やたたかい」（同論文）のことである。つまり、地域史は生きるために先人が努力してきた営みの歴史であり、それは現代の地域住民が生活していく上での教訓やこれからの地域社会を発展させるための基盤となるもの、と私は理解している。この地域住民を主体とする提言は地域史研究に大きな影響を与えてきた。

また、学生時代から学問的な影響を受けてきた網野善彦《あみのよしひこ》（一九二八―二〇〇四）は、一九九七年に発表した「新しい歴史学を啓《ひら》く地域史研究」で「日本列島は東北から西南に長く広がっていますので、山野河海をふくむ自然のあり方もきわめて多様であり、そうした自然と人間社会との関わりのなかで、地域それぞれの独自な個性が形成されています。」と記している（尼崎市立地域研究史料館編『地域史研究』第二十六巻第二号、一九九七年）。地域史を「日本列島史」という壮大な構想に位置づけ、自然と人間社会との関わりの中で形成されてきた地域独自の個性ととらえる考えである。

この二人の研究者の考え方が私の地域史研究の出発点である。本書は越中という地域に即して、先人が努力した営みの歴史とそこに現れた地域の個性を明らかにしてきたことになる。

本書の考察で明確になったのは、山野河海の豊かな自然が越中の個性（「地域風土」に近い）につながっているということである。関連する主な論点を挙げると次のようである。大伴家持は山野河海に越中の風土的特質と自然資源を見出した。自然資源は多様な産物を生み出し、古代越中人の生活を支え、越中国を「山野《さんや》河海《かかい》の国」「ものづくりの国」「薬《くすり》の国」「真綿《まわた》の国」とした。越中の東に屹立《きつりつ》する立山は立山信仰やすぐれた芸術文化を創造させ、中世から武家・公家・僧侶・庶民など多くの人々を引きつけた。一方、富山近代化は自然の脅威とたたかい、文明化・工業化・都市化を成し遂げたが、山野河海に恵まれた地域特有の苦労があった。越中七大河川の鉄道架橋という難事業に立ち向かった交通運輸の近代化はそれを示している。

こうした史実を基にすれば、越中史とは先人が山野河海の自然に働きかけ、自然の恵みを享受しながら生活を構築し文化を蓄積してきた歴史である、といえる。この自然と人間との関わりが人を育み、生業あるいは産業となって物を生み出し、個性的な社会・文化・技術・信仰・習俗・習慣・気質などとして蓄積されてきた。それらは仮想ではなくリアルな地域資源として存在している。私たちが未来へ向けてさらに活力ある地域社会をつくっていくためには、地域の過去に向き合い、越中史との対話を重ねていかなければならない。

本書はコロナ禍《か》の影響が残る中で書き進めてきた。歴史の中の疫病の悲惨さしか知らなかった私にとって現実に進行している疫禍《えきか》は驚きやとまどいでしかなかった。しかし〝副産物〟といえるが、行動制限で遠出ができない期間に自宅から車で行ける範囲で県内を巡り、富山県が山野河海の自然に恵まれた地域であると再認識することになった。山野河海に視点をおいたのはこの体験に基づくところが大きい。

『越中史の探求』と題した本書はここに閉じる。しかし越中史には興味深いテーマが無尽蔵に残されている。埋もれた史資料もまだあるに違いない。今後さらに越中史の探求を続けていきたい。

本書の刊行にあたっては多くの方々からご協力をいただいた。学恩を受けた諸先学はもとより、史資料の調査・閲覧、写真掲載に便宜を図っていただいた関係者の皆様、日頃から交流のある越中史壇会・富山近代史研究会の会員をはじめご教示を賜ったすべての人に御礼を申し上げる。また、教育者は同時に真理を探求する研究者でなければならないと教えてくださった大学の恩師故山尾幸久《やまおゆきひさ》先生、富山近代史研究会創立者で私を地域史研究に誘《いざな》ってくださった高校の恩師故高井進《たかいすすむ》先生、越中史壇会会長で越中史研究を牽引《けんいん》する米原寛《よねはらひろし》先生、佐伯宗義と立山開発鉄道の文化支援事業についてご教示を賜った元立山黒部貫光株式会社取締役社長の金山秀治《かなやまひではる》氏、私の研究にいつも温かいエールを送ってくださる加越能《かえつのう》バス株式会社相談役稲田祐治《いなだゆうじ》氏及び奥様の伸子《のぶこ》様、の方々はとくにご芳名を記して厚く感謝したい。

また、私事ではあるが妻城岡恭子《しろおかたかこ》に感謝する。

末筆ながら、長きにわたって郷土文化の発展に寄与され、本書の刊行にも尽力していただいた桂書房様に改めて敬意を表する。

令和五年（二〇二三）五月九日　富山置県の日に

城岡朋洋

索　引（本文　ただし表を除く）

［あ］

［い］

［う］

［え］

［お］

［か］

［け］

［こ］

［さ］

［し］

［す］

［せ］

［ち］

［つ］

［て］

［と］

［な］

［に］

［ぬ］

［ね］

［の］

［は］

[ひ]

[ふ]

［へ］

［ほ］

［ま］

［み］

［む］

［め］

［も］

[や]

[ゆ]

[よ]

[ら]

[り]

[る]

[れ]

著者略歴

城岡 朋洋（しろおか ともひろ）

［略　歴］

1960年、富山市に生まれる。

1985年、立命館大学大学院文学研究科博士課程前期課程史学専攻（日本史専修）修了。1987～2021年富山県立高等学校教員、その間、富山県公文書館（4年間）、富山県［立山博物館］（5年間）に出向。2017年から富山県立大門高等学校長、2019年から富山県［立山博物館］館長を勤めた。

現在、富山近代史研究会会長、越中史壇会副会長、富山国際大学非常勤講師、射水市文化財審議会委員。

射水市在住。

［著　書］

共著に『古代の都市と条里』（吉川弘文館、2015年）、『歴史と観光』（山川出版社、2014年）、『古代の越中』（高志書院、2009年）、『富山県の歴史散歩』（山川出版社、2008年）、『富山県土地改良史』（富山県土地改良史編さん委員会、2004年）、『情報と物流の日本史』（雄山閣出版、1998年）、『とやま近代化ものがたり』（北日本新聞社、1996年）。その他『福光町史』『続下村史』『大沢野町史』『豊田郷土史』など地域史・郷土史の編纂に関わる。ほか

越中史の探求

2023年5月31日　初版発行

定価　2,400円＋税

著　者　城岡朋洋
発行者　勝山敏一

発行所　桂書房
〒930-0103
富山市北代3683-11
電話　076-434-4600
FAX　076-434-4617

印刷／モリモト印刷株式会社

ISBN 978-4-86627-134-7

地方小出版流通センター扱い